DR. MARC HOEFELD-FEGELER

Männergesundheit
AUS SICHT EINES
ARZTES UND COACHES

novum pro

Dieses Buch ist auch als
e-book
erhältlich.

www.novumverlag.com

Bibliografische Information
der Deutschen Nationalbibliothek:

Die Deutsche Nationalbibliothek
verzeichnet diese Publikation in
der Deutschen Nationalbibliografie.
Detaillierte bibliografische Daten
sind im Internet über
http://www.d-nb.de abrufbar.

Gedruckt in der Europäischen Union
auf umweltfreundlichem, chlor- und
säurefrei gebleichtem Papier.

© 2022 novum Verlag

ISBN 978-3-99131-328-1
Lektorat: Laura Hiermann
Umschlagfoto: Picture people
Umschlaggestaltung, Layout & Satz:
novum Verlag
Innenabbildungen:
siehe Bildquellennachweis S. 255

Die vom Autor zur Verfügung gestellten Abbildungen wurden in der
bestmöglichen Qualität gedruckt.

www.novumverlag.com

Climate neutral
Print product
ClimatePartner.com/16547-2201-1002

Widmung

Ich widme dieses Buch in Liebe und Dankbarkeit meiner Frau Aida sowie meiner Tochter Amelie. Beiden möchte ich danken für ihr Dasein, unseren gemeinsamen Weg und für die zeitlichen Entbehrungen, die das Schreiben dieses Buches in Anspruch genommen hat.

Danksagungen

Dem Verlag, insbesondere Frau Grandits von der Autorenbetreuung, danke ich für die stets zeitnahen und äußerst freundlichen Rücksprachen zu Logistik und Umsetzung des vorliegenden Buchprojektes.

Laura Hiermann und Kristina Schaefer gilt mein Dank für ihre Mühen und Anregungen beim Korrektorat und Lektorat, den übrigen Mitarbeiters des Verlages für die graphische Bearbeitung und das Layout samt Umschlaggestaltung.

Andreas Gaertner danke ich für den stets kreativen freundschaftlichen Austausch und die großartige Umsetzung der Abbildungen des Buches.

Mein abschließender und besonderer Dank gilt meinen Mentoren Oli und Thomas, aber auch Bettina. Mit eurer Hilfe bin ich zu dem Menschen geworden, der dieses Buch schreiben durfte.

Inhaltsverzeichnis

„Das Leben, das uns gegeben wurde,
ist ein Geschenk des Universums. Was wir mit
unserem Leben anfangen, wird unser
Geschenk an das Universum sein."

Sergio Bambaren

„Bewusst etwas vorlaut"

Laut Wissenschaft und Evolutionstheorie entstand die Erde vor circa 4 Milliarden Jahren. Uns Menschen gibt es seit etwa 2–4,2 Millionen Jahren, einigen wir uns auf 4 Millionen Jahre.

Als Menschen werden wir nicht mal 40000 Tage alt.

Als Mann werden wir durchschnittlich (nur) 78,5 Jahre alt, das sind unter 30000 Tage!

Im Durchschnitt sterben Männer auf der ganzen Welt (noch immer) etwa 6 Jahre früher als Frauen.

Als ich mir diese Tatsache, dass jedes Menschenleben einem Lichtblitz in der Evolution der Erdgeschichte gleicht, vor Augen führte, überkam mich ein emotionales Chaos aus Erstaunen, Entsetzen und einer in mir emporsteigenden Sorge, diese scheinbar kurze, kostbare Zeit nicht sinnvoll zu nutzen.

Folgende Fragen drängten sich mir auf:

Was wollen wir in dieser irdischen Zeit realisieren? **Was ist unser Auftrag hier auf der Erde?** Sind es nur die von der Gesellschaft angepriesenen Ziele wie uns ausbilden, fleißig malochen und auf die Rente hinarbeiten bzw. Reichtum und Wohlstand, oder wollen wir auch unabhängig davon aus unserem vollen Potential schöpfen und gesund alt werden?

Woran hapert es, dass wir in unserer Gesellschaft eher negativ geprägt bzw. gestimmt sind, obwohl es uns wirtschaftlich so gut geht? Warum sind wir möglicherweise nicht in unserem (Lebens-) Fluss, fühlen uns häufig ausgelaugt und erkranken?

Wie viele Tage verschwenden wir damit, dass wir sauer auf irgendjemanden sind oder mit jemandem streiten oder uns selbst durch negative Gedanken im Wege stehen?

Als erschreckend empfand ich auch die Tatsache, dass in einer Zeit, in der wir in Deutschland und verbündeten Ländern keinen Krieg mehr führen (Anmerkung: Das Buch entstand vor dem Überfall Russlands auf die Ukraine) und wir uns in den meisten Berufen, die wir als Männer ausüben, bei allen vorliegenden Arbeitsschutzmaßnahmen keinen offensichtlichen lebensverkürzenden Risiken aussetzen, unser Leben noch immer im Durchschnitt um weitere 2000 Tage kürzer ist im Vergleich zu den Frauen.

Woran liegt das?

Im alltäglichen Leben verhalten sich Männer zumeist noch immer weniger gesundheitsbewusst als die weiblichen Vertreter unserer Gattung. Traditionelle Männerrollen verhindern häufig eine **Achtsamkeit und Aufmerksamkeit für den eigenen Körper** und begünstigen die Bereitschaft, viel zu arbeiten, Stress in Kauf zu nehmen und Risiken einzugehen.

Nach meiner Eingebung des Themas, über das ich als Arzt und Coach nachfolgend schreibe, begann ich meine Recherche und landete zu meinem Erschrecken bei der orientierenden Google-Suche „Männergesundheit" als Erstes auf einem Portal für den Mann, für Gesundheit, Fitness und Potenz, wo geschrieben steht:
„Männer beginnen die Zeichen der Zeit zu erkennen. Wer sich um seinen Körper kümmert, altert langsamer, bleibt lange fit und gesund und hat eine erfüllte Sexualität." So weit, so gut, dachte ich mir. Hört sich ja fürs Erste gut an. Folgende Themenunterpunkte trafen mich aber postwendend ins Mark meiner Männlichkeit: Mikrochirurgische Refertilisierung, Potenztraining und Therapie und Heilung von Erektionsstörungen. Auch meine weitere Recherche ergab eine bis dato zumeist urologische Auseinandersetzung mit dem Thema.
Also, dachte ich, darauf werden wir demnach bei dem Thema Männergesundheit reduziert, auf unsere Standhaftigkeit ☺ und Reproduktionsfähigkeit.

Auf einer weiteren hoch-SEO-optimierten, empfehlenswerten Seite der Stiftung Männergesundheit erfuhr ich wissenswerte Fakten über Erkrankungen und Sterbefälle von Männern, aber auch wieder einen weniger ermunternden Beitrag aus der Wissensreihe Männergesundheit zum Thema Inkontinenz.

Laut der Stiftung umfasst Männergesundheit jene Dimensionen von Gesundheit und Krankheit, die insbesondere für Männer und Jungen relevant sind. Gesundheit ist demnach physisches, psychisches und soziales Wohlbefinden, das aus einer Balance von Risiko- und Schutzfaktoren entsteht, die sowohl in individueller, partnerschaftlicher, als auch in kollektiver Verantwortung liegen.

Als Schutzfaktoren wirken
- ein gesunder und achtsamer Lebensstil,
- Akzeptanz der eigenen Stärken, aber auch Schwächen als Mann,
- Sinnerfahrung und Lebensfreude sowie
- soziale Unterstützung und Anerkennung.

Die Risiko- und Schutzfaktoren scheinen besonders bei Männern abhängig von Bildung, Herkunft, Einkommen und beruflicher Stellung ungleich verteilt zu sein.

Die gesundheitlichen Probleme von Männern bedürfen im gesamten Lebenslauf besonderer Präventions- und Vorsorgeangebote.

Vielseitige Anregungen gibt es für interessierte Männer durch wirklich lesenswerte Zeitschriften wie *Men's Health*, häufig mit einem Fokus auf körperliche und äußerliche Themen sowie Lifestyle.

Abb.1: Die erste US-amerikanische Ausgabe der international verbreiteten Fitness-Zeitschrift Men's Health erschien 1986. 10 Jahre später folgte die deutsche Erstausgabe. Das Cover der vorliegenden Veröffentlichung ziert Mark Wahlberg, eines meiner Jugendidole.

(Dank an die Motor Presse Stuttgart mit Hauptsitz in Hamburg für die Bereitstellung der Abbildung)

Auch in der gängigen aktuellen Literatur habe ich zu diesem Thema insbesonders zwei inspirierende Bücher aus dem deutschsprachigen Raum gefunden, die ebenfalls von urologischen Kollegen verfasst wurden – *Männer-TÜV* und *Mann 2020*.

Die Kollegen leisten Aufklärung bezüglich sexueller und Potenzprobleme, zeigen diesbezüglich auch neue Wege auf und geben betroffenen Männern Hoffnung und hilfreiche Anregungen.

Aber wie sieht es jenseits des schulmedizinischen Tellerrandes mit gern tabuisierten Themen wie Süchten, „Dauerbrennern" wie Partnerschaft und uns alle betreffenden Themen wie dem Tod aus?

Ich habe mir zum Ziel gesetzt, Verantwortung zu übernehmen und möchte euch, meiner Leserschaft, Männern, aber auch Frauen, erworbenes wie eingegebenes Wissen vermitteln, um **euer Leben** auch **selbstbestimmt und gesundheitsbewusst** zu **leben**.

Ich habe das vorliegende Buch so geschrieben, wie ich es gerne lesen würde bzw. auf meinem Weg gerne als Anregung gehabt hätte. Es ist für diejenigen Männer geeignet, die keine Lust und Zeit haben, ausführliche Bücher zu den einzeln aufgeführten Gesundheitsaspekten zu lesen, aber präventiv etwas für ihr körperliches, geistiges und seelisches Wohlergehen tun möchten.

Ich hoffe, dass dieses Buch jedem Leser neue Aspekte seiner Gesundheit offenbart, ihn berührt, ja an der einen oder anderen Stelle schmunzeln lässt, Augen öffnet und im Optimalfall gesund und länger leben lässt.

Bevor wir uns nun (gemeinsam) mit unserer Gesundheit, von mir in 12 Kapitel entsprechend Unterthemen unterteilt, eingehender beschäftigen, möchte ich noch eines klarstellen:

Alles, was ich nachfolgend zu Papier gebracht habe, ist meine persönliche Meinung und aus meinem Erfahrungsschatz, meiner Recherche und meiner Sicht geschrieben.

Ich erhebe keinen Anspruch auf Vollständigkeit meiner Informationen und bin mir als Arzt bewusst, dass nicht jede meiner

Aussagen wissenschaftlich belegt ist oder überhaupt belegt werden kann.

Aus Gründen der besseren Lesbarkeit verwende ich bei Personenbezeichnungen und personenbezogenen Hauptwörtern die männliche Form. Entsprechende Begrifflichkeiten gelten im Sinne der Gleichberechtigung selbstverständlich für alle Geschlechter.

Wir sind als Menschen alle zusammengehörig. Ich fühle mich jedem Menschen, mit dem ich in Kontakt trete, verbunden. Darum habe ich mich in manchen Passagen für ein direktes Ansprechen mit du, wenn wir als Männer gemeint sind, für ein wir/uns entschieden.

Auch weibliche Leserinnen sind natürlich als Interessierte, Partnerinnen und Lebensbegleiterinnen eingeladen, mein vorliegendes Buch zu lesen.

Übernimm für dich nur das, wo du spontan beim Lesen mitschwingst und was sich für dich richtig und gut anfühlt. Es geht mir in dem Buch nicht darum, dich zu bekehren oder von meiner Sicht der Dinge zu überzeugen. Ich möchte bloß gewisse Themen beleuchten, über die du bisher möglicherweise noch nicht wesentlich nachgedacht hast, die wir im Alltag gerne verdrängen und dir daher eine neue Sicht mit positiver Ausrichtung aufzeigen.

Was für dich stimmig ist, integriere gerne in deinen Alltag, was dir nicht passt oder gefällt, überlies einfach, lass es weg und ignoriere es. Du kennst dich selbst am besten. Nicht ich als Autor entscheide, was für dich gut ist oder passt, sondern **du** ganz allein **als „Entscheider über dein eigenes Leben"**.

Ich kenne dich nicht persönlich, aber ich weiß, dadurch dass du dieses Buch in den Händen hältst, dass **du ein ganz besonderer Mensch bist**. Ein Mensch, der bereit ist, sich nicht mit den bestehenden Umständen zufrieden zu geben und gegenüber Veränderungen aufgeschlossen ist.

Manchmal gilt es einfach, neue Sichtweisen zuzulassen oder das ein oder andere auszuprobieren, auch wenn du anfangs abgeneigt bist. Manchmal zeigt sich ein möglicher Nutzen erst bei mehrfacher Verinnerlichung oder spielerischem Ausprobieren. Man muss der neuen Sichtweise oder Übung einfach eine Chance geben.

Spüre in dich hinein und schau, was sich für dich richtig und **positiv** anfühlt.

Lebe dein Leben, so wie es dir gefällt, und schreibe deine eigene Lebensgeschichte selbst und möglichst wenig fremdbestimmt! **Übernimm** (dabei) **Verantwortung für deine (einmalige) Gesundheit**. Das vorliegende Buch möchte dich dabei unter Berücksichtigung mehrerer Teilaspekte des Lebens unterstützen.

Es tut gut und macht Spaß, sich mit seiner Gesundheit auseinanderzusetzen!

Ich würde mich freuen, wenn mein Buch zu einer möglichst langen Lebensgeschichte durch Vermittlung (m)einer Bewusstheit für Gesundheit beiträgt.

Jetzt wünsche ich dir, liebem Leser, Mann, Bro, „Lebensgefährte", viel Spaß und Neugier bei deiner Lesereise.

Schön, dass du (dir zuliebe) auf dieses Buch aufmerksam geworden bist.

„Man kann den Menschen nichts beibringen.
Man kann ihnen nur helfen,
es in sich selbst zu entdecken."

Galileo Galilei

Phasen im Leben eines Mannes

- Kindheit, Jungendasein
- (körperliche) Mannwerdung samt
  freundschaftlichem Wettpinkeln, Penismessen und Raufen,
  später Wettsaufen
- Identifikation mittels Vorbilder und Nachahmung
  (zurückliegend nicht selten unter Abwesenheit
  der Väter als initiierende Leitfiguren)
- Leisten oder Verweigern von Arbeit
- Realisierung der individuellen(?) Ziele im Leben
- Ruhestand

In welcher Phase befindest du dich gerade? Es wird darüber entscheiden, welche Themen des Buches dich derzeit ansprechen.

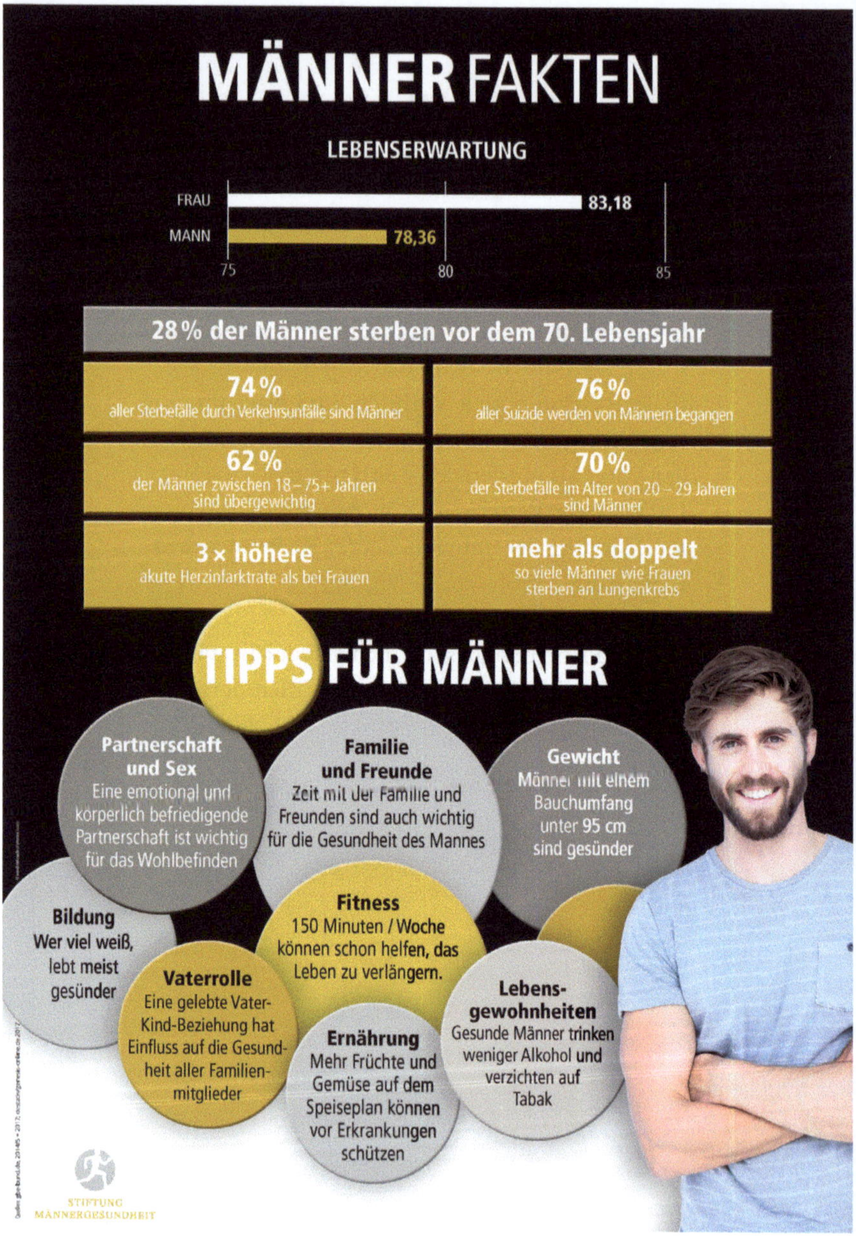

MÄNNER FAKTEN

LEBENSERWARTUNG

FRAU	83,18
MANN	78,36

75   80   85

28% der Männer sterben vor dem 70. Lebensjahr

74% aller Sterbefälle durch Verkehrsunfälle sind Männer	**76%** aller Suizide werden von Männern begangen
62% der Männer zwischen 18–75+ Jahren sind übergewichtig	**70%** der Sterbefälle im Alter von 20–29 Jahren sind Männer
3 × höhere akute Herzinfarktrate als bei Frauen	**mehr als doppelt** so viele Männer wie Frauen sterben an Lungenkrebs

TIPPS FÜR MÄNNER

Partnerschaft und Sex
Eine emotional und körperlich befriedigende Partnerschaft ist wichtig für das Wohlbefinden

Familie und Freunde
Zeit mit der Familie und Freunden sind auch wichtig für die Gesundheit des Mannes

Gewicht
Männer mit einem Bauchumfang unter 95 cm sind gesünder

Bildung
Wer viel weiß, lebt meist gesünder

Fitness
150 Minuten / Woche können schon helfen, das Leben zu verlängern.

Vaterrolle
Eine gelebte Vater-Kind-Beziehung hat Einfluss auf die Gesundheit aller Familienmitglieder

Ernährung
Mehr Früchte und Gemüse auf dem Speiseplan können vor Erkrankungen schützen

Lebensgewohnheiten
Gesunde Männer trinken weniger Alkohol und verzichten auf Tabak

STIFTUNG
MÄNNERGESUNDHEIT

Abb. 2: Fakten zu Männergesundheit, Lebenserwartungen, häufigsten Erkrankungen (mit freundlicher Genehmigung der Stiftung für Männergesundheit)

„Fluch und/oder Segen"

Die meiste Zeit unseres Lebens verbringen wir mit Arbeit.

Ein Blick in die Geschichte

Warum arbeiten wir überhaupt 30 oder 40 Jahre unseres Lebens?

Sozialwissenschaftlich wird Arbeit als eine zielbewusste und sozial durch Institutionen und Bräuche abgestützte Form der Tätigkeit definiert, mit der wir Menschen seit unserer Menschwerdung in unserer Umwelt zu überleben versuchen.

Somit stellt sie eine berufliche Beschäftigung oder Betätigung dar, um nicht wie früher Beute mit nach Hause zu bringen oder etwas anzubauen, sondern als Gegenwert Geld (als Tauschmittel) zu verdienen. Dies um uns und unsere Familie ernähren zu können und zwangsläufig unseren Beitrag für unsere Staatsform mitzutragen.

Als Homo faber („schaffender Mensch") verändern wir unsere Umwelt und erbringen Leistungen, um etwas in einer kapitalistischen Industriegesellschaft zu erschaffen.

So investieren wir nicht nur hinsichtlich der gearbeiteten Jahre, sondern häufig auch tagtäglich einen Großteil unserer Lebenszeit. In der Regel ist es so, je mehr wir arbeiten, desto mehr verdienen wir (als Entschädigung) für die aufgewendete Zeit.

Bereits in der Antike wurde zwischen körperlicher und geistiger Arbeit unterschieden. Letztlich sollte sie grundsätzlich als produktive Betätigung zur Befriedigung eigener oder fremder Bedürfnisse verstanden werden.

Karl Marx, ein deutscher Philosoph, Ökonom, Gesellschaftstheoretiker und Kritiker des Kapitalismus (1818-1883) beschrieb Arbeit wie folgt: „Arbeit ist ein Prozess zwischen Mensch und Natur, ein Prozess, worin der Mensch seinen Stoffwechsel mit der Natur durch seine eigne Tat vermittelt, regelt und kontrolliert. Die seiner Leiblichkeit angehörigen Naturkräfte, Arme und Beine, Kopf und Hand, setzt er in Bewegung, um sich den Naturstoff in einer für sein eigenes Leben brauchbaren Form anzueignen. Indem er durch diese Bewegung auf die Natur außer ihm wirkt und sie verändert, verändert er zugleich seine eigne Natur."

Hannah Arendt führte Mitte des 20. Jahrhunderts den Begriff „Arbeitsgesellschaft" ein. Sie sieht die Arbeit als gesellschaftlichen Zwang zur Erhaltung des Lebens, dem wir als Menschen von der Geburt bis zum Tod ständig unterliegen.

Im Sinne der Erwerbstätigkeit ist Arbeit eine Tätigkeit zur Einkommenserzielung. Der Beruf wiederum ist definiert als mit besonderer Fähigkeit oder spezieller Qualifikation ausgeübte Erwerbsarbeit.

In den wohlhabenden Staaten der Welt, zu denen auch Deutschland zählt, findet in der Erwerbsarbeit (Arbeitsleistung gegen Entgelt, im Beschäftigungsverhältnis Arbeitslohn) eine zunehmende Flexibilisierung, Automatisierung und Virtualisierung der Arbeit statt, an die wir uns als Menschen scheinbar anzupassen haben.

Die Einstellung, die Menschen bezüglich Arbeit vertreten, ist kulturell sehr unterschiedlich und unterliegt einem sozialen Wandel.

In den industrialisierten Kulturen haben Arbeit und Beruf einen hohen Stellenwert, da das marktwirtschaftlich organisierte Wirtschaftssystem und der erwünschte Fortschritt auf leistungswillige Arbeitnehmer angewiesen ist. Dies erfordert eine stark reglementierte und hierarchisch organisierte Arbeitswelt, die von den Arbeitern einen nicht unwesentlichen Zeitaufwand und immer mehr Flexibilität erfordert.

So manchem ist dies „Leid und Mühsal", eine zeitliche und körperliche Belastung erkauft durch eine stetig bessere Entlohnung sowie die soziale Stellung.

Im Westen wird Arbeit heute vielfach als „notwendiges Übel" gesehen, welches allerdings Rang und Ansehen garantiert und unter Umständen einen Weg zur Selbstverwirklichung darstellen kann. Wer Leistung nur widerwillig erbringt, bezieht meist auch nur einen geringen Lohn dafür, außerdem scheint die Arbeitszeit dann einen Großteil des Tagesablaufes zu bestimmen.

Lohnarbeit ermöglicht häufig mehr Freizeitausgleich zu Ungunsten des selbstständigen Arbeitens mit höheren finanziellen Erträgen. Lohnarbeit wird nachgesagt, dass ihr häufig die tiefe Bedeutung mit Einbußen bei der ausreichenden Motivation zur Arbeit fehlt. Die selbstbestimmte Arbeit hingegen wird oftmals begrifflich nicht von der Freizeit unterschieden und gilt als alltäglich sinngebende Lebensaufgabe.

Zur Arbeit zu gehen oder fahren und dort Zeit zu verbringen, strukturiert unseren Tagesablauf und schafft uns soziale Anerkennung in unserem Umfeld, wenn sie (durch unser Einkommen) nicht sogar unser Umfeld definiert.

In Folge der industriellen Revolution kam die digitale Invasion. Nach Landwirtschaft und Jagd, im Gefolge Industrietätigkeiten, passen sich die heutigen Arbeitsweisen immer mehr an die Herausforderungen und Möglichkeiten der digitalen Welt an, ob wir es wollen oder nicht. Ein Leben ohne Erreichbarkeit und Computer ist in kaum einer Branche mehr vorstellbar.

Im Vergleich zu modernen Erwerbstätigen hatten Jäger und Sammler laut zahlreichen Studien mehr Zeit zur freien Verfügung. Während die naturverbundenen Arbeiten und auch das industrielle Schaffen eher körperlich betont waren, scheint der Körper bei unseren aktuell zunehmenden Verwaltungs-, Organisations- und computergestützten Tätigkeiten mehr Vehikel, mehr Gefäß für unseren Verstand zu sein, mit dem wir zusehends mehr Arbeit verrichten als mit dem übrigen Teil des Körpers.

Die geschichtlich in Verruf geratene Phrase „Arbeit macht frei" trifft insofern zu, als dass Arbeit uns die Macht bzw. Möglichkeit gibt, das zu tun, was uns gut liegt und uns als Berufung erscheint. Wir haben die Freiheit, uns realisieren zu können und frei zu entscheiden, wie wir unser Geld investieren und uns dadurch, je nach Einkommenshöhe, in kleineren oder größeren Schritten zu realisieren.

Das muss als theoretischer und geschichtlicher Abriss bzw. Background reichen!

Unsere (berufliche) Prägung

Wie bzw. wodurch wurden unsere Ansichten, unsere Emotionen und letztlich unser Zellsystem (Körper) sowie möglicherweise auch unsere Berufsentscheidung geprägt?
Genau! Durch unsere (früh-)kindlichen Programmierungen.

Wie auf ein leere Computerfestplatte wurden Informationen auf uns bewusst oder unbewusst hochgeladen, ohne dass eine Schutzsoftware vergleichbar mit einem Antivirenprogramm oder eine Firewall vorlag. Anfangs waren es unsere Eltern, gefolgt von Erziehern/-innen im Kindergarten oder Lehrkräften in der Schule, später unser Ausbildungs- oder Studienumfeld, unsere Arbeitswelt, unser Lebensstil, unsere Kultur.

Wir haben unsere Eltern als unmittelbare Vorbilder gehabt und ihr Vorgelebtes entweder als nachahmenswert oder abstoßend empfunden. Möglicherweise haben wir auch früh gelernt, in Konkurrenz zu treten und versucht, besser als sie (und alle anderen) zu werden.

Wenn wir nicht durch das Elternhaus geprägt wurden und bereits dort angefangen haben, uns (in dem bestehenden Abhängigkeitsverhältnis) den Eltern anzupassen oder zu rebellieren, wurden wir spätestens in der staatlich vorgegeben Lerninstanz Schule gemaßregelt und dazu erzogen, Leistung zu bringen, uns hervorzuheben, gegen andere durchzusetzen, um später gutes Geld zu verdienen.

Wurden wir erzogen, uns zu messen, Leistung zu zeigen und dafür gelobt und gefördert oder haben unsere Eltern uns von früh an vertraut, dass wir unseren Weg schon gehen werden und ihn entsprechend ebnen? Letzteres ist leider häufig nicht der Fall. Im ungünstigeren Szenario waren unsere Eltern selbst suchend und ziellos und haben einfach nur tagein, tagaus malocht, um am Ende des Monats nicht höhere Ausgaben als Einnahmen zu haben.

Hier gilt es umzudenken, um zu verstehen, dass wir alle miteinander verbunden sind und jeder einzelne Mensch etwas in unserer schönen Welt bewegen kann ohne Konkurrenzgedanken, einfach in seiner individuellen, freien Entfaltung.

Es ist unumstritten, dass Arbeit auch als Anerkennung für einen selbst dient. Letztlich ist die so gewonnene Anerkennung oder ein Geldgegenwert für die von uns zur Verfügung gestellte Zeit etwas, was unser Ego nährt. Dies ist jedoch nicht gleichbedeutend damit, dass es uns auch wirklich langfristig glücklich macht und dadurch zu unserer Gesundheit beiträgt.

Viele Menschen, gerade Männer sind sehr erfolgreich in ihrem Beruf, dies aber häufig zu Lasten ihres Körpers: Sie schlafen zu wenig, pushen ihren Körper mit koffeinhaltigen Getränken, um Leistung zu erbringen, missachten notwendige Ruhepausen und essen meist nebenher und dann auch noch ungesund. Nach getaner Arbeit erfolgt stressabbauend ein wenig Sport (besser als regelmäßiger Alkohol), um die Gedanken zu vertreiben, begleitend wohlmöglich ein wenig Banales glotzen, um dann k.o. ins Bett zu fallen.

Nicht selten werden so womöglich erste Signale des Körpers, zwecks möglicher Lebensänderung, überhört, um mehrwerdenden Erkrankungen vorzubeugen, wie mittlerweile gesellschaftstypischer Bluthochdruck, Übergewicht oder andere Stoffwechselerkrankungen.

Jeder kennt Situationen, wo Sätze gefallen sind, wie: Du kannst das nicht! Du bist nicht gut genug oder zu dumm dafür!

Das tut jedem weh und diesen kindlichen Anteil, die Erinnerung daran, verbunden mit einem entsprechenden Gefühl und Handlungsmuster, verbleiben oft ein Leben lang. Daraus resultieren Vorstellungen und Einstellungen über unsere Stellung und die Zusammenhänge in der Welt, die in unserem Körper gespeichert wurden.

Es sei denn, dass wir uns dies aktiv (z. B. in Selbstreflexion oder Hypnose) noch einmal vor Augen holen, den entsprechenden Personen und/oder auch uns verzeihen und lernen, alles so anzunehmen und zu akzeptieren, wie es ist. Es gilt die Umstände anzunehmen und im Hier und Jetzt die eigene Zukunft, auch in beruflicher Hinsicht, zu erschaffen.

„Arbeit macht das Leben süß, macht es nicht zur Last.
Der, der Bekümmernis hat, der die Arbeit hasst."
Gottlob Wilhelm Burmann

In der Physik bedeutet Arbeit die Energie(menge), die für einen Vorgang aufgebracht wird, aus philosophischer Sicht einen Prozess der bewussten schöpferischen Auseinandersetzung des Menschen.

Wofür investieren wir bewusst unsere Energie?

Nutzen wir unsere berufliche Zeit bewusst, geschweige denn schöpferisch, oder nur um am Ende des Monats ein Plus auf dem Konto zu haben?

Viele arbeiten das ganze Jahr für 4 Wochen Urlaub und zur Abzahlung einer eigenen Immobilie. **Unser Beruf sollte** (aber) **etwas sein, wofür und nicht wovon wir leben!**
Geld verdienen sollte dabei nicht der Hauptfokus sein. Wenn wir etwas machen, was uns wirklich entspricht und wofür wir wirklich brennen, dann werden wir Geld automatisch anziehen.

Jeder kann jetzt, in diesem Moment, beginnen, das Leben zu erschaffen, das er führen möchte, egal was in deinem Leben bisher passiert ist, an welchem Punkt deines Lebens du gerade stehst, wo du herkommst oder was du bisher beruflich gemacht hast.
Das bedeutet für mich innere Arbeit jenseits des gewählten Berufes.

Du bist frei in deinem Leben, frei in deinen Entscheidungen und kannst die Glaubenssätze, die dir anerzogen wurden, überdenken. Warum hast du den Beruf gewählt, den du jetzt gerade ausübst? Weil du in ein bestimmtes soziales Milieu geboren wurdest? Dir (nur) eine bestimmte Schulform ermöglicht wurde mit entsprechendem Abschluss?
Weil du diese oder jene Ausbildung gemacht hast oder dieses oder jenes studiert hast?
Und? Bist DU damit glücklich???

Wenn nicht, handele. Handele, wie es dir guttut, wie nur du es willst. Es ist dein Leben und du kannst alles in deinem Leben erreichen, Spaß und Freude sowie Reichtum, jedoch beginnt alles in deinem Kopf, in deinem Mindset. Nicht die Umwelt ist für deinen Zustand verantwortlich. Nein!

Du ganz allein bestimmst über dein Leben!

Wie fühlt sich das in dir an, diese Zeilen zu lesen?

Empfindest du Empörung, verspürst du Wut über meine geschriebenen Zeilen? Oder sagst du dir, langweilig, das weiß ich ja alles schon. Oder bist du inspiriert, ja geradezu beflügelt und hast Lust, direkt loszulegen, deine Gedankenwelt und deine Arbeit zu optimieren.

Letzteres fände ich am spannendsten.

Und versteh mich nicht falsch, ich möchte dich nicht anregen, noch mal die Schulbank zu drücken, um einen Schulabschluss nachzuholen oder irgendetwas anzustreben, was nicht deins ist.

Jeder Beruf ist systemrelevant.

Entsprechend der individuellen Fähig- und Fertigkeiten sowie Bedürfnissen des Einzelnen und der individuellen Lebenssituation ist Arbeit nach Form und Inhalt letztlich unendlich vielfältig. Du selbst kannst bestimmen, was die Zweckmäßigkeit und das Ziel deiner Arbeit ist.

Wichtig ist, dass **du** jeden Morgen aufstehst und **Freude an dem hast, was du machst**, Lust hast dich einzubringen, bestimmte Prozesse zu optimieren, es leichter und für dich unbeschwerter zu machen, als es noch gestern war. Vielleicht auf einen Kollegen zuzugehen, mit dem bis jetzt immer Reibung oder Ärger bestand, ihm die Hand zu geben und zu sagen, ich habe Bock, dass wir uns verstehen, damit wir beide mehr Spaß an unserem Arbeitsalltag haben.

Häufig sind es banale Kleinigkeiten, die uns voneinander bis dato scheinbar getrennt haben, gekränkte Eitelkeiten oder Eingeschnapptheit. Oder ein Verhalten, das du von jemand anderem in deinem Umfeld kennst, das dich immer gestört hat, was diese Person dir in deinem Arbeitsumfeld widerspiegelt.

Jeder Moment in unserem Leben ist einmalig und unwiderruflich!

Gestalte ihn dir selbst zuliebe möglichst schön, anstatt mit schweren Gedanken, zwangsläufig wenig Elan und langfristig womöglich negativ auf den Körper wirkend.

Erspar dir und deinem Körper negativen Stress, Ruhelosigkeit, Konkurrenzdenken, Mangelempfinden, Depression, Burnout und langfristig chronische Krankheiten.

Sieh die Gemeinsamkeiten mit den Personen in deinem (Arbeits-)Umfeld, anstatt das, was euch trennt! Befreie dich von belastenden Gedanken oder Gefühlen, eruiere ihren Ursprung durch Selbstreflexion oder fachliche Unterstützung, anstatt sie wohlmöglich in Alkohol zu ertränken. Denn dann bist du am nächsten Tag wortwörtlich ernüchtert und die Gedanken und Gefühle bleiben die gleichen.

Sei neugierig, was alles in dir steckt, nichts ist negativ, sondern einfach so, wie es aktuell ist, und du hast die Macht und Kraft, daran und an deinem Leben etwas zu verändern, wenn du es willst.

Dort wo wir mit jemandem in Streit geraten, gilt es frühestmöglich zu erkennen, dass man gerade nicht auf einen Punkt kommt, und zu vereinbaren, nach einer gewissen Auszeit erneut das Gespräch, dann meist konstruktiver, zu suchen.

In dem Moment des Rückzugs hat es mir immer geholfen, mir kurz einmal den Ausgang der Eskalation vor Augen zu führen und zu hinterfragen, welchen Anteil ich zu der Disharmonie beigetragen habe. Habe ich durch meine Laune diesen Streit provoziert, war ich an einem Punkt Ego-gesteuert uneinsichtig oder wollte ich eine andere Meinung nicht gelten lassen, obwohl sie vielleicht für die entsprechende Situation richtiger als die meinige war?

Interessant ist auch zu ergründen, warum ich gerade mit dieser Person in Konflikt geraten bin und nicht mit jemand anderem. Häufig ist mein Gegenüber ein guter Spiegel für mich selbst, durch den ich viel für mich lernen kann, wenn ich bereit dafür bin, das, was der Spiegel mir zeigt, auch zu sehen.

Wie kann ich selbst meine Produktivität steigern, um Zeit zu sparen, für etwas, das ich möglicherweise jenseits der Arbeit auch gerne bzw. noch lieber mache, das mir ein Ansporn ist, meine Leistung in kürzerer Zeit abzurufen, als meine Arbeitszeit abzusitzen?

Wenn etwas scheinbar negativ ist, überleg, wie du es in etwas Positives wenden kannst, und konzentriere dich stets auf das Positive.

Das ist leicht gesagt?

Du denkst dir, der hat gut reden. Dann frag dich selbst: Was hindert mich bei der Arbeit am Glücklichsein? Wer intensiv genug fragt, bekommt auch Antworten. Wenn nicht, frag deinen besten Freund oder deine Partnerin, wie sie das Problem angehen würden.

Es gibt für jedes Problem auch **eine Lösung**, nur sieht man selbst oft vor lauter Bäumen den Wald nicht.

Wieviele gehen in Wahrheit nicht jener Arbeit nach, die sie eigentlich, vom Grunde ihres Herzens aus, am liebsten machen würden. Niemand sollte etwas tun, nur weil andere – die Eltern oder Lehrer – gesagt haben, dies oder jenes solle man beruflich machen.

Nur wenn der Beruf passt und Freude bereitet, ist man auch bereit, dafür vollen Einsatz zu leisten und würdig entlohnt zu werden.

Wichtig ist zu hinterfragen, ob man eine bestimmte Arbeit nur ausübt, weil man viel Geld als Gegenleistung für die investierte Zeit bekommt oder ob man morgens aufsteht, weil man dafür brennt, voll **Spaß und Freude,** und dies täglich zur Erfüllung beiträgt und dann automatisch zu einem finanziellen Ausgleich führt, der einen das Leben führen lässt, das man ersehnt.

Solltest du in dich hineinspüren und merken, dass das eben Gesagte anfängt in dir zu arbeiten, hadere nicht mit dem, wie es jetzt ist, sondern fokussiere dich auf dein Arbeitsleben, deine „Berufung", so wie (nur) du es willst. Jeder Tag bietet die Gelegenheit, eine entsprechende Korrektur vorzunehmen.

Wenn man auf seine innere Stimme, sein eigenes inneres Wissen hören lernt, wird man erfahren, was man mit seinem Leben anzufangen hat, und es wird erfüllend sein.

Es gilt zusehends mehr ein Mit- statt ein Gegeneinander zu leben, auch bei der Arbeit.

Die beruflichen Zielsetzungen am Anfang des 20. Jahrhunderts, zu Zeiten Otto von Bismarck, in denen andere Unsicherheiten als heute und der Wunsch der Absicherung für das Alter vorherrschten, sind, aus meiner Sicht, heute überholt. Schon länger sind nicht mehr alle Arbeitenden bereit, das klassische Konzept des Arbeitens bis zur Rente zu leben.

Die mit der Technologie verbündete Wissenschaft und der Materialismus verschafften uns Menschen Sättigung und Bequemlichkeit.

In regelmäßigen Abständen wird die Erde von Katastrophen heimgesucht, die uns auffordern, in uns zu gehen, uns moralisch zu wandeln und geistig zu wachsen.

Was ist, in diesem Wissen, dann unsere wirkliche Berufung, der wir den Großteil unserer Lebenszeit widmen wollen?

Es scheint, dass die westliche Gesellschaft nach einer Veränderung unserer Arbeitsweise verlangt, nicht um das alte System zu zerstören, sondern um es zeitgemäß zu verändern und aufzuwerten.

Jeder von uns muss die Bedeutung von Einkommen, Statussymbolen und Vermögen für sein individuelles Lebensglück selbst hinterfragen.

Wenn du genau weißt, was du willst, wirst du es dir auch bei festem Glauben daran und einem langen Atem realisieren. Davon bin ich fest überzeugt!

Arbeiten nur um Geld zu verdienen, war gestern. Zeitgemäßer scheint zu arbeiten, um persönliche Erfüllung zu finden und dadurch, dass man jeden Tag dem, was einen erfüllt, nachgeht, unweigerlich sein Geld zu verdienen im Miteinander mit anderen Menschen.

Solltest du selbstständig sein, genieße die Freiheit, selbstbestimmt das tun zu können, wofür du dich entschieden hast. Kreiere dir deinen Tag so erfüllend wie nur möglich. Schließlich bist du dein eigener Chef. Sieh dich, wie du Kunden, Patienten oder berufliche Kontakte anziehst, mit denen du deine Lebenszeit verbringen willst. Sei neugierig und schau, wer gerade dich in deinem Beruf aufsucht. Ich bin fest überzeugt, dass es keine Zufälle gibt, sondern ein Prinzip von Resonanz und Anziehung. Du kannst durch deinen Arbeitskontakt und dieser durch dich etwas lernen.

Gleiches gilt für Arbeitnehmer. Teilt euch eure Arbeit, soweit möglich, so ein, dass ihr zwischendurch immer mal zur Ruhe kommt, auch mal innehaltet und wieder einen Moment verweilt, euch wahrnehmt, bevor die Arbeit dann weitergeht. Die Arbeit sollte auch dir Spaß machen. Spaß und Freude sind meist größere Motivatoren als das am Monatsende überwiesene Gehalt und das Schielen auf die nächstmögliche Gehaltserhöhung. Solltest du nur zu Beginn der Woche aus dem Bett kommen, um möglichst schnell das Wochenende zu erreichen, dann läuft etwas falsch. Dann gilt es ehrlich in den Spiegel zu schauen und sich zu fragen, ob die von dir verrichtete Arbeit dir wirklich noch Spaß macht oder du dich besser noch mal entscheiden solltest, dich anderweitig umzuschauen.

Ein immer größeres Thema in diesem Zusammenhang ist die Work-Life-Balance. Es geht vor allem darum, dass die Arbeit häufig andere Lebensbereiche an den Rand drängt. Es gibt den Typ Mann, häufig beruflich erfolgreich, der quasi nur noch für die Arbeit zu leben scheint und dies mit Blick auf den Verdienst, die soziale Anerkennung und den Ruhestand in ferner Zukunft billigend in Kauf nimmt.

Die Lebensbalance kann aber genauso im Falle einer ungewollten Arbeitslosigkeit oder Berufsunfähigkeit kippen. Ohne die berufliche Herausforderung tritt so eine Unterforderung ein, die letztlich mangelndes Selbstvertrauen und Rückzug aus dem ehemaligen sozialen Umfeld nach sich ziehen kann.

Als Empty Desk Syndrom wird die häufig empfundene Sinnleere nach Eintritt in den Ruhestand bezeichnet. Von diesem Problem sind vor allem Männer betroffen, die sich zeit ihres Berufslebens stark durch ihre Arbeit definiert haben, weil nun der bisherige Sinn ihres Lebens samt identifikationsstiftender Rolle wegbricht. Dem gilt es durch andere Ankerpunkte im Leben wie einer erfüllten Beziehung und sinnstiftenden Hobbys bereits neben dem dann weichenden Berufsalltag und guten freundschaftlichen Kontakten frühzeitig entgegenzuwirken. Auch auf die Familie und Freundschaften zurückzugreifen und von ihnen Unterstützung zu erfahren, ist nur dann zu erwarten, wenn man bereits in der beruflich aktiven Lebensphase in sie investiert und sie gepflegt hat.

Im Marx'schen Sinne verändern wir, wie bereits genannt, unsere eigene Natur, in der Form, wie wir auf die Natur außerhalb unseres Selbst einwirken und sie verändern. Wenn wir unter diesem Gesichtspunkt unsere Welt im Außen, in unserer Arbeitswelt so gestalten, dass sie für uns gut ist und uns glücklich macht, wird dies auch zu unserer körperlichen Gesundheit beitragen.

Der Großteil der Menschen arbeitet wegen des Geldes. Wenn sie sich entsprechend dem Gesetz der Anziehung auf Arbeit konzentrieren, ziehen sie viel Arbeit, aber nicht zwangsläufig (mehr) Geld an.

Hab kein schlechtes Gewissen oder mach dir Druck, wenn Dinge liegenbleiben, das ist unausweichlich in Zeiten der Arbeitsverdichtung. Frei nach dem Motto: Ich arbeite ruhig und gediegen, was übrigbleibt, bleibt liegen.

Früher konnte Mann fast alleinig über seine Arbeitsleistung bestimmen und daraus sein Selbstwertgefühl speisen.

Arbeit ist in den vergangenen Jahrzehnten immer weniger körperlich, mehr sitzend, weniger aktiv, fremdbestimmter, ja mechanischer und automatischer geworden. Ein zunehmendes Bedienen von Maschinen und eine berufliche Ausrichtung auf Computer trägt dazu bei, dass wir, wenn wir nicht aufpassen, körperlich entkräften und seelisch entleeren.

Wenn das, womit du dein Geld verdienst, dir keinen Spaß macht, kannst du darin auch nicht so aufgehen, wie es möglicherweise notwendig ist, um das Geld, das du dir wünschst, anzuziehen. Dann entscheide dich jetzt, hier und heute, deinen beruflichen Traum zu realisieren.

Wenn du nicht weißt, was das sein könnte, hinterfrage, womit du als Kind am liebsten Zeit verbracht hast. Was und wer hat dich als Kind besonders begeistert? Wer war dein Vorbild?

Investiere darin all deine Zeit und Energie und du wirst das erreichen, was dich langfristig beruflich glücklich macht.

Wenn Sorgen bezüglich deines Lebens bestehen, lass sie vor der Tür deiner Arbeit und behandele deine Privatsphäre und deine Arbeit wie zwei Welten, die sich nicht miteinander mischen. Nichts ist schädlicher für deinen beruflichen Einsatz, als wenn du schlecht gelaunt zur Arbeit kommst und dort gleich von Arbeitskollegen oder Vorgesetzten deine schlechte Laune gespiegelt bekommst und so womöglich verbale oder non-verbale Spannungsfelder entstehen.

Dann ist dein Akku ziemlich schnell leer und der berufliche Tag schon zu Beginn für'n Arsch.

Gleiches gilt für berufliche Aspekte, die nicht auf dein privates Umfeld, die Liebe zu deiner Frau oder deinen Kindern abfärben sollten.

Es lohnt sich, vor der Arbeit kurz in dich zu gehen, dir vorzustellen, wie du heute deine Arbeit verrichten möchtest, einige tiefe Atemzüge zu nehmen und dir alle Beteiligten in deinem beruflichen Umfeld glücklich vorzustellen und zu überlegen, wie du selbst mit deiner Freundlichkeit und deinem Einsatz dazu beitragen kannst, dass der ganze Betrieb oder die ganze Firma einen guten Arbeitstag hat.

Verdienen kommt von dienen.

Sei dir außerdem bewusst, dass es auch viele Menschen ohne Arbeit gibt, die gerne eine Arbeit hätten. Verrichte deine Arbeit daher mit maximaler Freude. Stehe morgens auf und visualisiere deinen Tag, so wie du ihn am liebsten hättest. Je intensiver du dies tust, desto eher wirst du auch die Arbeit so verrichten (können), wie es dir und **deinem inneren Kind Spaß und Freude** macht. Nur wenn du deiner Arbeit positiv gegenüberstehst, sie mit Spaß und Freude verrichtest, wird sie langfristig zu deinem Glück und deiner Erfüllung beitragen.

Fokussiere dich auf das Positive an deiner Arbeit, anstatt dich auf das zu konzentrieren, was du scheinbar nicht hast. Optimiere die Anteile, die noch nicht mit deiner Vorstellung und deinem Arbeitseinsatz vereinbar sind, entweder gedanklich oder im jeweils positiven Austausch mit deinem Vorgesetzten, deinen Kollegen oder anderweitigen Entscheidungsträgern. Wertschätze jeden Arbeitskollegen oder beruflichen Kontakt, denn durch jede einzelne Person, der wir in unserem Leben begegnen, können und dürfen wir etwas lernen.

Wetteifere nur mit dir selbst! Hör auf, mit anderen zu konkurrieren oder dich mit ihnen zu vergleichen. Gib dir selbst das Versprechen, dass du heute versuchst, ein besserer Mensch zu sein, als du es gestern warst, einfach **die beste Version von dir selbst** zu **leben** und in diesem Bewusstsein deine Arbeit zu verrichten.

Ein Geheimnis des Lebens besteht darin, herauszufinden, was du wirklich gern tust, um es dann gezielt zu praktizieren und in bare Münze umzuwandeln. Wenn du deine Leidenschaft lebst, musst du keinen Tag in deinem Leben mehr arbeiten.

Die Verwirklichung im Beruf fördert die persönliche Zufriedenheit, den Arbeitseinsatz und letztlich auch die Gesundheit.

Entspricht unser Beruf auch unserer Berufung, ja unserer Bestimmung auf der Erde?

Wenn dies gewährleistet ist, wird unser Beruf sicherlich sehr erfüllend sein und uns zu Reichtum verhelfen. Aber dazu mehr im nächsten Kapitel.

Lass uns mal das Wort **Arbeit** durch Spiel ersetzen: **Ich gehe spielen.** Immer wenn ich arbeiten gehe, stelle ich mir vor, **mit** welcher **Leichtigkeit und Freude** ich als Kind gespielt habe. Diese Leichtigkeit und Freude gilt es spielerisch in meinen Arbeitsalltag zu integrieren.

Du bist die Hauptperson in deinem Spiel!

Meine Arbeit

Zurückblickend auf meine Kindheit habe ich erfahren, wie es ist, wohlbehütet und -verdienend groß zu werden. Mein Vater, selbst Arzt, hat mit Erfolg viel Zeit in seine Selbstständigkeit investiert, meine Mutter war unter anderem lange als Psychologin beruflich tätig.

In kindlicher Reibung mit meinen Eltern habe ich im Sinne der scheinbaren Unabhängigkeit ab einem bestimmten Alter angefangen, alles anders, ja cooler machen zu wollen, nicht so spießig wie meine Eltern. Dies endete jedoch in einem meinem Körper schadenden Konsumverhalten, das aus Feiern, Trinken und Rauchen als sichtbare Zeichen der Mannwerdung bestand ;).
In mir schlummerte (aber) stets der Wunsch, mich zu realisieren. Diese Suche war jedoch vielfach von trial & error geprägt, bis hin zu Reibungspunkten mit der Gesetzgebung.

Ich habe zwei Grundschulen und drei weiterführende Schulen besucht.
Auf dem Zeugnis war ich meist ein eher durchschnittlicher bis schlechter Schüler, was aber nicht daran lag, dass mir der Verstand

fehlte oder die Fähigkeit, mir Wissen anzueignen. Es lag vielmehr daran, dass die Schulzeit einfach in eine Zeit fiel, in der ich mich durch mein Älter- und Erwachsenwerden mit nahezu allem beschäftigt habe, nur mit den schulischen Inhalten halt zu wenig.

Dies trug zu dem berechtigten Ärger meiner Lehrer bei mit resultierenden Klassenbucheinträgen, Rügen, Tadeln, Schulkonferenzen und eher weniger befriedigenden Zeugnisnoten.

Rückblickend kamen erste Einsichten, wie ich mein Leben wirklich führen möchte, erst in der Oberstufe, dann aber auch mit entsprechender Fokussierung und Einsatz. Ab diesem Zeitpunkt habe ich bewusst die Erfahrung machen dürfen, dass da, wo ich meine Energie hineininvestiere, auch etwas Gutes, ja Konstruktives, entstehen kann, während ich zuvor unbewusst viel Zeit damit verbrachte, durch Unsinn bis hin zu Gesetzesverstößen auf mich aufmerksam zu machen. Ab diesem Zeitpunkt habe ich langsam in meine wahre Kraft gefunden und habe erfahren dürfen, dass ich alles erreichen kann, wenn ich es wirklich will.

Vor meinem Medizinstudium, vor allem in den Schulferien, habe ich mir Geld auf dem Bau dazuverdient. Ich habe im holzverarbeitenden Markt im Lager oder im Lebensmittelgroßhandel in der Getränkeabteilung gearbeitet, Zeitungen ausgetragen oder Gartenarbeiten verrichtet. Dies alles bei jedem Wind und Wetter und, soweit ich mich zurückerinnern kann, stets präsent und mit Freude, freudig über das, was ich mit dem verdienten Geld realisieren konnte und wollte. Dort durfte ich das Mindset von Menschen, zumeist Männern kennenlernen, die teils einen anderen sozialen und finanziellen Background hatten. Ich habe ihre entsprechenden Einschränkungen, aber auch Zwischenmenschlichkeit und liebenswerte unbeschwerte Leichtigkeit, meist ohne Streben nach Reichtum, schätzen gelernt und mich stets gut mit ihnen als Mitmenschen verstanden.

Nach meiner Schulzeit, in der Zeit meines Zivildienstes, habe ich das erste Mal Lebenslektionen wie Demut und Dankbarkeit lernen dürfen. Damals arbeitete ich für das Rote Kreuz in der

Individuellen Schwerstbehindertenbetreuung. 13 Monate lang habe ich im Rahmen dessen mit und für T. gearbeitet und durfte an seinen Lebensansichten und an den mit seiner Erkrankung einhergehenden Einschränkungen teilhaben. Er hatte Syringomyelie, eine Höhlenbildung vornehmlich der grauen Substanz des Rückenmarks mit entsprechenden zunehmenden, insbesondere motorischen Einschränkungen. Ich bewunderte ihn für seine Lebenszugewandtheit und seinen Einsatz in seinem Jurastudium.

Parallel zu meinem Studium, in dem ich früh feststellte, dass das Verständnis und die Behandlung von Erkrankungen nicht auf der schulmedizinischen, meist körperlichen Ebene, enden, habe ich mich vielseitig durch inspirierende Leute weitergebildet. Zu diesen gehörten Harald Reinhardt aus Köln, ärztliche Kollegen, die auch einen alternativen Weg eingeschlagen haben wie Rüdiger Dahlke und Christos Drossinakis oder engelsgleiche Wesen wie Natara (Jörg Loskant) oder Oliver Dietsche.

Ich habe angefangen, mich, meine Geschichte und meine Verhaltensweisen immer mehr zu hinterfragen.

Mittlerweile habe ich an unzähligen Weiterbildungen zum Thema Krankheit und Gesundheit, alternative Heilansätze und Persönlichkeitsentwicklung teilgenommen.

Ein immer größer werdender Fokus auf gesundheitsfördernde Maßnahmen und Krankheitsprävention prägten die Folgejahre neben meiner beruflichen Tätigkeit.

Bevor ich als Facharzt in einer Praxis in Münster arbeitete, war ich als Assistenzarzt in einer deutschen Universitätsklinik sowie in einer Fachklinik für dermatologisch-onkologische Patienten tätig.

Seit meiner ärztlichen Tätigkeit habe ich Tausende interessante Menschen kennengelernt und bin dankbar für jeden einzelnen Kontakt, jede Erfahrung und jede persönliche Herausforderung auf beruflicher und persönlicher Ebene.

Falls ihr dieses Buch lesen solltet: Vielen Dank jedem Einzelnen von euch, dass ich euer behandelnder Arzt sein durfte! Ihr habt mich und mein ärztliches Wissen mitgeprägt.

Ein maßloser Dank gilt auch jedem Kollegen und Vorgesetzten, von dem ich das lernen durfte, was mich heute als Arzt und Mensch ausmacht.

Mittlerweile höre ich häufig von Leuten aus meinem sozialen Umfeld, dass ja aus mir Chaoten wirklich etwas geworden ist, was ich dann meist unkommentiert im Raum stehen lasse, da ich weiß, dass mein gesamter Weg mich zu dem geformt hat, der ich heute bin, und alles scheinbar so sein sollte, um mich da hinzuführen, wo ich heute in meinem Leben stehe.

Als Arzt und Coach habe ich mittlerweile über 20000 Stunden Expertise sammeln dürfen und im Rahmen dessen mit über 50000 Patienten und Klienten zusammengearbeitet und dabei mit vielen tollen Menschen mein Wissen und meine Emotionen geteilt.

Bisher waren diese Kontakte zumeist durch 1:1-Behandlungen oder Arbeiten in Gruppen geprägt. Mein Anliegen ist es durch dieses Buch, in Vorträgen und Seminaren eine immer größere Anzahl an Menschen zu erreichen und ihnen und dir als Mehrwert im Bereich Gesundung, Gesunderhaltung, Gesundheitsförderung und Prävention zu dienen.

Aber was ist das Warum hinter meinem Wirken?

Ich möchte Interessierten mögliche Umwege, Fehltritte, destruktive Verhaltensweisen und Zeit ersparen, die ich mir in meinem Leben gern erspart hätte, damit sie sich so **auf das wirklich Wichtige im Leben konzentrieren können und das Beste aus ihrem individuellen, möglichst langen und gesunden Leben machen.**

Rückblickend bin ich total dankbar für all die Erfahrungen, die ich bisher in meinem Leben machen durfte, einschließlich der „weniger schönen". Sie haben mich zu dem gemacht, der ich heute bin.

Mein Rat zur Tat an dieser Stelle

Arbeiten nur um Geld zu verdienen war gestern. Zeitgemäßer scheint zu arbeiten, um persönliche Erfüllung zu finden und dadurch, dass man jeden Tag dem nachgeht, was einen erfüllt, zwangsläufig sein Geld verdient. Wenn du das tust, was deiner Berufung entspricht, zieht es keine Energie und fühlt sich nicht wie Arbeit, sondern richtig an.

Wer zu viel und vor allem zu hart arbeitet, reduziert meist (unwissend) seine Lebenszeit, da körperliche Anstrengung, mentale Belastung, Stress und meist ungesunde Ernährung damit einhergehen. Wer lange arbeiten und leben möchte, sollte sein tägliches Schaffen wirklich lieben und dieses nach dem Motto „Work smart, not hard" praktizieren.

Definiere deine Ziele, um eindeutig zu wissen, wohin du willst.
Sei mutig! Es ist dein Leben, deine Arbeit und deine Zeit, die du im Zweifel vergeudest.

Was würdest du tun, egal was passiert? Egal was deine Eltern oder Partnerin sagen oder andere in deinem Umfeld von dir denken könnten?

Was erfüllt dich in deinem beruflichen Wirken?

Wofür brennst DU?

„Du wirst in deinem Leben niemand anderen
für deine eigenen Fehler verantwortlich machen
können, noch kannst du irgendjemand anderem
für deine Erfolge gratulieren."

„Wer den ganzen Tag arbeitet, hat
keine Zeit Geld zu verdienen."

John D. Rockefeller

„Make money"

Der Großteil der Menschen arbeitet wegen des Geldes.

Aber warum gibt es eigentlich Geld?

Geld dient uns als Tausch- und Zahlungsmittel und ermöglicht uns jenseits unserer alltäglichen Ausgaben und nach dem Abzug von Steuern, Wohlstand bis hin zu Reichtum zu generieren.

Geld ist letztlich nichts anderes als Energie, die fließen darf. Es darf angelegt und investiert werden und dadurch entsteht ein Kreislauf.

Geld ist zwar relevant für das Wohlbefinden, darf aber auch bezüglich dessen Einfluss auf das Lebensglück nicht überschätzt werden. Es kann Positives oder Negatives bewirken. Es liegt in unserer Hand, was wir daraus machen.

Geld ist immer das, was du daraus machst.

Geld verdirbt nicht den Charakter, es zeigt ihn.

Geld ist dazu da, um es für etwas anderes einzutauschen und die Energie in Fluss zu halten.

Geld ist wichtig, denn Geld bedeutet Freiheit.

Dass Geld wichtig ist und nicht so egal, wie viele oft behaupten, merken sie spätestens dann, wenn sie auf einmal keines mehr haben und nicht mehr wissen wie sie (am Monatsende) ihre Rechnungen begleichen oder sich etwas zu essen kaufen sollen.

Mehrere Aussagen über Geld, wo jeder für sich sehen kann, wie er aktuell zu diesem Thema steht.

Fakt ist, dass Geld eine bessere Gesundheit ermöglicht. Es beginnt mit einer besseren Ernährung, geht über die Wahl des

Versicherungsstatus und endet bei den gesundheitsfördernden Wohn- und Lebensverhältnissen.

Auch wenn wir womöglich beigebracht bekommen haben, dass Geld etwas Böses ist, ist es in Wirklichkeit neutral. Die Frage ist immer, wie bereits erwähnt, was du daraus machst.

Hat ein Mensch erst einmal verstanden, wozu Geld gut ist, möchte er es gerne haben.
Nur wer ein Bewusstsein für Geld hat, wird auch zu Reichtum gelangen.

Menschen sind komplett verschieden. Jeder hat unterschiedliche materielle Prägungen und finanzielle Vorstellungen. Eine weit verbreitete Einstellung lautet: „Über Geld spricht man nicht."
Hinterfrage selbst deine Einstellung zum Thema Geld und Reichtum und sei weder von Macht noch Neid getrieben.

In der Schule erlernen wir Fähigkeiten, um dem Staat zu dienen, aber nicht, wie wir aus unserer persönlichen Lage das finanzielle Optimum herausholen und Geld für unseren persönlichen Vermögensaufbau generieren. Schulbildung ermöglicht uns, unseren Lebensunterhalt zu verdienen, persönliche Weiterbildung wird dir, wenn du daran interessiert bist, helfen ein Vermögen einzubringen.
Viele Menschen arbeiten, indem sie ihre Zeit gegen Geld tauschen, nur wenige lassen die Zeit für ihr Geld arbeiten.

Es gibt Gründe, weshalb manche Menschen arm sind, während andere reich sind. Häufig spielt der familiäre Hintergrund eine Rolle und der Umgang mit Geld und dessen Bedeutung, die wir von unseren Eltern gelernt und häufig unbewusst bzw. unreflektiert übernommen haben. Oder wir haben uns bisher in einem geldfeindlichen Umfeld aufgehalten.
Was wir aber aus diesen Gegebenheiten machen und ob wir uns entscheiden, vermögend zu werden, hängt allein von uns,

unseren Glaubenssätzen, Emotionen und eigenem Verhalten ab. Niemand außer mir ist schuld daran, wie es mir zukünftig geht. Ich allein treffe die Entscheidung, ob ich weiter so bleibe, wie ich bin, oder reicher werde, und dies tagein, tagaus.

Was unterscheidet reiche von armen Menschen?

Am Anfang ist es das unterschiedliche Mindset, am Ende die finanzielle Freiheit!

Sobald wir anfangen, uns reich zu denken, werden wir feststellen, dass Reichtum mit einer Geisteshaltung anfängt, mit dem konkreten Ziel, und wenig bis nichts mit harter Arbeit zu tun hat.

Nachfolgend ein paar Zahlen zu den Einkünften von Arbeitnehmern in Deutschland:

Einkommensart	pro Monat
Durchschnittliches Bruttogehalt aller Arbeitnehmer	ca. 3.099 €
Durchschnittliches Nettogehalt aller Arbeitnehmer	ca. 2.079 €
Durchschnittliches Bruttogehalt von Arbeitnehmern in Vollzeit	ca. 3.994 €
Durchschnittliches Bruttogehalt von Männern in Vollzeit	ca. 4.146 €

Tab. 1: Das Durchschnittseinkommen der Deutschen im Überblick mit Fokus Männer in Vollzeit. Quelle: Statista (Stand: 2019)

Ab einem Nettoeinkommen von 3500 € bezeichnet die Wissenschaft einen Menschen als reich. Dies ist wiederum nicht gleichbedeutend mit Reichtum als Fähigkeit eines Menschen, eine gewisse Anzahl von Tagen zu überleben, Zeit zur freien Verfügung zu haben, in der der Betroffene nicht aktiv arbeiten muss.

Was ist also echter Reichtum und wodurch zeichnet er sich aus?

Reichtum gibt es auf verschiedenen Ebenen:
- Materieller Reichtum,
- Reichtum an Freiheit,
- gesundheitlicher Reichtum und
- finanzielle Mittel, um die Gesundheit zu erhalten und zu verbessern.

Geld und materielle Mittel sind wesentliche Voraussetzungen für die Freiheit von Körper und Geist. Meist ist die Realisierung der materiellen männlichen Wünsche der Ansporn unseres täglichen Schaffens, nach dem Motto: Mein Haus oder meine Wohnung, mein Auto, meine Rücklagen. Dies resultiert nicht zwangsläufig in Reichtum, sondern führt häufig zu finanziellen Abhängigkeiten und Verbindlichkeiten. Da in der Regel der Lebensstandard mit dem Einkommen wächst, wird man nicht reich durch das Geld, das man verdient, sondern durch das Geld, das man behält.

Folgende Frage öffnete mir die Augen bezüglich des Unterschieds zwischen regelmäßigen Einkünften und Vermögensbildung: Wie lange könntest du mit deinem Einkommen (und Rücklagen) überleben, wenn du heute aufhören würdest zu arbeiten?

Reichtum ist somit wesentlicher als das reine Einkommen, da er als finanzieller Rückhalt genutzt werden kann und um sich gegen Zeiten mit Einkommensausfällen abzusichern.
Reichtum ist ein absolutes Grundrecht von Menschen!

Wohlstand als Abgrenzung zu Reichtum unterstreicht das damit einhergehende Wohlfühlen und den sicheren Stand im Leben und beeinflusst das Denken, Handeln und Fühlen des Wohlhabenden. Personen, deren Vermögen so groß ist, dass sie davon leben können, ohne aktiv zu arbeiten, sind als sogenannte Privatiers finanziell frei.

Reichtum ist positiv! Er hilft dir nicht nur, dich selbst zu realisieren, ein glückliches und finanziell freies Leben zu führen. Reichtum hilft dir auch dabei, viel Gutes für viele Menschen zu tun und Menschen, denen es nicht so gut geht, zu helfen.

Reiche wollen häufig nicht primär Geld und Luxus, sondern Freiheit. Für ein freies Leben brauchen auch wir Geld. Punkt.

Ein möglicher Preis für Reichtum kann Stress, Zeit, Unsicherheit, Ablehnung usw. sein.

Vermögende zeichnen sich darüber hinaus nicht selten durch Leistungsorientiertheit, ein Hocheinschätzen der eigenen Fähigkeiten und ein Verlangen nach Anerkennung aus. Statussymbole und Luxuskonsum sein eigen nennen zu können, ist für viele Männer erstrebenswert. Ein Imponiergehabe und die Gier nach Bewunderung hingegen sprechen meiner Menschenkenntnis nach häufig für ein Defizit an anderer Stelle.

Der Reichtum von Ländern im Vergleich lässt sich anhand des Bruttoinlandsproduktes pro Einwohner ermitteln. Hier schneidet Deutschland, wie wahrscheinlich den meisten bekannt, im weltweiten Vergleich als ein sehr reiches Land ab.

Nach Berechnungen verschiedener internationaler Hilfs- und Entwicklungsorganisationen in vergangenen Jahren verfügen die reichsten 85 Menschen über denselben Reichtum wie die ärmere Hälfte der Weltbevölkerung. In Zahlen verfügen diese 85 Menschen über ein Vermögen von etwa 1 Billion Euro (10^{12}€), dies entspricht dem Vermögen der 3,5 Milliarden ärmsten Menschen.

Laut Easterlin-Paradox führt mehr Reichtum nicht automatisch zu mehr Zufriedenheit. In einer Langzeitstudie wurde die subjektive Lebenszufriedenheit von Amerikanern über 25 Jahre hinweg untersucht. Trotz der Verdopplung ihres Gehalts in dem Zeitraum waren die Probanden nicht zufriedener. Einige Teilnehmer aus ärmeren Gegenden waren sogar im Durchschnitt zufriedener. Weitere Studien haben gezeigt, dass ab einem Jahreseinkommen von rund 60.000€ das maximale Lebensglück für viele erreicht ist.

Wenn ich mich entsprechend dem Gesetz der Anziehung, wie bereits im vorangegangenen Kapitel erläutert, auf Arbeit konzentriere, ziehe ich nicht zwangsläufig viel Geld an. Dafür muss ich mich mit einer positiven Emotion, mit einem Bild von Geld, auf Reichtum konzentrieren, dann zieh ich diesen über kurz oder lang zwangsläufig an. Je intensiver meine diesbezügliche Konzentration ist, desto weniger kann ich mich dagegen wehren.

Das Gegenteil von materiellem Reichtum bzw. wirtschaftlichem Vermögen in Form materieller Güter wird volksläufig als Armut bezeichnet. Den Gegensatz zu privatem Vermögensreichtum bildet laut Deutscher Bundesbank die Überschuldung von knapp 3 Millionen Haushalten, das Nettogeldvermögen des Staates liegt bei -1 Milliarde Euro.

Sparen wird uns (hingegen) von Politik und Gesellschaft als Sicherheit und Garantie verkauft.

Meist bestimmt (aber) der Stand unserer persönlichen Entwicklung über unseren Kontostand.

Jeder Mensch, gleich ob es darum geht, sich nur über Wasser zu halten und über die Runden zu kommen oder ein Vermögen aufzubauen, benötigt finanzielle Intelligenz.

Um nicht durch äußere Widrigkeiten überrascht zu werden, gilt es heutzutage am besten, Geld aus mehreren Einnahmequellen zu generieren.

Statt unnötige Verbindlichkeiten einzugehen, ist es ratsam, am Monatsende überschüssigen Lohn oder überschüssiges Einkommen zwecks persönlichen Reichtums vermögenswirksam zurück- bzw. anzulegen. Experten der finanziellen Freiheit sind u. a. Bodo Schäfer und Philipp J. bzw. Ulrich Müller, deren entsprechende Literatur im Anhang aufgeführt ist.

In unserer zivilisierten und stark industrialisierten westlichen Welt sind die Menschen auf Materie und auf Anhäufung äußerlicher Werte aus. Dadurch schaffen wir Abgrenzung zu unseren Mitmenschen, eine gelebte Fassade. Man(n) definiert sich über Äußerliches, ohne zu berücksichtigen, dass diese Werte vergänglich sind. Der wesentliche innere Wert eines jeden Menschen spielt da leider häufig eine untergeordnete Rolle bzw. wird nicht ausreichend wert-geschätzt.

Reichtum bezieht sich meist auf gegenständliche Wertanhäufung im Gegensatz zu dem auch erstrebenswerten geistigen Reichtum. Dieser beinhaltet das Wissen und die Kenntnis des Guten und Wahren, einen lebendigen Glauben und eine wahre uneigennützige Liebe zu Gott und dem Nächsten, welchen Standes er auch sein mag.

„Die Liebe zum Besitz ist bei den Weißen wie eine Krankheit …"
Sitting Bull

Viele Religionen, Weltanschauungen und Philosophen betrachten materiellen Reichtum skeptisch. Die Sozialwissenschaft beobachtet die Anhäufung von Reichtum unter dem Aspekt der Verteilung von Ressourcen und der Macht.

Bereits Platon (antiker griechischer Philosoph um 400 v.Chr.) verfasste eine Schrift über die Zusammenhänge von Reichtum, einseitiger Machtkonzentration und moralischem Verfall.

Der Sozialpsychologe Erich Fromm skizziert in seinem Buch *Haben oder Sein* die vom Haben und Streben nach Besitz dominierte westliche Gesellschaft und stellt dieser die Geisteshaltung des Seins gegenüber, eine Haltung, in der Besitztümer keine bzw. eine untergeordnete Rolle spielen. Dabei beruft er sich auf philosophische und religiöse Ansätze unter anderem von Buddha, Jesus und Meister Eckehart. Ersterer sagte in diesem Zusammenhang: „Genugtuung, Geld auf der Bank zu haben, macht vielleicht im

Moment glücklich, doch mit der Zeit hat der Besitzende immer mehr Angst, dass er alles verlieren könnte."

Und schon in der Bibel steht, dass für uns alle gesorgt ist!

Wir haben zwei große Gaben mitbekommen: unsere Lebenszeit und unseren Verstand.

Nur die Grenzen unserer Überzeugungen setzen unserem Leben Grenzen.

Reiche Menschen bleiben nicht reich, wenn sie nicht weiter reich denken.

Jede Sache, die ich lerne, schafft Einkommen und damit potenziellen Vermögensaufbau.

Dabei gilt es, mich **von meiner Leidenschaft lenken** zu **lassen** statt von meinen Ängsten.

Wie in allen anderen Lebenslagen gilt auch bei dem Thema Geld und Reichtum, nicht anderen die Schuld für meine Umstände zu geben.

Viele Menschen sind zu beschäftigt, um sich um ihre Gesundheit und ihr Geld selbst zu kümmern. Anstelle dessen rennen sie bei Krankheit zu Ärzten und bei finanziellen Angelegenheiten zu ihrer Bank oder ihrem Finanzberater. In beiden Angelegenheiten gilt es aber aus meiner Sicht selbst Prävention zu betreiben.

Statt „Das kann ich mir nicht leisten" zu denken, gilt es zu überlegen, „Wie kann ich mir das leisten?" und „Warum meine ich mir etwas nicht leisten zu können?".

Reiche arbeiten nicht für Geld, sondern aus Leidenschaft.

Reichtum in den Händen großzügiger Menschen, die das Wissen und die höhere Weisheit, dass alles miteinander verbunden ist, erlangt haben, kann ein Segen für das Wohl der gesamten Menschheit sein.

Das Äußere eines Menschen tut nichts zur Sache, sondern nur das Innere als Ursprung des Äußeren.

Viele Menschen machen sich unabhängig von ihrer Gehaltsklasse immerzu Sorgen und haben Angst, nicht genug Geld zu haben oder Geld zu verlieren.

Andere dienen dem Geld als Sklaven, anstatt es rein sachlich als Gegenwert für ihre erbrachte Zeit zu verstehen.

Finanzielle Schulden, Misswirtschaft oder Kreditabzahlungen führen zu Spannungen in der Beziehung, zu möglichen Schlafstörungen oder letztlich dauerhaftem Stress und können dadurch krank machen.

Ich kann es mir nicht verkneifen, an dieser Stelle kurz ein paar Worte zu Steuern und Ver(un)sicherungen loszuwerden:

Es gab Zeiten, in denen Steuern nur sporadisch zur Kriegsfinanzierung erhoben wurden. Da der Appetit des Staates aber immer größer wurde, werden wir mittlerweile bei jedem Verdienst und bei jeder Ausgabe, die wir tätigen, ob wir es wollen oder nicht, mit dem Thema Steuern konfrontiert: Einkommenssteuer, Lohnsteuer, Umsatzsteuer, Mehrwertsteuer, Bewirtungssteuer. Steuer, Steuer, Steuer …

Früh im Berufsleben lernen wir, für viele nützliche, aber auch für zig verschwenderische Investitionen des Staates Steuern zu zahlen.

Da unser Verwaltungsapparat nicht gerade schlank ist, zahlen wir auch jedem staatlich Angestellten, (und ich habe hier bewusst zur Vermeidung von allgemeinem Unverständnis keine Zahlen aufgeführt) vom Bundestagsabgeordneten bis hin zum untersten Beamten, als Steuerzahler die Gehälter und Pensionen.

Wir werden des Weiteren, aus Angst, dass uns etwas zustoßen könnte, angehalten, Versicherungen für alles Mögliche abzuschließen, die unser Einkommen mindern und zu einem hohen Prozentsatz niemals in Anspruch genommen werden.

Reichtum ermöglicht eine bessere medizinische Versorgung, meist verbunden mit einer besseren Gesundheit sowie dem Meiden von körperlich schädlicher Arbeit.

Reich werden darf finanziell gemeint sein, kann aber auch auf Zeit oder in meinem Aspekt auf Gesundheit bezogen werden, da ein langes Leben letztlich reich an Zeit bedeutet.

Der wahre Reichtum auf Erden ist nämlich **unsere Lebenszeit**, die es in unserem Sinne bestmöglich zu nutzen gilt.

Es hat schon immer Krisen gegeben, aber die Welt wird sich auch nach Corona weiterdrehen.
Wenn du wirklich reich werden willst und deine Aufmerksamkeit und deine Zeit in diesen Gedanken, deine Vision investierst, wirst du auch die Wege und Lösungen finden, um dich zu realisieren.

Wir sollten uns immer vergegenwärtigen, dass jede Stunde der Arbeit von unserem Lebenszeitkonto abgebucht wird und wir selbst entscheiden können, was Reichtum für uns bedeutet und welche Form von Reichtum wir leben möchten.

Wichtig ist immer zu hinterfragen, wieviel Lebenszeit ich ins Geldverdienen investiere. Wenn es zu viel ist, werde ich womöglich irgendwann durch einen Schicksalsschlag auf den Boden der Tatsachen zurückgeholt und erkenne erst dann, dass auch Geld nicht die Quelle allen Glücks ist und der wahre Reichtum im Leben woanders liegt.

Aus welchem Bewusstsein heraus haben wir uns entschieden, Reichtum im Außen über Reichtum im Inneren zu stellen? Bei der Nachkriegsgeneration war es verständlicherweise der zurückliegende Mangel und die erfahrenen Unsicherheiten.
Aber was zählt heute wirklich?
Und wie kann ich inneren mit äußerem Reichtum verbinden?

Folgend zitiert seien vermeintlich letzte Worte von Steve Jobs, dem Mitbegründer und langjährigen CEO von Apple Inc., dessen Vermögen auf über 8 Milliarden Dollar geschätzt wird. Er verließ unsere Welt 2011 im Alter von nur 56 Jahren:

„Ich habe den Gipfel des Erfolgs in der Geschäftswelt erreicht. In den Augen der Menschen gilt mein gesamtes Leben als eine Verkörperung des Erfolgs. Jedoch abgesehen von der Arbeit habe ich wenig Freude in meinem Leben. Letztendlich gilt mein Reichtum nur als Fakt des Lebens, an das ich gewohnt bin. In diesem Augenblick, wo ich in einem Krankenbett liege und auf mein ganzes Leben zurückblicke, verstehe ich, dass all die Anerkennung und der Reichtum, worauf ich so stolz war, an Wert verloren haben vor dem Gesicht des kommenden Todes.

Jetzt weiß ich, dass wir uns komplett andere Fragen im Leben stellen müssen, die mit Reichtum nichts zu tun haben.

Es muss dort noch etwas sein, das uns als viel Wichtigeres im Leben erweist: wohlmöglich ist es eine zwischenmenschliche Beziehung, wohlmöglich auch Träume in unserer Kindheit.

*Non-Stop im Erreichen des Reichtums macht einen Menschen zu einer Marionette, was auch mir passiert ist. Gott hat uns solche Eigenschaften wie Gefühle für das Leben mitgegeben, damit wir **in jedes Herz das Gefühl der Liebe überbringen** können. Es darf keine Illusion bestehen bezüglich des Reichtums.*

Den Reichtum, den ich im Verlaufe meines Lebens angehäuft habe, kann ich jetzt nicht mitnehmen. Was ich jetzt noch mitnehmen kann, sind Erinnerungen, die auf Liebe basieren und mit Lieben erschaffen worden sind. Das ist der wahrhafte Reichtum, der euch jedes Mal folgen muss, euch begleiten muss, der euch Kraft und Licht gibt weiterzugehen. Die Liebe kann wandern und reisen, wohin sie will. Denn genau wie das Leben kennt auch die Liebe keine Grenzen.

Geht dorthin, wo ihr hingehen wollt. Erreicht Höhepunkte in eurem Leben, die ihr erreichen wollt. Die ganze Kraft dafür liegt in euren Herzen und euren Händen.

Ihr könnt euch vielleicht einen Chauffeur leisten, der für euch das Auto lenken wird. Oder ihr könnt euch Mitarbeiter leisten, die für euch das Geld verdienen würden. Niemand aber wird für euch all eure Krankheiten mittragen können. Das müsst ihr ganz alleine. Materielle Werte und Sachen, die wir mal verloren haben, können wiedergefunden werden. Es gibt aber eine Sache, die wenn sie verloren geht, nicht wiedergefunden werden kann – und das ist das Leben.

Es ist nicht wichtig, in welcher Lebensetappe wir uns gerade befinden. Jeder wird früher oder später zu diesem Moment kommen, wo der Vorhang für ihn fallen wird.

Dein Reichtum – das ist die Liebe zu deiner Familie, das ist die Liebe zu deiner Frau und deinem Mann, das ist die Liebe zu deinen Nächsten.

Passt auf euch auf und sorgt euch um die anderen!"

Auch wenn diese rührenden Worte möglicherweise so nie gesagt wurden, dürfen sie uns doch zum Nachdenken anregen. Jeder von uns darf sich kritisch hinterfragen, welche Ziele er mit Geld und Reichtum verfolgt: Möchtest du dich von deinem Umfeld abheben, ein Loch oder eine Leere in dir oder Armut kompensieren? Oder ergibt sich dein Geldverdienen als Resultat der Realisierung deiner Berufung und nutzt du es neben der Realisierung deiner Träume auch für allgemeinnützige Zwecke?

Auf lange Sicht gesehen ist die Anhäufung des inneren Reichtums sicherlich erstrebenswerter als die des im Außen gelebten Wohlstands.

Häufig wird Reichtum auch mit Erfolg gleichgesetzt. Bessie A. Stanleys Definition von Erfolg lautet:

„Es hat derjenige Erfolg erzielt… der gut gelebt hat, oft lachte und viel liebte. Der sich den Respekt von intelligenten Menschen verdiente und die Liebe von kleinen Kindern. Der eine Lücke gefunden hat, die er mit Leben füllte, und der seine Aufgabe erfüllte: Ob entweder durch schöne Blumen, die er züchtete, ein vollendetes Gedicht oder eine gerettete Seele. Dem es nie an Dankbarkeit fehlte und der die Schönheit unserer Erde zu schätzen wusste, und der nie versäumte, dies auszudrücken. Der immer das Beste in anderen sah und stets sein Bestes gab. Dessen Leben eine Inspiration war und die Erinnerung an ihn ein Segen."

Materiellen Reichtum kann der Mensch nicht mitnehmen, den Reichtum, den er für Seele und Geist geschaffen hat, nimmt er aber mit hinüber am Ende des Lebens.

Entscheidend ist auch der Reichtum im Sinne von Mehrwert, den wir in unserem Um- und Einflussfeld und in den Köpfen unserer geliebten Menschen und Nachkommen hinterlassen.

„Wenn wir mit Fürsorge, Liebe und leichtem Herzen teilen, erzeugen wir Wohlstand und Freude füreinander."
Deepak Chopra

Interessant ist, dass vielen (beruflich realisierten) Männern spirituelle Werte wichtiger sind als äußerlicher Besitz. Nicht wenige Reiche wohnen zeit ihres Lebens zur Miete. Was für sie letztlich überwiegt, ist die Ausweitung ihres inneren Reichtums.

Finanzielles Fazit

Geld ist ein Mittel zum Zweck, um sorgenfrei leben zu können. Es ist nicht der Schlüssel zum wahren Glück, aber es erleichtert vieles im Leben.

Das wahre Glück finden wir nur in uns, nicht in der Masse der Habseligkeiten, die wir um uns horten. Das Glück im Inneren ist wertvoller als äußerlicher Reichtum. Beides zusammen ist ein Segen.

Um Reichtum zu erlangen, gilt es, sich mit Finanzen zu beschäftigen, Ausgaben niedrig und die Verbindlichkeiten im überschaubaren Rahmen zu halten und zunehmend eine Grundlage an Vermögenswerten zu bilden sowie die Scheu viel Geld zu haben abzulegen.

Lebe gut im Hier und Jetzt, aber spare auch, so viel du kannst.

Anstatt Zeit gegen Geld zu tauschen, lasse dich lieber für deine Resultate honorieren. Schaffe Mehrwert für andere und gute Ideen, um deine Arbeit und dein Unternehmen voranzubringen. Wenn am Monatsende ein Plus auf dem Konto erscheint, kann damit ein Vermögensaufbau durch geeignetes Anlegen in Wertpapiere, ETFs oder Immobilien erfolgen.

Du kannst mit deinen monatlichen Einnahmen nur schwer deine Fixkosten decken und es fehlt eine finanzielle Joboptimierungsmöglichkeit? Dann hab den Mut zu einem Jobwechsel, bilde dich weiter, hol, wenn es für deinen Traumberuf notwendig ist, einen Schulabschluss nach oder studiere doch noch, so wie du es möglicherweise immer wolltest.

Wo ein Wille ist, da ist auch ein Weg und wenn du deine Arbeit liebst, ziehst du automatisch den Reichtum an, den du ersehnst.

Viele Menschen rennen materiellen Zielen hinterher und merken erst im Nachhinein, dass sie diese überhaupt nicht glücklich machen.

Es ist wichtig zu wissen, dass Geld nur Energie ist und es darauf ankommt, dass du daraus etwas Positives machst.

Investitionen in Wissen sind etwas oder sogar das Wertvollste, was wir uns aneignen können.

Wirklich reich ist Man(n) erst dann, wenn er von seinem Kapital leben kann, ohne arbeiten zu müssen.

Wenn du dieses Ziel erreicht hast, dann **brenn für das, was du tust!** Es ist dein Leben und es hat unwiderruflich ein Ende. Also **nutze deine Zeit.**

Der Sinn des Lebens ist es nicht, der reichste Mann auf dem Friedhof zu sein.

Grenzenlose Liebe und zwischenmenschliche Beziehungen sind aus meiner Sicht der wirkliche Reichtum unseres Daseins.

Sei großzügig schon zu Lebzeiten, unterstütze Leute, denen es wirtschaftlich nicht so gut geht bzw. Projekte, die dir am Herzen liegen, in dem Wissen, dass, wie mein Vater mir häufig zu sagen pflegt: „Das letzte Hemd hat keine Taschen".

Der wahre Reichtum ist in dir. Du bist die Bank, die dein individuelles Vermögen verwaltet.

Du bist reich, wenn du gesund bist! Der Rest ist Luxus.

„In der ersten Hälfte unseres Lebens opfern
wir die Gesundheit, um Geld zu erwerben –
in der zweiten opfern wir Geld,
um die Gesundheit wieder zu erlangen."

Voltaire

„Wahrlich nicht selbstverständlich"

Ohne Gesundheit ist alles nichts.

Wenn wir nicht gesund sind, können wir unserer Arbeit nicht nachgehen, uns häufig weniger unserer Partnerschaft hingeben und sind meist auch in der sonstigen Ausübung unseres Lebens maßgeblich eingeschränkt.

In historischer Hinsicht ist Gesundheit ein vielschichtiger Begriff, dessen Definition abhängig von Alter, Geschlecht, Bildung und kulturellem Hintergrund variiert.

Die Weltgesundheitsorganisation (WHO) definiert **Gesundheit** als einen **Zustand des vollständigen körperlichen, geistigen und sozialen Wohlergehens** und nicht nur als das Fehlen von Krankheit oder Gebrechen. An anderer Stelle wird neben dem körperlichen, geistigen und sozialen Befinden auch noch die Seele als weiterer notwendiger Aspekt eines gesunden Menschen gesehen. Auf eine Population bezogen steht Gesundheit für ein möglichst geringes Ausmaß an Krankheitslast.

Die Salutogenese als Wissenschaft von der Entstehung von Gesundheit beschreibt, im Gegensatz zur Pathogenese, aus medizinischer Sicht die Faktoren und Wechselwirkungen, die zur Entstehung und Erhaltung von Gesundheit beitragen. Dabei wird Gesundheit nicht als Zustand, sondern als Prozess verstanden.

Was hält uns also gesund? Und welche Eigenschaften und Ressourcen helfen Menschen, ihre Gesundheit zu erhalten?

Drei wichtige Aspekte, die über Gesundheit (und Krankheit) entscheiden, sind genetische Gegebenheiten, unsere Ernährung und Bewegung. Mindestens zwei der drei können wir selbst beeinflussen.

Gerade für Männer bedarf es häufig eines Umdenkens insbesondere bezüglich der Ernährung. Einen maßgeblichen Teil zu unserer Gesundheit tragen nämlich die Nähr- und Schadstoffe bei, denen wir unseren Körper täglich aussetzen.

Aber wie bringt es jede einzelne Zelle unseres Körpers fertig, in ihrem Innern jede Sekunde Tausende von biochemischen Reaktionen zu orchestrieren und wie werden die Billionen von Zellen unseres gesamten stofflichen Organismus synchronisiert?

Auch für mich als Arzt bleibt dies trotz Studium und steter Weiterbildung ein Phänomen, vor allem wenn man bedenkt, dass über uns, unseren Körper und unser Leben allein die Informationen der Verschmelzung einer Samen- und einer Eizelle zu entscheiden scheinen.

Jedes Mal, wenn ich mir dies vor Augen führe, werde ich stets sehr demütig und fühle mich in meinem Glauben bestärkt, dass es etwas Größeres gibt als uns Menschen, nach dessen Bauplan wir entstanden sind.

All unsere Lebensvorgänge benötigen Energie.

Damit die Zellen und Gewebe Energie in Form von dem in allen Lebewesen vorkommenden Adenosin-Tri-Phosphat (ATP) erzeugen können, benötigen sie die notwendigen Brennmaterialien und Sauerstoff, wie ein Verbrennungsmotor im Auto. Damit die Nährstoffe und der Sauerstoff zu unseren Zellen gelangen, besitzen wir Transportautobahnen, über die der Brennstofftransport von Lunge und Darm aus über immer kleiner und feiner werdende Gefäßgeflechte, genannt Arterien, Arteriolen bis hin zu Kapillaren, zu unseren Organen und Geweben erfolgt. Im Umkehrschluss erfolgt der Abtransport über Venolen und Venen, teils Lymphgefäße zum Herzen mit Freisetzung bzw. Ausscheidung über die Lunge, Niere und Leber in den Darm zurück.

Aus einer Behinderung dieser Stoffwechselprozesse resultiert eine Minderversorgung der Zellen, eine Ablagerung von Schlacken und Giften in der Grundsubstanz der Gewebe, was letztlich zu Krankheit führen kann.

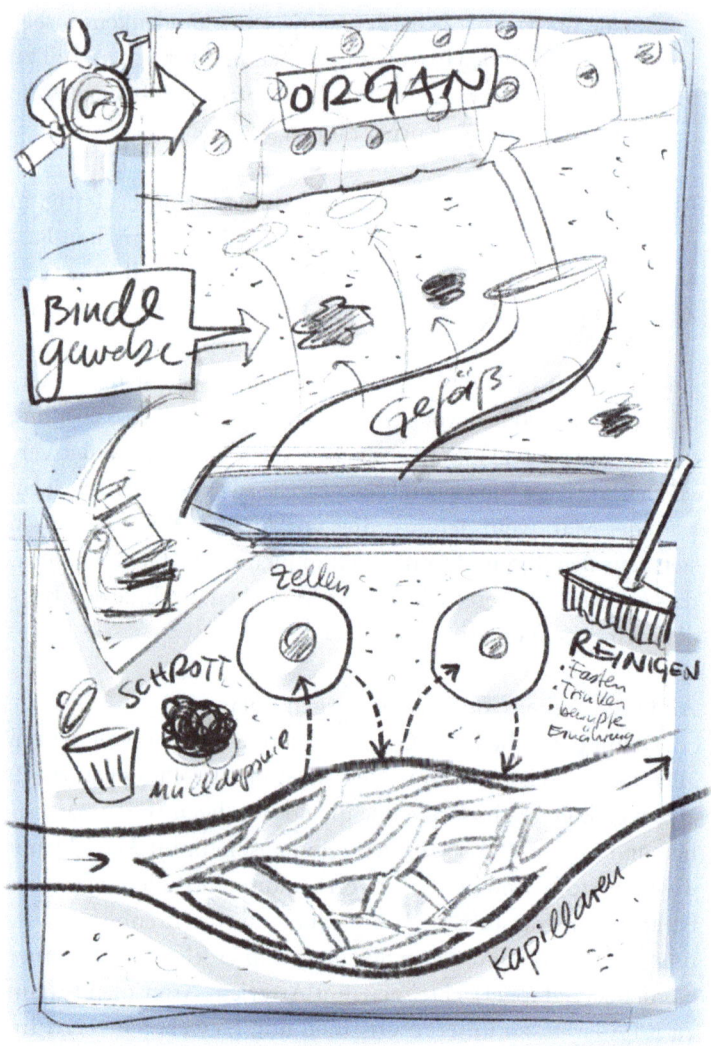

Abb.3: Von der Aufnahme bis zur Verwertung: Zugeführte Nährstoffe werden über die Blutbahn dem Körper bzw. den Organen zur Verfügung gestellt. Belasten wir unseren Körper durch unbewusste Ernährung, Trinken oder Einatmen von Schadstoffen, werden diese wie Schrott in unserem Bindegewebe abgelagert. Dort verhindern sie den freien notwendigen Stoffaustausch und begünstigen entzündliche Erkrankungen oder Zellveränderungen. Durch bewusste Ernährung, ausreichendes Trinken von Wasser und entschlackende Maßnahmen wie Fasten tragen wir dazu bei, dass unsere Organe und Gewebe gesund alt werden.

Genaueres zum Nährstofftransport und sonstigen Funktionsweisen findest du bei Interesse in auch für Laien verständlicher Literatur wie z.B. *Der Körper des Menschen*.

In den hochentwickelten Industrieländern spielen verhaltensbedingte Risikofaktoren wie ungesunde Ernährung, Substanzkonsum (Tabak, Alkohol) sowie unzureichende Bewegung und Übergewicht (sowie Bluthochdruck) eine zentrale Rolle für die Krankheitslast der Bevölkerung.

Gesundheit ist somit eine Frage des Bewusstwerdens bzw. -seins und geschieht durch Selbstreflexion. Das Gesundheitsverhalten wird von Wissen, Erwartungen, Lebensstil, Lebensbedingungen und Möglichkeiten, Schichtzugehörigkeit, Zugehörigkeit zu sozialen Netzwerken, Geltung von gesundheitsspezifischen Normen und Alter beeinflusst. Diese entscheiden über die Einstellung zur eigenen Gesundheit und Wahrnehmung des individuellen Risikos.

Unser Körper ist unser größtes Kapital und größte Ressource zugleich. Er stellt unsere stoffliche Existenz hier auf der Erde dar und dient uns als die materielle Resonanz unseres Geistes, welcher die Qualitäten und Fähigkeiten sowie die Form und Vitalität unseres Körpers bestimmt.

Von unserem Ursprung an bauen wir unseren Körper auf und füttern ihn mit geistiger und stofflicher Nahrung, vorausgesetzt, dass wir nicht von klein auf die falschen Gedankenmuster hegen und uns, statt uns zu nähren, im wahrsten Sinne vollmüllen.

Es gilt, ihn bestmöglich zu umsorgen, zu (er-)nähren, zu reinigen und zu entschlacken, um Krankheiten vorzubeugen oder zu beseitigen.

Nur durch einen bewussten Umgang mit unserem Körper können wir möglichst lange Lebenserfahrungen sammeln und uns selbst ein möglichst langes Leben hier auf unserem Mutterschiff Erde ermöglichen.

Im Rahmen meines Medizinstudiums durfte ich die Funktionen unseres Körpers einschließlich seiner Fehlfunktionen und Erkrankungen, aber vornehmlich unzählige interessante und liebenswerte Heilsuchende kennenlernen. Ich habe mich intensiv mit möglichen Ursachen und (Hinter-)Gründen von Erkrankungen beschäftigt und stets auch Gedankenansätze zugelassen, die über den schulmedizinischen Tellerrand hinausgingen. In zahlreichen Patientenkontakten durfte ich durch diverse Lebensphilosophien und Lebensweisen Erkenntnisse erlangen sowie Verhaltensweisen/ Reaktionsmuster an mir feststellen und von Patienten gespiegelt bekommen. Der Zusammenhang zwischen erlebten Erfahrungen und daraus resultierenden psychischen Verhaltensweisen und körperlichen Beschwerden wurde für mich immer offensichtlicher.

Ich gelangte zu der Erkenntnis, im Weiteren meinen beruflichen Fokus auf Gesundheit, Gesundheitserhaltung, Gesundheitsförderung und Prävention an Stelle von alltäglichem Drehen um Kranksein-/heit zu legen.

Durch präventive Medizin möchte ich noch gesunde, beschwerdefreie Menschen frühzeitig für ihre nicht selbstverständliche Gesundheit sensibilisieren und Erkrankungen zu verhindern helfen

Gesundheitsförderung und -vorsorge oder Prävention ist Arbeit, die Selbstwertschätzung (über das Dasein) und ein hohes Maß an Selbstdisziplin erfordert.

Gesundheitsförderung berücksichtigt dabei die Stärkung der Faktoren, die Gesundheit ermöglichen. Durch sie sollen Lebenswelten geschaffen werden, die uns Menschen Schutz vor Gesundheitsgefahren bieten und uns dazu befähigen, unsere Fähigkeiten auszuweiten und Selbstvertrauen bezüglich eigener gesundheitlicher Belange zu entwickeln.

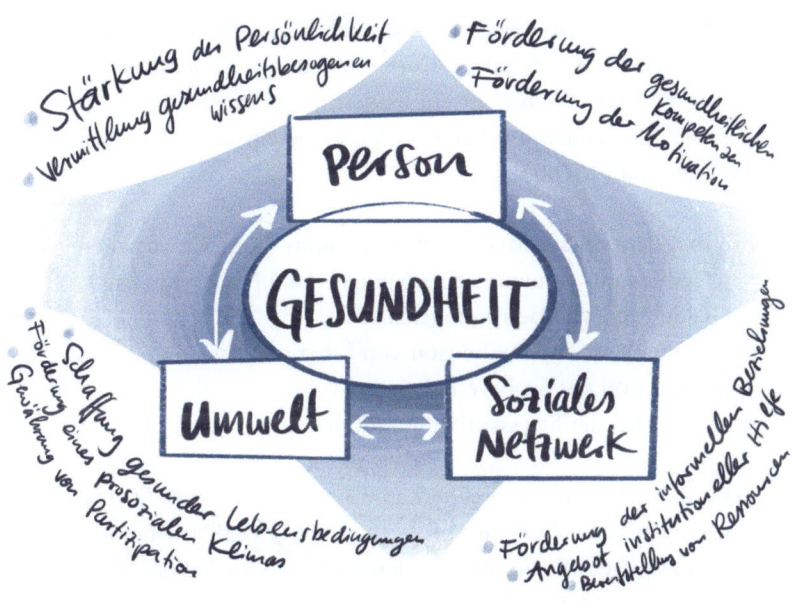

Abb. 4: Dimensionen der Gesundheitsförderung auf persönlicher Ebene, Ebene der Umwelt und im Bereich des sozialen Netzwerks

Während Gesundheitsförderung die gesundmachenden Faktoren hervorhebt, dient Prävention dem Zuvorkommen, der Verhinderung und Vorbeugung von Krankheiten.

Es gibt folgende Formen der Prävention:

Primäre Prävention (Verhütung): Meidung und Ausschaltung gesundheitsschädigender Faktoren vor ihrem Wirksamwerden. Dabei wird Verhaltensprävention (Umstellung des Lebensstils, Ernährung …) von Verhältnisprävention (Veränderung der uns umgebenden Bedingungen, mehr Bildungs- und Freizeiteinrichtungen …) unterschieden. Ersteres erfordert aktive Mitarbeit des Interessenten, um nicht zu einem Patienten zu werden. Rechtzeitig durchgeführt ist sie die kostengünstigste Prävention, erfordert aber, wie bereits erwähnt, **Eigenverantwortung und Selbstdisziplin.**

Zu dieser Form der Prävention gehören z. B.: Ballaststoffreiche fleisch- und fettarme Kost, Bewegung, Abnehmen und Nikotinkarenz. Wichtig ist ein frühestmöglicher Beginn durch Vermittlung von entsprechendem Wissen bereits in der Kindheit. Vieles fällt leichter, als sein Verhalten zu ändern.

Ein möglicher präventiver Leitfaden könnte wie folgt aussehen:
• Vermeidung von einseitiger Mangel- und Fehlernährung
• Reduktion von Bewegungsmangel
• Vermeidung und Reduktion von Übergewicht
• Reduktion des Suchtverhaltens und
• Strategien der Stressvorbeugung und -bewältigung

Sekundäre Prävention (Früherkennung), in Form von Früherkennungsuntersuchungen, dient zur frühestmöglichen Feststellung möglicher Diagnosen und dem Beginn von Therapien zur Behandlung von Krankheiten.

Ab dem 35. Lebensjahr kann der hausärztliche Check up-35 wahrgenommen werden. Seit dem 01.07.2008 ist auch das Hautkrebs-Screening in Form einer alle zwei Jahre möglichen Ganzkörperuntersuchung der Haut eine Leistung der gesetzlichen Krankenkassen.

Den genauen Vorsorgekalender findet ihr im Anhang des Buches (S.247).

Obwohl von allen Krankenkassen gefördert, fällt mir als Hautarzt in diesem Zusammenhang mit Unverständnis auf, dass nur etwa 30% der Männer an Hautkrebsvorsorgemaßnahmen teilnehmen, obwohl Hautkrebs mittlerweile die häufigste Krebserkrankung bei Menschen darstellt.

Tertiäre Prävention (auch Rehabilitation) dient zur Begrenzung bzw. dem Ausgleich von Krankheitsfolgen. Hier geht es um die Bemühung, eine gesundheitliche Verschlechterung bereits Erkrankter zu verhindern oder zumindest zu minimieren. Beispiele für tertiäre Prävention sind Asthma- und Diabetikerschulungen sowie Koronarsportgruppen.

Bisher erfolgt die Inanspruchnahme von Angeboten der Gesundheitsförderung und Prävention zur Verbesserung sowie Erhaltung der Lebensqualität bzw. Wiederherstellung der Arbeitsfähigkeit verstärkt durch Personen mit geringeren gesundheitlichen Gefährdungen und höherem Sozialstatus.

Zur Gesunderhaltung trägt maßgeblich die uns vertraute und in westlichen Teilen der Erde führende Schulmedizin bei. Das Dilemma in unserem bisherigen Gesundheitswesen ist jedoch, dass die Prävention im Vergleich zur kurativen Medizin einen sehr geringen Stellenwert hat.

Warum sind nur 1 % der Gesamtausgaben in der gesetzlichen Krankenversicherung der Primärprävention zuzuschreiben?

Ein Nicht-wissen-wollen möchte ich hier niemandem nachsagen, eher ein Verdrängen-wollen der Frage des Warum? Eine mögliche Gesundheitserziehung könnte schon in Bildungseinrichtungen wie Kindergärten und Schulen beginnen, um außerdem entsprechende Informationen in nachweislich nicht gesundheitsbewusste Familien zu tragen. Eine anstelle dessen praktizierte Erhöhung der staatlichen Steuer auf Genussmittel fließt leider nicht in vollem Umfang in präventive Bildung oder das Gesundheitssystem zurück.

Gesundheitsförderung (Health promotion) und Krankheitsverhütung (Disease prevention) als Kernziele der Medizin gilt es (meiner Meinung nach) mehr in den Fokus zu rücken.

Laut § 1 Absatz 2 der ärztlichen Berufsordnung ist es die Aufgabe von Ärzten, das Leben zu erhalten, die Gesundheit zu schützen und wiederherzustellen … und an der Erhaltung der „natürlich"en Lebensgrundlagen in Hinblick auf die Bedeutung für die Gesundheit der Menschen mitzuwirken.

Leider versinkt unsere berufliche Ausübung, wie dies auch in anderen nicht medizinischen Berufen der Fall ist, in einer zeitraubenden Bürokratisierung und zunehmenden Dokumentationspflichten (scheinbar zum Recht und Schutz des Patienten). Die daran vergeudete Zeit sollte eigentlich den Gesundheitssuchenden, unseren Patienten selbst, gewidmet werden. Das sollte eigentlich ihr Recht sein, umso mehr aufgrund der weniger werdenden Ärzte. Dies ist aber nicht Fokus meiner weiteren Erläuterungen.

Auch wenn provokativ hier niedergelegt, besteht die Gefahr unseres bisherigen Gesundheitssystems darin, dass Patienten neben der Krankenversicherungskarte auch ihren Verstand dem Arzt überlassen, statt **selbst Verantwortung für ihre Gesundheit** zu **übernehmen.**

Früher war das Gesundheitswissen nur Privilegierten vorbehalten. Ärzte hatten schwere Schränke mit unzähligen Büchern in ihren Zimmern stehen oder das Wissen wurde in medizinischen Bibliotheken gehortet. Heute hat jeder die Möglichkeit, sich selbst konstruktive Informationen im Internet oder in eigens besorgter Literatur zu beschaffen, sich mit dem möglichen Nicht-gesund-sein auseinanderzusetzen und bewusst seine Selbstheilungskräfte zu nutzen, die in jedem von uns, Gott gegeben, existieren.

Ein Wort an dieser Stelle zu meinen Vorstellungen und dem Paradigmenwechsel im Gesundheitswesen:

Meiner Ansicht nach müssen wir uns von der reinen Behandlung von Erkrankung, „gegen" etwas zu therapieren, wegbewegen und unseren Fokus auf Gesunderhaltung legen und „Bedienungsfehlern" unseres Körpers entgegenwirken.

Gesundheit ist nämlich eine Frage des Bewusst-seins!

Der passive Patient mit der Haltung „Doktor, mach mal" hat in unserem Informationszeitalter die Möglichkeit, mehr Eigenverantwortung für seinen Körper und seine Gesundheit zu übernehmen. Er muss nicht nur seine gesellschaftlichen Rechte einfordern, sondern auch entsprechende Pflichten übernehmen und konkret seinen Beitrag dazu leisten, dass Gesundheit Platz in seinem Leben hat und Krankheit vermieden wird.

Aus meiner Sicht ist unser Gesundheitswesen nur durch Prävention und Förderung der Eigenverantwortung langfristig tragfähig.

Die 3 Säulen der Gesundheitsberatung sollten daher sein:
- Die bestmöglichen Informationen zu gesundheitsfördernden und präventiven Maßnahmen.
- Die Motivation, auch in Zeiten des Haderns oder des Rückfalls in alte Gewohnheiten durchzuhalten. Hier sind unterstützende Gespräche und die Vereinbarung schrittweiser kleiner erreichbarer Ziele förderlich.
- Eine (ärztliche) Begleitung der eigenen Schritte hin zur Selbstheilung nach dem Motto „Medicus curat, natura sanat" („Der Arzt behandelt, die Natur heilt").

Jeder kann Gesundheit erhalten bzw. fördern, aber es erfordert Eigenverantwortung, Motivation, Geduld und auch Zeit. Man(n) darf sich bewusst sein, dass man es für keinen Geringeren als sich selbst tut. **Du bist das beste Investment in deinem Leben in jederlei Hinsicht.**

Versteh mich nicht falsch:
Schulmedizin ist dringend erforderlich und gut (weil die meisten Menschen nicht lernen, bewusst ihre Selbstheilungskräfte zu nutzen). Leider ist sie jedoch noch immer auf die materielle Seite des Lebens fixiert und gerät dabei, gerade bei der Klärung chronischer Erkrankungen, immer mehr in Erklärungsnot.
Jeder von uns darf sich aufmachen, seine eigene Kompetenz bezüglich Heilung und Gesundheit zu erlangen. Jeder scheinbare Rückschlag auf unserem Weg trägt den Keim eines diesbezüglichen zukünftigen Erfolges in sich.

Als Hautarzt möchte ich natürlich an dieser Stelle auch als Voraussetzung für Hautgesundheit die regelmäßige Hautpflege nicht unerwähnt lassen. Unsere Haut trägt neben der Leber und den Nieren zur Ausscheidung und Ablagerung von konsumierten Nahrungsmitteln und Schadstoffen bei. Sie gewährleistet darüber hinaus, dass sie ihrer Aufgabe als äußere Schutzhülle unseres Körpers gerecht werden kann. Also gilt es nicht nur zu duschen, sondern unsere Haut auch danach mal mit reinigenden Massagen oder nach dem Sport durch Eincremen zu verwöhnen. Außerdem müssen wir sie vor schädlichen Einflüssen des Sonnenlichtes durch Meiden der Mittagssonne, textilen UV-Schutz und die Verwendung lichtschutzhaltiger Cremes schützen.

Aber zurück zur Gesundheit jenseits unseres Hautorgans.

Wie bereits gesagt ist das Duett des gesunden Alterns Ernährung und Bewegung.

Wir müssen bzw. dürfen **unseren Körper von innen wie von außen pflegen**. Je eher wir damit anfangen, desto weniger werden uns durch Krankheiten Lebenslektionen erteilt, gegen die wir dann etwas (schulmedizinisch) tun müssen.

Wir haben grundsätzlich die Fähigkeit, uns gesund zu halten oder uns selbst zu heilen.

Welche Ressourcen stehen uns zur Verfügung, um Anforderungen und Herausforderungen positiv zu begegnen? Resistenz beschreibt die Fähigkeit unseres Immunsystems, Erkrankungen entgegenzuwirken. Resilienz beschreibt die Fähigkeit, schwierige Lebenssituationen ohne anhaltende Beeinträchtigungen zu überstehen, also unsere Widerstandsfähigkeit.

Unsere Sozialisierung hat jedoch unsere diesbezüglichen Fähigkeiten offensichtlich verkümmern lassen. Stattdessen geben wir die Verantwortung für unsere Gesundheit ab und legen sie in die Hände anderer. Meist fehlt es schlichtweg an Wissen, ansonsten mangelt es an der Verantwortung selbst-bewusst zu leben.

Ich möchte dich anhalten, dir selbst zu vertrauen und zu deiner Gesunderhaltung durch Bewusstseins- und Lebensveränderungen beizutragen.

Laut neuplatonischer Vorstellung ist unser Körper Resultat der Schöpfung und äußerer Ausdruck der Seele. Sinngemäß sagte der Theologe und Philologe Erasmus von Rotterdam (1469-1536): „Dem Leibe nach übertreffen wir Tiere keineswegs, wir sind ihnen vielmehr in allen Gaben unterlegen. Der Seele nach aber dürfen wir eins sein mit Gott."

Ganzheitliche Gesundheit (wie die traditionelle indische Ayurveda) betrachtet den Körper als eine Einheit aus Körper, Geist und Seele. Es gilt, Heilung ganzheitlich und nachhaltig umzusetzen und echte Vorbeugung statt Früherkennung zu verwirklichen.

Meiner Sicht nach ist unser Körper ein Geschenk unserer Eltern, ein Gefäß, durch das unsere Seele sich auf der Erde erfahren darf und das von unserem Geist gesteuert wird.

Solange wir nicht im Reinen sind mit unseren Eltern, werden wir auch immer etwas an uns und zwangsläufig auch an unserem Körper als ihrem materiellen Ausdruck auszusetzen haben.

Bereits Walter Hollstein schrieb in seinem Kapitel *Das neue Selbstverständnis der Männer* in dem 1992 erschienenem Buch *Der Mann im Umbruch*: „Der bewusste Mann bemüht sich um sein Verhältnis zu seinem Körper. Er frisst sich nicht voll und raucht sich nicht krank, sondern ernährt sich gesund, treibt Sport und vereint sich mit seinem Leib bei Atemgymnastik, Yoga …". Das gilt auch 30 Jahre später, aber nur für einen bereits bewussten Bruchteil von uns.

Der Ausspruch „Materie folgt dem Geist" zeigt uns, dass es darauf ankommt, was wir denken. Leben wir unbewusst und ungesund (da nicht besser wissend), wird sich dies auch in unseren körperlichen Ausmaßen, unserer Fitness und Gesundheit widerspiegeln.

Alles im Leben ist Energie. Wir entscheiden selbst, ob wir auf Akku laufen oder unsere Energie durch ausreichend Sauerstoff, eine gute Atmung, eine gute Ernährung, allgemein ein gutes Leben, gesunde Partnerschaften und das entsprechende Mindset erhöhen.

Mein Anliegen in den folgenden Kapiteln ist es daher, dass wir Männer Wissen erlangen, um uns selbst gesund zu halten und um möglichst lang die bestmögliche Version von uns leben zu können.

Ziel meines beruflichen Wirkens ist es, Gedankenanstöße für ein gesundes Leben zu vermitteln und jeden interessierten Leser zu mehr Selbstverantwortung und Eigeninitiative in Bezug auf seine Gesundheit aufzufordern.

Es gilt, die Freude am bewussten, gesunden Leben zu fördern, um (bei Wunsch) möglichst lang und erfüllt zu leben und die Angst vor Krankheiten abzulegen.

In den folgenden Kapiteln zu den Themen Ernährung, Sport und Bewegung sowie Erholung möchte ich auf wesentliche Aspekte der Gesunderhaltung eingehen. Ich werde dich anhalten, insbesondere Risikofaktoren wie Alkohol, Rauchen, unnötiges Übergewicht (Adipositas), Bewegungsmangel und Stress bestmöglich zu vermeiden.

Beginne jetzt, das Thema Gesundheit, ja sogar Heilung aktiv selbst in die Hand zu nehmen.

Lass uns in Einklang mit unserem Körper leben.

Es lohnt sich!

Mein Fazit zur Gesundheit

Auch wir Männer bestehen, selbst wenn wir es gern zu leugnen versuchen, als Basis unserer stofflichen Existenz, aus einem fleischlichen, auf Schmerz und Gefühle sensibel reagierenden Körper mitsamt seinen Trieben, Emotionen, Gelüsten und Schwächen, aber auch Bedürfnissen und Sehnsüchten.

Lasst uns unseren Körper bewusst bewohnen, lieben und Verantwortung für seinen Zustand übernehmen. Es gilt nicht nur Krankheiten vorzubeugen, sondern **vital und voller Energie** in der Gegenwart zu **leben** und **gesund und glücklich alt** zu **werden**.
Wir sind Chef und Hausherr unseres Körpers.

Übernimm Verantwortung für dein Leben.

Gesundheit und Gesundung liegen in unseren Händen!

„Und Gott sprach: Sehet da, ich habe euch gegeben alle Pflanzen, die Samen bringen, auf der ganzen Erde, und alle Bäume mit Früchten, die Samen bringen zu eurer Speise."

Die Schöpfung – Erstes Buch Mose, 1, 29

4 ERNÄHRUNG

„Not only an apple a day keeps the doctor away"

Weltweit hungern 1 Milliarde Menschen (etwa jeder achte Mensch), täglich sterben 50000 Kinder, Frauen und Männer an Unterernährung. Demgegenüber haben in den westlichen Industrienationen 20-30% der Bevölkerung Fettsucht (Adipositas) als Folge falscher Ess- und Ernährungsgewohnheiten, Tendenz steigend, mit entsprechenden Folgen für das Gesundheitswesen und die Lebens- und Arbeitsfähigkeit. Falsche Ernährung ist neben Bewegungsmangel, Missbrauch von Genussmitteln und Stress ein wesentlicher Risikofaktor für unsere Gesundheit.

Auffällig ist, dass viele der Volkserkrankungen mit der Ernährung zusammenhängen bzw. durch sie verursacht werden, wie Adipositas, Bluthochdruck, Diabetes mellitus, Erkrankungen des Verdauungstraktes, Hypercholesterinämie, Fettstoffwechselstörungen, Hyperurikämie/Gicht, Metabolisches Syndrom, Nieren- und Gallensteine, ja letztlich auch Krebs.

Wenn uns (aber) bewusst ist, wie viele Krankheiten ihren Ursprung in der falschen Ernährung haben, warum sind wir dann nicht bereit, unserer Ernährung eine größere Bedeutung beizumessen? Sie kann schließlich einen wesentlichen Aspekt unserer persönlichen Gesundheitsvorsorge darstellen.

Alles, was wir zu uns nehmen, hat soziale, rituelle, aber nicht immer ernährungsnotwendige Gründe. Ich möchte an dieser Stelle gleich vorwegnehmen, dass es nicht eine richtige Ernährung gibt, die für alle passt und für jeden gesund ist.

Die Aufrechterhaltung unserer (wie selbstverständlich ewig laufenden) täglichen Körperfunktionen benötigt ebenso wie thermoregulatorische Maßnahmen Energie, die wir über Nahrung zu uns nehmen.

Zur Abschätzung unseres Energiebedarfs gelten folgende Richtangaben:

Unser Grundumsatz beträgt etwa 1 kcal/kg Körpergewicht/Stunde.

Bei leichter Tätigkeit erhöht sich dieser auf ca. 30 kcal/kg Körpergewicht/Stunde, bei schwerer Arbeit auf bis zu 50 kcal/kg Körpergewicht/Stunde.

Der Body-Mass-Index (BMI) ist eine Maßzahl für die Bewertung des Körpergewichts eines Menschen in Bezug zu seiner Körpergröße und berechnet sich wie folgt:

$$BMI = \frac{\textit{Körpergewicht in Kg}}{(\textit{Körpergröße in m})^2}$$

Kategorie	BMI	Körpergewicht
starkes Untergewicht	≤ 16,0	
maßiges Untergewicht	16,0–17,0	Untergewicht
leichtes Untergewicht	17,0–18,5	
Normalgewicht	18,5–25,0	Normalgewicht
Präadipositas	25,0–30,0	Übergewicht
Adipositas Grad I	30,0–35,0	
Adipositas Grad II	35,0–40,0	Adipositas
Adipositas Grad III	≥ 40,0	

Tab. 1: Im Sinne unseres Normalgewichts sollte der Body-Mass-Index (BMI) zwischen 18,5 und 25. liegen.

Wenn man will, kann man aus Ernährung eine regelrechte Wissenschaft machen.

Warum gibt es überhaupt unterschiedliche Essensvorlieben bei Mann und Frau?

Sind diese genetisch verankert oder hauptsächlich von Kultur und Erziehung geprägt?

In Zeiten des Nahrungsüberangebotes scheint unser Essverhalten zumeist sozial konstruiert. So lernen Jungs angeblich von klein auf eher, dass Fleisch groß und stark macht, als Mädchen. Fleisch ist das symbolträchtigste aller Lebensmittel. Es steht für Kraft und Virilität. Fleisch ist in allen Kulturen kostbar und untrennbar mit Männlichkeit verbunden.

Sich um seine Gesundheit und sein Erscheinungsbild zu kümmern ist längst nicht mehr nur Frauensache. Da wir Männer deutlich häufiger an Herz-Kreislauf-Erkrankungen und Diabetes mellitus leiden, sollten wir **auf eine Normalisierung unseres Gewichtes achten** und unsere häufig zu fettreiche Ernährung auf die anderen Hauptnahrungsgruppen (Proteine und Kohlenhydrate) sowie ballaststoffreiches Essen ausrichten.

Kennt man den natürlichen Ablauf von Hunger und Sättigung und ist sich im Klaren, was die einzelnen Nahrungskomponenten bewirken, kann man sich den ganzen Tag geistig und körperlich Gutes tun und sein energetisches Gleichgewicht aufrechterhalten.

Unser Körper benötigt neben den Grundnahrungsmitteln Kohlenhydraten, Eiweiß und Fetten eine Vielzahl an Stoffen, wie Vitamine, Mineralien und Spurenelemente. Diese nimmt man am besten und leckersten durch eine ausgewogene Mischkost zu sich. Was zählt, ist die Vielfalt. Bio ist gut, man kann sich aber auch mit konventionellen Lebensmitteln gesund ernähren.

Einseitige Diäten können, auch wenn sie gut gemeint sind, zu Mangelerscheinungen führen.

Zum Thema Ernährung zitiere ich an dieser Stelle bewusst keine Studien, da diese häufig je nach Interesse der entsprechenden

Sponsoren ausgelegt sind. Außerdem kommt es bei der Durchführung und Interpretation von Studien häufig zu Fehlern. Somit musst du allein mit meiner medizinischen Sicht zu dem Thema vorliebnehmen und kannst für dich selbst entscheiden, was für dich sinnvoll ist und im Sinne der eigenen Gesundheit umsetzbar scheint.

Fest steht, dass Überernährung Stress für den Körper bedeutet und chronische Entzündungen begünstigt. Welche Stellen des Körpers dafür begünstigt sind, hängt wiederum von der genetischen Veranlagung ab. Mit Fehlernährung in Verbindung stehende bzw. von Fehlernährung verursachte Erkrankungen sind u. a. Adipositas, Arteriosklerose, Bluthochdruck, Darmkrebs, Diabetes, Fettleber, ein erhöhtes Herzinfarktrisiko, Schlafapnoe, aber auch neuropsychiatrische Erkrankungen wie Alzheimer, Demenz und Parkinson. Unter der Diagnose metabolisches Syndrom wird das Zusammenspiel von Übergewicht, Diabetes, Bluthochdruck und erhöhten Blutfettwerten zusammengefasst. Bei gehäuft in Familien auftretenden Erkrankungen spielen, neben den Genanlagen, ein häufig ähnliches soziales Verhalten und familienähnliche Mikrobiome, also die Gesamtheit der zum Körper gehörenden (Darm-)Bakterien, eine Rolle.

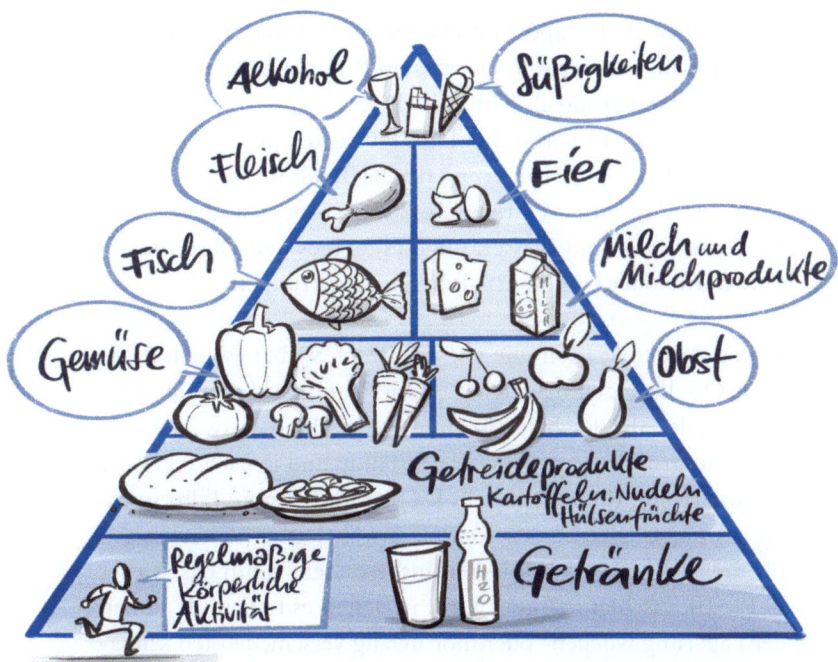

Abb.5: Ernährungspyramide – Die Basis der Nahrung unseres Körpers stellt eine ausreichende Trinkmenge nicht koffeinhaltiger, zuckerfreier Getränke dar, am besten Wasser, Tees oder ungesüßter Säfte. Obst und Gemüse sollten die Hauptnahrung neben den sonstigen Grundnahrungsmitteln, Kohlenhydrate, Eiweiße und Fette/Öle in, wie genannt, absteigender Reihenfolge bilden Je höher die Position eines Nahrungsmittels in der Pyramide, umso seltener sollte es Bestandteil unseres Speiseplans sein. Zu meiden bzw. in Grenzen zu halten sind jegliche Genussmittel. Grundvoraussetzung für einen gesunden Stoffwechsel ist eine regelmäßige körperliche Betätigung.

Kurzgefasst lässt sich sagen, dass wir Flüssigkeit in Form von Getränken und pflanzliche Nahrungsmittel reichlich, tierische Lebensmittel mäßig und fett- und zuckerhaltige Nahrungsmittel nur wenig zuführen sollten.

Wasser stellt den Hauptbestandteil des menschlichen Körpers dar, dessen Anteil am Körpergewicht zwischen 50-70% liegt und mit höherem Alter und steigendem Körperfettanteil geringer wird.

Wasser dient als Transportmittel insbesondere von Sauerstoff und Nährstoffen, außerdem fungiert es im Rahmen unserer Körpertemperatursteuerung als Kühlmittel.

Unser Körper braucht 2–3 Liter Flüssigkeit pro Tag, von denen 1,5–2 Liter als Orientierung für die Trinkmenge gelten sollten. Teils wird auch zu 1 Liter pro 20 kg Körpergewicht geraten. Zu bevorzugen sind Wasser, ungesüßte Tees und Obstsäfte, als Direktsäfte oder (verdünnt) als Schorlen getrunken.

Stilles Wasser ist nach wie vor das Beste, wobei es auch da, je nach Quelle, noch deutliche Qualitätsunterschiede gibt. Immer wieder als gleichwertig angesehenes Leitungswasser halte ich aufgrund hormoneller Rückstände und je nach Alter der Leitungsrohre für bedenklich. Da benötigt es gute Filtersysteme, um eine Gleichwertigkeit zu gewährleisten. Gleiches gilt für die Mikroplastikdiskussion, insbesondere wenn das Wasser in Plastikflaschen gelagert wird, in denen es teils im Rahmen der Lagerung wochen- oder monatelang verschiedensten klimatischen Einflüssen ausgesetzt ist, die dazu führen können, dass sich Weichmacher lösen. Natürlich vorkommende Kohlensäure unterstützt das Wasser dabei, Mineralstoffe aus Gesteinen zu lösen. Der Sinn von im Rahmen der Abfüllung mit Kohlensäure versetztem Wasser entzieht sich unabhängig vom Aufstoßen sowie möglicher Schädigungen der Speiseröhre und des Magens bis heute meinem Verständnis.

Unser Grundumsatz ist die geringste Energiemenge, die der menschliche Körper zur Aufrechterhaltung der Grundfunktionen wie Herzaktivität, Atmung, Stoffwechsel und Wärmeregulation benötigt. Es ist die Energie, die verbraucht wird, wenn wir einen Tag lang bei normaler Raumtemperatur im Bett liegen, ohne uns zu bewegen. Er lässt sich wie folgt berechnen:

Kg (Körpergewicht) x 0,9 kcal (Kilokalorien) x 24 Std., in meinem Fall bei 82 kg also 1771 kcal.

Unser individueller Gesamtenergiebedarf ergibt sich aus dem Grundumsatz und unserer Körpergröße sowie unserem geistigen und körperlichen Arbeits- und Freizeitumsatz.

Auf die wichtigsten Nährstoffe für den Körper, nämlich Kohlenhydrate, Eiweiße und Fette sowie Vitamine, Spurenelemente und Mineralien, möchte ich im Folgenden eingehen.

Kohlenhydrate:

Sie bilden den mengenmäßig größten Anteil aller organischen Verbindungen auf der Erde. Sie sind Bestandteil jeder lebenden Zelle und involviert in deren Aufbau, Erhaltung und Stoffwechsel.

Bis zu 60% unseres täglichen Kalorienbedarfs sollten entsprechend der Deutschen Gesellschaft für Ernährung (DGE) aus stärkehaltigen Lebensmitteln wie Kartoffeln, Reis, Getreide(mehlen), Brot und Teigwaren bestehen. Zu beachten ist dabei, sie möglichst mit Schale und Keim zu essen, da diese Mikronährstoffe enthalten, die als zelluläre Enzymbestandteile für die Verstoffwechslung der jeweiligen Kohlenhydrate verantwortlich sind.

Als bevorzugte Kohlenhydratquellen im Sinne einer vollwertigen Ernährung gelten neben von der DGE genannten Nahrungsmitteln Vollkornbrot, -mehl, -flocken und -teigwaren, aber auch Dinkel, Buchweizen, Mais sowie Hülsenfrüchte. Seltenere Vertreter der gängigen Speisekarte sind Amarant, Quinoa und Topinambur.

Raffinierte Kohlenhydrate wie Zucker, Weißmehl und geschältes Getreide sollten nur in Maßen konsumiert werden. Als bevorzugtes Süßungsmittel gilt Honig.

Kohlenhydrate sind in Form von Glucose ein rascher Energiespender für unseren Organismus. Nach der Verdauung und Adsorption kann Glucose entweder direkt im Blut abgebaut, temporär als Glykogen im Muskelgewebe und der Leber gespeichert oder in den Eiweiß- oder Fettstoffwechsel überführt werden.

Beim Genuss ballaststoffreicher Nahrungsmittel benötigt der Aufspaltungsprozess mehr Zeit, sodass die Glucose dem Körper langsamer zur Verfügung gestellt wird, was wiederum die langsamere Freisetzung von Insulin gewährleistet. Insulin ist das in der Bauchspeicheldrüse gebildete Hormon, das den Blutzuckerspiegel reguliert.

Beim Verzehr von Mischkost wird der bestehende Energiebedarf des Körpers zuerst durch die aufgenommenen Kohlenhydrate gedeckt und überschüssige Energie in Fettdepots eingelagert.

Eiweiße (Proteine):
Eiweiße sind wie Kohlenhydrate Bausteine aller lebenden Organismen. Da wir sie selbst nicht als zell- und gewebsaufbauende und erneuernde Bestandteile produzieren, müssen wir sie zum Aufbau körpereigenen Eiweißes ständig durch Nahrung zuführen.

Der Makronährstoff Protein setzt sich auf unterschiedliche Weise aus 20 Aminosäuren zusammen, davon gelten 8 als lebensnotwendig (essentiell). Zu jenen zählen Isoleucin, Leucin, Lysin, Methionin, Phenylalanin, Threonin, Tryptophan und Valin. Die übrigen Aminosäuren wie Alanin, Arginin, Asparaginsäure, Cystein, Glutaminsäure, Glycin, Histidin, Hydroxyprolin, Prolin, Serin, Taurin und Tyrosin vermag unser Körper aus Zwischenprodukten des Kohlenhydrat- und Fettstoffwechsels selbst zu bilden.

Eine ausreichende Versorgung mit diesen Nahrungsmittelbestandteilen spielt nicht nur eine wichtige Rolle für den Muskelaufbau, sondern auch für ein gut funktionierendes Immunsystem.

Grundsätzlich ist bei der Proteinzufuhr eher eine überwiegend pflanzliche als tierische Aufnahme zu empfehlen, da letztere größere Mengen an Purinen, Fett und Cholesterin sowie Medikamentenrückstände aufweist. Eine übermäßige Zufuhr an Eiweißen führt jedoch zu Fäulnisbildung in unserem Körper mit entsprechend übelriechenden Ausscheidungen. Daraus kann außerdem eine vermehrte Belastung der Leber und Nierentätigkeit resultieren. Überschüssige Proteine werden außerdem verschlackend in unser Bindegewebe eingelagert und begünstigen eine vermehrte Mobilisation von Calcium und Magnesium aus den Knochen. Für uns Männer ist auch eine übermäßige Bildung zellteilungs- und tumorfördernden Spermidins zu nennen.

In der heutigen Zeit des zunehmenden Muskelaufbaus in Fitnessstudios werden häufig zu viele Proteine oder zusätzliche Proteinquellen in Pulverform konsumiert. Diese verursachen durch ihre anabole Wirkung aus hautärztlicher Sicht häufig Akne.

Generell sind Proteine in Nahrungsmitteln weit verbreitet. Vegetarier sollten darauf achten, hochwertiges pflanzliches Eiweiß in Form von Kartoffeln, Hülsenfrüchten und Mais zu sich zu nehmen.

Bei der Zufuhr von Proteinen tierischen Ursprungs ist folgendes zu beachten: Je ähnlicher das Stück Fleisch dem Stück sieht, aus dem es geschnitten wurde, desto fettärmer ist es. Zu meiden sind daher die meisten (Pressfleisch-)Wurst- und Hackwaren wie Brat-/Würstchen und Burger, auch wenn Sie als Fastfood häufig der schnellen Hungerstillung dienen und durch zahlreiche Geschmacksverstärker sehr ansprechend schmecken können.

Laut älterer nationaler Verzehrstudien essen Männer fast doppelt so viel Fleisch und Wurst wie Frauen und ihr Durst wird auch deutlich häufiger mit Bier und Limonadengetränken gelöscht. Zusammen als Deutsche verspeisen wir jährlich über 55 Millionen Schweine und knapp 4 Millionen Rinder und Kälber.

An dieser Stelle möchte ich zum Thema Konsum tierischer Produkte ein paar Worte zu unwürdiger Tierzucht, Tötung und Massenproduktion verlieren:

Wenn man nicht gänzlich abgeschreckt ist von den leicht zugänglichen bildlichen Informationen zur Tierhaltung, zumeist säugetierverachtendem Umgang mit den uns zur Verfügung gestellten „Nutztieren" und unliebsamer Bolzung oder Vergasung der Tiere, sollte man sich vergegenwärtigen, dass auch Tiere Instinkte haben und wissen, wann ihre Zeit gekommen ist. Spätestens wenn sie den

Artgenossen vor sich quieken und/oder ohrenbetäubend schreien hören, schütten sie all ihre verfügbaren Stresshormone in ihre Muskulatur aus, was u. a. zu Stärkeabbau führt und letztlich über das Fleisch zu uns genommen wird. Ob nun eine Bolzung, Kohlendioxidbetäubung oder anderweitige Tötung samt Ausblutung stattfindet, spielt ab diesem Zeitpunkt keine wesentliche Rolle mehr.

Man sollte sich die grausame Tatsache vergegenwärtigen, dass der einzige Existenzgrund dieser Tiere war, meist eher schlecht als recht gefüttert, getötet und dann von uns Menschen gegessen zu werden.

Wegen dem eben Genannten sollte die alte Maßregel gelten, nur 1x/Woche wenn überhaupt Fleisch und Fisch, und dies dann mit Bewusstheit und Dankbarkeit, zu essen.

George Bernard Shaw (irischer Dramatiker, Politiker und Pazifist, 1856–1950) sagte dazu sinngemäß „Tiere sind meine Freunde, und ich esse meine Freunde nicht".

Und Christian Morgenstern (deutscher Dichter und Schriftsteller, 1871–1914) meinte:

„Wenn der moderne Mensch die Tiere, deren er sich als Nahrung bedient, selbst töten müsste, würde die Anzahl der Pflanzenesser ins Ungemessene steigen."

Es gilt meiner Sicht nach das immer mehr zu reduzieren, von dem man das Gefühl hat, dass es einem selbst nicht mehr guttut, einen mehr belastet, als dass es zu körperlicher Fitness beiträgt.

Dazu zählt meines Erachtens auch nichts zu essen, was mal zwei Augen hatte.

Mittlerweile gibt es zahlreichen, auch teils geschmacklich guten Fleischersatz. Einige davon möchte ich an dieser Stelle einmal aufzählen:

Seitan: Der beliebteste Fleischersatz wird aus Weizen- und Dinkelmehl gewonnen. Er kommt in Konsistenz und Verarbeitungsmöglichkeiten dem tierischen Original sehr nah.

Tofu: Der Soja-Käse ist fast allen Fleischliebhabern bekannt, schreckt aber die meisten wegen des häufig eintönigen Geschmacks ab. Dafür ist er vielseitig, sei es roh, gebraten, frittiert oder auch in Backwaren verzehrbar. Um Genuss zu gewährleisten, gilt es gut zu würzen und zu marinieren oder geräucherten Tofu zu kaufen.

Lupine: Eine Tofu-ähnliche Fleischalternative aus der auch als Wolfsbohne bezeichneten Blume.

Weizeneiweiß: Diese Masse entsteht, wenn aus dem zu Mehl gemahlenen Korn die Stärke ausgewaschen wird.

Tempeh: Das ursprünglich aus Indonesien stammende Produkt gehört für Vegetarier zur Feinkostküche. Es wird aus mit Schimmelpilzen versetzten Sojabohnen, aber mittlerweile auch aus Lupinensamen, Kichererbsen und Nüssen gewonnen.

Weitere Alternativen können hier und da auch mal ein Sellerie- oder Kohlrabischnitzel, ein Rote-Bohnen-Burger oder ein Ofenkäse zu einem leckeren Salat sein.

Meiner Meinung nach ist es in unserer Zeit des Nahrungsüberangebots nicht mehr notwendig, dass Tiere geschlachtet werden, damit es uns gut geht. Spür mal in dich hinein und lass das Gesagte auf dich wirken.

Fette (und Öle):

Fette und Öle sind wichtige Energiespender und dienen unseren Körpern als Wärmespeicher, zur Enzym- und Hormonproduktion, als Bauchfett in der Unterhaut und um unsere inneren Organe, sowie zum Bau von Zellmembranen.

Sie werden nach der Aufnahme im Dünndarm durch fettspaltende Enzyme wie Lipase und Gallensäuren in ihre Grundbausteine, die Fettsäuren, gespalten.

Während Butter, kalt gepresste Pflanzenöle und ölhaltige Lebensmittel (wie unter anderem Fisch, Pflanzensamen sowie Nüsse) lebensnotwendige ungesättigte Fettsäuren, fettlösliche Vitamine (s. u.) und andere wichtige Nährstoffe enthalten, bestehen raffinierte und Frittierfette und -öle zumeist vollständig aus gesättigten Fettsäuren. Letztere sind reine Kalorienträger und somit mitverantwortlich für ernährungsbedingte Zivilisationserkrankungen.

Gesunde, mehrfach ungesättigte Fettsäuren (wie Linolsäure) sind in hochwertigen Pflanzenölen, z. B.: Sonnenblumen-, Weizenkeim-, Lein-, Walnuss-, Distel-, Maiskeim- sowie Oliven- und Kürbiskernöl enthalten. Tierische Fette dagegen sollten im Sinne unseres Cholesterinspiegels (und damit langfristig möglichen verbundenen Herz- und Kreislauferkrankungen) lieber einen geringen Stellenwert in unserem Speiseplan einnehmen. Sie erhöhen neben dem Blutcholesterin auch die Wahrscheinlichkeit, an Krebs zu erkranken.

Fette machen nicht grundsätzlich dick oder gefährden unsere Gesundheit, sondern die Qualität der Mengen der von uns konsumierten Fette und Öle ist ausschlaggebend. Unsere Energiebilanz (also die Menge an verbrauchter Energie / Tag) im Vergleich zur Menge der zugeführten Fette entscheidet darüber, ob Fettreserven im Unterhautgewebe angereichert werden.

Wenn wir inneren Frieden finden wollen, ist es ratsam, unsere Körper nicht weiter mit den Angst- und Stresshormonen aus dem Fleisch von Schlachttieren zu beschweren. Die Fischer von einst und der Bauer auf heimeligen Bildern sind der Nachfrage und Regulierungen folgend (notgedrungen) vielfach zu geld- und effizienzorientierten Arbeitern der Massentierhaltung geworden. Es lohnt sich, von einem Gewohnheits-Allesesser **zu einem bewussten Esser** zu **werden**, der seinen Körper nährt statt ihn un-/bewusst zu erschweren und ihm zu schaden. Dabei sollten die 30 % des Anteils an Fetten und Ölen im Nahrungsbedarf nicht regelmäßig überschritten werden.

Fette Fische, die gerne auf der Speisekarte stehen wie Lachs oder Thunfisch, sind Lieferanten von gesunden Omega-Fettsäuren, unterliegen aber häufig Schwermetallbelastungen und in der Haltung mit Antibiotika versetztem Futter. Andere, teils cholesterinreiche

Meeresfrüchte sollten wir auch aufgrund der möglichen Übertragung von Hepatitis-Erregern bewusst und nur eingeschränkt konsumieren.

Ballaststoffe:

Dies sind faserige Pflanzenbestandteile, die von uns Menschen nicht oder nur zum Teil verwertet werden können und somit weitgehend unverdaulich sind. Nur ein Teil wird von den Bakterien der Mikroflora des Dickdarms wie den Bifidusbakterien und Bacteriodes abgebaut.

In unserer häufig industriell geprägten Ernährungsweise sind diese Nahrungsbestandteile deutlich zurückgegangen.

Ballaststoffreich sind frisches Obst und Gemüse sowie Vollkornprodukte. Sie senken die Cholesterin- und Blutzuckerkonzentration und wirken dadurch Gefäßverkalkungen (Arteriosklerosen) und Übergewicht entgegen. Außerdem absorbieren sie als „Darmreiniger" auch andere unerwünschte schädliche Stoffe in unseren Eingeweiden. Aufgrund ihres Wasserbindungsvermögens erhöhen sie unser Stuhlvolumen, wodurch die Darmbewegung (Peristaltik) angeregt und die Verweilzeit schädlicher „Nähr"stoffe im Dickdarm verkürzt wird. So schützen sie uns vor Darmerkrankungen bis hin zu -krebs.

Bei einer ballaststoffreichen Ernährung ist auf eine erhöhte Trinkmenge zu achten.

Vitamine:

Unser Körper kann Vitamine nicht selbst produzieren, daher ist er auf eine regelmäßige Zufuhr über die Nahrung angewiesen. Vitamine sind essenzielle organische Substanzen und werden in wasser- und fettlösliche Vitamine unterschieden.

Nachfolgend sind die wichtigsten Vitamine und ihre Träger angeführt.

Zu den wasserlöslichen Vitaminen gehören:
- Vitamin B1 (Thiamin)
- Vitamin B2 (Riboflavin)
- Vitamin B3 (Niacin, Nikotinsäure)
- Vitamin B5 (Panthothensäure)
- Vitamin B6 (Pyrodoxin)
- Vitamin B8 (Biotin)
- Vitamin B9 (Folsäure)
- Vitamin B12 (Cobalamin)

Die B-Vitamine sind in Fisch und Fleisch, Hülsenfrüchten. Innereien, Kartoffeln, Milch und Vollkornprodukten zu finden.

Vitamin C (Ascorbinsäure) ist in Zitrus-/Früchten, aber auch in Hagebutten und Sanddorn, Paprika, Kartoffeln vorhanden.

Zu den fettlöslichen Vitaminen zählen:

Vitamin A (Retinol)	Butter, Margarine und Leber, Spinat, Paprika
Vitamin D (Cholecalciferol)	Eigelb, Margarine, teils Fische (Aal, Lachs)
Vitamin E (Tocopherol)	Eier und Fisch, Nüsse, Weizenkeim- und Sonnenblumenöl sowie Vollkornprodukte
Vitamin K (Phyllochinon)	Fleisch, Gemüse (Spinat, Kohl, grüner Salat, Brunnenkresse, Kartoffeln), Milch, Vollkornprodukte

Genaueres zu den Leistungen der einzelnen Vitamine, ist in gängigen Ernährungsratgebern nachlesbar.

Gemüse:

Gemüse ist gesund. Lagerung und langes Warmhalten reduzieren jedoch seine Nährstoffe. Während Obst am besten roh und das meiste Gemüse lediglich leicht gedünstet verzehrt werden sollte, sind Hülsenfrüchte wie Erbsen, Bohnen und Linsen sowie Kohlgemüse gekocht besser verträglich. Neben Vitaminen und stuhlregulierenden/„darmputzenden" Ballaststoffen enthalten diese Polyphenole, die u. a. antioxidative und blutdrucksenkende Wirkungen im Körper haben.

Eine Kampagne der Deutschen Gesellschaft für Ernährung besagt „5 am Tag" und empfiehlt damit fünf Portionen Obst und Gemüse am Tag. Eine gute Hauptmahlzeit sollte mindestens aus drei Bestandteilen der Ernährungspyramide bestehen.

Obst und Gemüse bewahrt man am besten an kühlen und dunklen Orten auf, und sie sollten möglichst frisch verzehrt werden. Im Vergleich zum Kochen, Backen und Braten ist das Dünsten die schonendere Zubereitungsart.

Wichtige Spurenelemente und Mineralien:

Es gibt Lebensphasen, in denen unser Körper verstärkt Spurenelemente wie Magnesium, Zink und Eisen verliert, z. B. durch körperliche Belastung und Schwitzen beim Sport oder bei Hitze.

Folgende Mineralien oder Mineralstoffe sollten in unserem Körper in durchaus größeren Mengen vorkommen:

- Calcium
  Auch stets viel diskutiert mit meinen Patienten, wenn es um UV-Schutz geht in Bezug auf die für Calcium wichtige Vitamin D-Synthese. In dieser Hinsicht ist eine 2x wöchentliche UV-Exposition des Gesichtes und der Arme (für etwa 20 Minuten) ausreichend. Jede weitere ungeschützte UV-Exposition führt aus dermatologischer Sicht zu einem steten Hautschaden.

- Magnesium und
- Kalium

Spurenelemente heißen so, weil ihr Vorkommen nur in geringen Mengen (mg/kg) in unserem Organismus nötig ist.

Als essenzielle Spurenelemente für unseren Körper gelten folgende chemische Elemente:
- Calcium
- Chrom
- Eisen

Letzteres ist ein Bestandteil der roten Blutkörperchen und mitverantwortlich für die Sauerstoffversorgung unseres Körpers. Es ist unverzichtbar für unsere kognitiven Fähigkeiten. Ohne Eisen wird unser Gehirn, unser Geist und unser Immunsystem träge.

Fehlt es, fühlst du dich schwach und müde und kannst dich schlechter konzentrieren.

Gerade wenn du bei deiner Ernährung auf Fleisch verzichtest, sollten folgende Nahrungsmittel auf deinem Speiseplan stehen: Aprikosen, Eigelb, grünes Blattgemüse, Nüsse, Soja und Vollkorn.

- Fluor(id)
  Ist wichtig für die Knochenstabilität und Kariesprophylaxe. Es ist neben (dem fraglichen Vorkommen in) Zahnpasta auch in Mineralwässern, Walnüssen, Seefischen und Speisesalz zu finden.
- Jod
  trägt zur Produktion von Schilddrüsenhormonen bei, ist aber auch für unsere Nerven- und kognitive Leistungen von Bedeutung. Neben einem Eisenmangel kann auch eine Schilddrüsenunterfunktion Müdigkeit, Antriebslosigkeit und Konzentrationsprobleme verursachen.
  Gute Jodquellen sind: jodierte Salze, Meerestiere und Seefische.

- Kupfer
  ist ein wichtiges Spurenelement für den Eisentransport, aber auch notwendig für unser Nerven- und Immunsystem sowie Haut und Haare. Aus einem Kupfermangel resultieren u. a. Bindegewebsschwäche und Hautauschläge.

Eine ausgewogene Ernährung mit folgenden Nahrungsmitteln deckt unseren Kupferbedarf gut ab: Buchweizen, grünes Blattgemüse, Erbsen, Fisch, Leber, Nüsse, Pilze und Schalentiere.

- Mangan
  ist neben weiteren Spurenelementen wichtig für den Energiestoffwechsel und Zellschutz und vor allem in pflanzlichen Nahrungsmitteln wie Blattgemüse, Getreide, Heidelbeeren, Hülsenfrüchten und Reis enthalten.
- Molybdän
  spielt auch eine Rolle für den Stoffwechsel, da es u. a. Bestandteil von Enzymen ist und zum Abbau von schwefelhaltigen Aminosäuren beiträgt.
- Selen
  Auch Selen dient dem Zellschutz und der Stärkung unseres Immunsystems. Es ist neben Jod wichtig für eine normale Schilddrüsenfunktion, und auch für die Funktion der Haut und ihrer Anhangsgebilde wie Nägeln.
  Folgende Nahrungsmittel tragen zu einer Selenversorgung bei: Eier, Fleisch, Fisch, Soja und Vollkorn.
- Zink
  ist ein wichtiger Player in nahezu allen Körperfunktionen, angefangen mit unserem Hormonhaushalt und Knochenbau, über Immunabwehr, Wundheilung bis hin zu Zellschutz.
  Vorkommen: Grünes Blattgemüse, Bohnen, Eier, Fleisch und Fisch sowie Vollkorn.

Zu den nicht-essenziellen Spurenelementen zählen, hier nur mal erwähnt, Arsen, Blei, Bor, Lithium, Nickel, Silizium, Vanadium und Zinn. Sie sind ebenfalls im Körper zu finden, sind aber nicht lebensnotwendig für die Stoffwechselprozesse unseres Körpers.

Um eine ausreichende Zufuhr von Vitaminen und Spurenelementen bei unseren Lebensmittellieferketten und -lagerungen zu gewährleisten, bediene ich mich teils entsprechender, handelsüblicher Kombipräparate zur täglichen Einnahme.

Antioxidantien:

Sogenannte freie Radikale entstehen kontinuierlich durch unseren normalen Körperstoffwechsel. Die Freisetzung freier Radikale wird durch Über- und fettreiche Ernährung, unser Konsumverhalten und Süchte, Stress, Stoffwechselerkrankungen und Umweltverschmutzung gefördert.

Reichern sich diese in unserem Körper an, kann es zu verschiedenen Gewebeschädigungen kommen. Der Körper stellt mit den Enzymen Glutathionperoxidase und Superoxiddismutase eigene Antioxidantien als Radikalfänger her. Um die mit dem Alter zunehmenden Zell- und Gewebeschädigungen sowie weitere schädliche Einflüsse der Radikale auf unseren Körper auf ein Minimum zu reduzieren und unwirksam zu machen, ist es ratsam, dass wir unserem Körper ausreichend Antioxidantien auch mit unserer Ernährung einverleiben.

Zu diesen zählen: Vit. A (Betakarotin), Vit. C und E, Kupfer, Magnesium, Mangan, Selen und Zink.

Weitere aus meiner Sicht interessante Nahrungsmittel:

Algen sind als Proteinlieferant ideal für eine vegane Ernährung. Das Gemüse des Meeres, besonders Seetang, wird schon viel in der asiatischen Küche verwendet. Zu den heute durch die japanische Küche auch in Europa bekannten Sorten gehören Kombu, Wakame und das für Sushi verwendete Nori. Aufgrund des teils höheren Jodgehalts sollten Algen insbesondere bei Schilddrüsenerkrankungen nur in Maßen konsumiert werden. Sicherlich werden sie zukünftig, fernab der Tierzucht, aufgrund ihrer Verfügbarkeit ernährungswissenschaftlich eine wesentliche Rolle spielen.

Avocados stammen als Lorbeergewächs ursprünglich aus Zentralamerika und sind reich an ungesättigten Fettsäuren und Kalium, außerdem beinhalten sie auch viele Aminosäuren und Vitamine. Ihnen wird unter anderem nachgesagt, förderlich für unser Herz-Kreislaufsystem und ein gesundes Altern zu sein. Gerade als cremige Guacamole halten sie immer mehr Einzug in unseren Speiseplan.

Brokkoli wirkt entzündungslindernd und beugt Prostatabeschwerden vor. Als Kreuzblütler trägt er außerdem zur Entgiftung krebserregender Stoffe bei. Weitere Kreuzblütler sind Blumen-, Rosen- und Grünkohl, Mangold, Rucola und Senf.

Chiasamen sind wie Leinsamen quellend und dadurch als Ballaststofflieferant für unsere Darmgesundheit interessant.

Chlorophyll gehört als Blattgrün zu den natürlichen Farbstoffen, die von Organismen gebildet werden. Es betreibt Photosynthese und ist in Lebensmitteln vor allem in grünen Gemüsen vorhanden. Ihm wird nachgesagt, auch menschliche Stoffwechselvorgänge positiv zu beeinflussen, weshalb es zu den Heilmitteln ersten Ranges gezählt wird.

Ginseng hat nicht umsonst den Spitznamen Kraftwurzel, da es die körpereigene Abwehr gegen Stress und Krankheit sowie das Lernvermögen und die Gedächtnisleistung zu steigern vermag.
     In Asien gilt die Ginsengwurzel daher seit jeher als Sinnbild für Gesundheit und ein langes Leben. Seit dem 20. Jahrhundert auch in der Hochschulmedizin als Heilpflanze anerkannt, wird es in Nahrungsergänzungsmitteln und Medikamenten verwendet.

Granatäpfel sehen allein schon beeindruckend aus. Neben der Linderung von Darmbeschwerden ist gerade für uns Männer die präventive bzw. auch therapeutische Wirkung des Granatapfelsaftes auf Prostatakrebs Gegenstand intensiver Forschung.

Heidelbeeren stärken das Immunsystem, wirken antimikrobiell und fördern unter anderem die Wundheilung.

Ingwer hat als Gewürz und Heilpflanze antibakterielle sowie virostatische Wirkungen und fördert insbesondere die Durchblutung. Er hat auch anregende Wirkungen auf die Magensaft-, Speichel- und Gallenbildung sowie die Darmfunktion, des Weiteren scheint er auch Muskel- und Gelenkbeschwerden zu reduzieren.

Kürbiskerne sind eine Option bei leichten Beschwerden wegen gutartiger Prostata-Vergrößerung.

Kurkuma, ebenfalls ein Ingwergewächs, wird durch das darin enthaltenes Curcumin in der Ayurveda seit Jahrtausenden eine reinigende und energiespendende Wirkung zugesprochen.

Bitterstoffe sind dafür bekannt, die Leber zu reinigen und sind zum Beispiel in Artischocken, Brokkoli, Chicorée, Endivien, Fenchel, Löwenzahn und Mariendistel oder Gewürzen wie Anis, Basilikum und Kümmel enthalten.

Zucker kommt mehr oder weniger versteckt in den meisten Supermarktlebensmitteln vor. Zuckerersatzstoffe wie Aspartam sind da keine große Hilfe bzw. Alternative, da sie im Verdacht stehen krebserregend zu sein und für Migräne, Depressionen und Arteriosklerose mitverantwortlich gemacht werden.

Salz ist wie Zucker in vielen Nahrungsmittel versteckt enthalten, und ihm wird in der Küche unterschiedliche Bedeutung zugesprochen. Während ein sportlicher 20-Jähriger Salze mit der Nahrung nach eigenem Körperermessen zuführen kann, da er diese über das Schwitzen auch verliert, muss ein älterer Mann diese dosiert in seinem Ernährungsplan berücksichtigen, vor allem wenn ein Bluthochdruck oder Nierenerkrankungen bekannt sind.

Ich mache mir nach dem Aufstehen zur ersten Nährung meines Körpers meist einen selbstgepressten Saft aus Orangen, Äpfeln, Ananas, mal Kiwi oder Birne mit Sellerie, Möhren oder auch Gurke, verfeinert durch Ingwer, Kurkuma oder Gerstengras. Die Vielfalt und Abwechslung, je nach meiner morgendlichen Lust und Laune, zählt.

Ansonsten halte ich es meist vereinfacht folgendermaßen: Iss morgens wie ein Kaiser, mittags wie ein Bürger und abends wie ein Bettler, zumindest was die Nährstoffmenge angeht.

Es geht nicht darum, möglichst schlank oder muskelbepackt zu sein, sondern möglichst gesund. Unser Ansporn bei unserer Ernährung sollte immer sein, **sich so natürlich wie möglich** zu **ernähren**. Denn „Du bist, was du isst".

Bei unseren Essgewohnheiten gilt zu hinterfragen, weshalb wir essen, wie wir essen und von wem wir gelernt haben uns zu (er-)nähren. Auch hier führt der Blick in die Kindheit und unsere frühen Erfahrungen mit Essen und Trinken. Wie wurde uns Nahrungsaufnahme vorgelebt? Gab es einen bestimmten Rahmen, bestimmte Essensrituale? Habt ihr euch als Familie zusammengesetzt, um euch gemeinsam durch Nahrung zu stärken oder haben alle womöglich getrennt und vor der Glotze gegessen.

Kinder essen nicht auf Vorrat. Erst ab dem 3. Lebensjahr bildet sich das Essen nach Angebot aus, d. h. es ist sehr wichtig, die inneren Sättigungssignale zu beobachten.

Diese frühkindlichen Erfahrungen und entsprechende beim Essen ausgelöste Emotionen prägen unser späteres Ernährverhalten.

Sich gesund zu ernähren, heißt **genussvoll, maßvoll und bewusst** zu **essen**. Denn auch das Wie bestimmt die Musik:

Viele praktizieren das Essen quasi nebenbei, fast als wäre es lästig und zeitvergeudend. Anstatt nebenher Zeitung zu lesen, fernzusehen oder Emails zu checken, sollte bei der Nahrungsaufnahme wirklich die volle Aufmerksamkeit auf das Essen gerichtet sein. Sich bewusst zu machen, dass es nicht selbstverständlich ist, solch Fülle einkaufen oder bestellen zu können und das Essen in dem Wissen zu genießen, dass immer noch ein Großteil der Menschheit Hunger leiden muss. Beim Essen sich zu fragen, wo die Nahrungsmittel herkommen und dankbar sein, dass die Natur sie für uns bereitgestellt hat. Sie mit allen Sinnen wahrnehmen: Wie duftet der Apfel, den ich esse, wie riecht die Tasse Tee oder Kaffee, wie schön leuchten die Farben der verzehrten Nahrungsmittel. Erschmecken, was man gerade isst, womit man seinen Körper nährt und nicht nur reinschlingen und belasten. Auch sich vorstellen, wie die einzelnen Nahrungsmittel unseren Körper mit den für uns notwendigen Nährstoffen versorgen.

Grundsätzlich gilt nicht irgendetwas in uns hineinzuwerfen, um den Hunger zu stillen, das den Körper letztlich mehr belastet und Energie fordert anstatt ihn zu nähren.

Mehrere kleine Mahlzeiten täglich sind verträglicher als wenige große, da unser Körper bei großen Mahlzeiten erhöhte Insulinkonzentrationen ausschüttet, wodurch nicht nur eine verstärkte Einlagerung von Fetten begünstigt wird, sondern auch Heißhungerattacken hervorgerufen werden können.

Es geht darum, uns zu nähren, Gutes zu tun und in der Wertschätzung dafür zu unserer Gesundheit beizutragen.

Und hast du schon mal bewusst gezählt, wie häufig du kaust und gefühlt, wie die Nahrung durch deine Speiseröhre in den Magen wandert, wie sich unser Körper anfühlt bei der Nahrungspassage des Darmes und wie selbstverständlich er die nicht verwertbaren Reste für uns wieder ausscheidet?

Schaue dir bewusst mal in einem Restaurant, besser noch in einer Mensa oder in einem All-inclusive-Urlaub deine Artgenossen an und dir wird unsere tierische Herkunft bewusst werden ;) .

Egal, was du dich letztendlich entscheidest zu essen, iss es bewusst, in der Vorstellung, dass es deinen Körper nährt und guttut, und achte bewusst auf seine Zeichen nach dem Essen. Bist du abgeschlagen, dann war die Mahlzeit offensichtlich zu groß bzw. kalorienreich. Der Körper benötigt dann erst einmal den Großteil des Blutes, um sich um die Verdauung zu kümmern und schaltet in den körperlichen und geistigen Ruhemodus. Solltest du nach dem Essen Beschwerden wie Unwohlsein, Blähungen oder Durchfälle bemerken, empfiehlt es sich, möglichst auf industriell verarbeitete Nahrungsmittel zu verzichten und möglichst frische Produkte zu essen. In wiederholten Fällen rate ich meinen Patienten auch zum Führen eines sogenannten Beschwerdetagebuchs, indem man schriftlich notiert, wann was gegessen wurde mit welchen folgenden Beschwerden, um zukünftig ursächliche Nahrungsmittel möglichst meiden zu können.

Ungünstig ist, immer länger nichts gegessen zu haben und dann Heißhunger zu riskieren. Dann ist man teils bereit, auch mal zum Nächstbesten zu greifen, womöglich Fastfood oder die altbewährte Brat-/Currywurst mit Pommes.

Was uns oder unseren Magen da aber erwartet, sind Schweinefleischreste gepresst in Darm, eventuell angekokelt in Kombination mit nicht gesundheitsförderlichen Transfetten.

Noch ungünstiger wird es, wenn wir mit unserem Essverhalten Emotionen verarbeiten, innere Leere zu stopfen versuchen oder uns aus anderen Gründen „ein dickes Fell zulegen".

Eine zu reichhaltige Mahlzeit am Abend stört unsere Schlafqualität. Dabei gilt die einfache Faustregel: je später, desto leichter das Essen. Zwei bis drei Stunden vor dem Schlafengehen sollte am besten nichts mehr gegessen werden. Bei einem deutlich größeren Abstand kann der erneut auftretende Hunger wiederum den Schlaf stören.

Abschließend will ich hier noch einige Worte zum Thema körperliche Reinigung verlieren:

Neben der Pflege der Körperfassade (die aus meiner Sicht als Hautarzt sich meist auch nur auf das Abduschen des Körpers reduziert) gibt es Möglichkeiten der innerlichen Reinigung:

1.) Heilfasten und Detoxkuren sind im Wort- und Gedankenschatz der meisten Männer nicht präsent oder hören sich für sie sehr unmännlich an. Hier herrscht meist eher eine ablehnende Haltung. Aber gerade für uns Männer ist es wichtig, aufgrund unserer häufig (zurückliegenden) organbelastenden Lebensweise unseren Körper für einige Zeit im Jahr auch mal zu reinigen und zu entgiften.

   Neben einer gewissen Disziplin geht dies leider während der Fasten- und/oder Kurtage häufig mit anfänglicher körperlicher Angeschlagenheit, Reizbarkeit und Kopfschmerzen einher.

   Eine Alternative ist, einen Tag zu essen und einen Tag zu fasten oder innerhalb von 8 Stunden zu essen und dann 16 Stunden zu pausieren oder Dinner-Cancelling.

   Das interessante, aber häufig unbequeme Thema Fasten könnte hier noch deutlich weiter ausgeführt werden. Bei Interesse rate ich euch, in einschlägiger Literatur weiterzulesen.

2.) Eine andere Form der Gewebeentgiftung bietet das regelmäßige Saunieren oder entsprechend reinigende bzw. basische Vollbäder.

3.) Kurz erwähnt an dieser Stelle soll auch die Möglichkeit der Darmreinigung mittels Einlaufs sein. Professionell als Hydrocolon-Therapie praktiziert, bietet sie insbesondere einen heilsamen Ansatz für Menschen mit Darmerkrankungen in der familiären Vorgeschichte.

Von Nahrungskarenz profitiert nicht nur unser Testosteron-Spiegel, eine regelmäßige Zellreinigung erhöht auch unsere Lebenserwartung.

Folgende Ernährungstipps in Anlehnung an den Wissenschafts-journalisten Bas Kast und dessen Buch *Der Ernährungskompass* lauten:

- Esst möglichst natürliche und unverarbeitete Nahrungsmittel.
- Esst mehr Pflanzliches und weniger Tierisches.
- Esst lieber Fisch als Fleisch.
- Esst Joghurt, Käse ist auch okay, aber Milch nur in Maßen.
- Minimiert Zucker und meidet industrielle Transfette.
- Esst Low-Carb. Eiweiss sättigt besser als Fette und Kohlen-hydrate.
- Ersetzt eine ausgewogene Ernährung nicht durch Vitamin-pillen.
- Praktiziert intermittierendes Fasten.
- Genießt euer Essen, auch das Zubereiten.

Die 10 Ernährungsregeln der Deutschen Gesellschaft für Ernäh-rung (laut Deutschem Ärzteblatt vom 22.09.2017) lauten:

- Achtsam essen und genießen
- Am besten Wasser trinken
- Auf das Gewicht achten und in Bewegung bleiben
- Gemüse und Obst – nimm „5 am Tag"
- Gesundheitsförderndes Fett nutzen
- Lebensmittelvielfalt genießen
- Mit tierischen Lebensmitteln die Auswahl ergänzen
- Schonend zubereiten
- Vollkorn wählen
- Zucker und Salze einsparen

Durch Bildung steigt allgemein der soziale Status.

Der erste gesundheitsfördernde Faktor in deiner Ernährung ist deine Lust, dich für deine Ernährung zu bilden, dann wirst du dich zwangsläufig in deinem Sinne und für deinen Körper intuitiv richtig ernähren, ohne Kalorien zu zählen oder nur zu überlegen, wie viele Ballaststoffe, Mineralien, Fettsäuren oder Vitamine du aufnehmen musst.

Häufig bedarf es nur des eigenen Lesens und einer gedanklichen Veränderung, um den Schritt von einer ungewollt körperlichen Fülle zu einem erfüllten Leben zu machen.

Weitere interessante Ernährungsanregungen sind in Rüdiger Dahlkes Buch *Soulfood*, in dem oben genannten *Ernährungskompass* von Bas Kast oder in den Büchern von Anthony William nachzulesen. Konkrete Rezepte zur *Männerküche* sind im gleichnamigen Buch von Bernd J. Schmitz-Dräger nachzublättern.

Bei weiterem Interesse für deine individuelle Beratung empfehle ich dir, einen netten Ernährungsberater oder Ökotrophologen in deiner Nähe aufzusuchen.

Meine Ernährungsempfehlung:

Trinke vor allen Dingen viel.

Tausche weizenhaltige Pappbrötchen gegen Vollkornbrot und Fitnessmüsli und iss so langsam, dass du deinem Körper die Chance gibst, dir ein Zeichen zu geben und mitzuteilen, wann er satt ist ☺.

Um eine mögliche angestrebte langfristige Gewichtsreduktion zu erzielen, hilft anstelle irgendwelcher Diätversprechungen meist nur eine Reduktion der zugeführten Nahrungsmenge, ggf. eine Ernährungsumstellung sowie ein zusätzliches Bewegungstraining. Eine ballaststoffreiche Ernährung und regelmäßige körperliche Bewegung wirken der Speicherung von Energiereserven in Form von zu viel Fett entgegen.

Iss nach Möglichkeit aus energetischer Sicht und um Belastungen durch Stresshormone, Antibiotika und Umweltbelastungen zu vermeiden nur, was keine zwei Augen hat oder zur Ressourcenerhaltung und Verringerung von unwürdigen Tierzüchtungen nur max. 1x wöchentlich Fleisch und Fisch. Im Weiteren ist eine vegetarische Kostform mit mehreren Obst- und Gemüseportionen/Tag zu bevorzugen.

Spätestens bei vorliegenden Krankheiten sollte je nach Erkrankungsbild die Ernährung durch einen Ernährungsspezialisten angepasst werden.

Starte deinen Tag, indem du dir bewusst etwas Gutes tust. Hör auf dein Bauch-Gefühl!

Wenn du für deinen Körper sorgst, wird dein Körper auch gut für dich sorgen.

Nimm dir bewusst Zeit für dich und für deine Ernährung, gepaart mit Sport und Bewegung. Wie, wird im folgenden Kapitel erläutert.

Gesund ernähren? Man(n) kann das!

„Wenn Du Deinen Körper verändern willst,
ändere zuerst Dein Bewusstsein."

Dr. Deepak Chopra

„Nicht immer = Mord"

Nichts ändert sich von selbst, außer wir verändern uns.

Für manche, gerade die Antriebsärmeren, gleicht Sport Mord. Für die Bewegungsaktiveren ist es die schönste Freizeitbeschäftigung der Welt. Fakt ist, dass der Verzicht auf Sport höhere volkswirtschaftliche Kosten verursacht als die Ausübung von Sport.

Im Optimalfall umfasst die körperliche Betätigung folgende förderliche Aspekte:

Au**S**dauer

SPass

MOtivation

EneRgie

Fi**T**ness

Muskelkraft und Bewegung sind Energie. Wenn wir diese Energie nicht aufbringen und durch ein Überangebot an Nahrung uns mehr Energie zuführen, parkt unser Körper diese in unserem stofflichen Körper.

Häufig wird der Körper samt seinen Signalen jedoch missachtet, nur gestählt und bis an die Grenzen seiner Leistungsfähigkeit gebracht in dem Bemühen und der Vorstellung, dass er wie eine geölte Maschine funktionieren mag. „Was dich nicht umbringt, das härtet dich ab oder macht dich stark" ist ein Ausspruch, der meiner inneren Stimme schon seit Kindertagen vertraut ist. An seinen Ursprung in meiner irdischen Geschichte kann ich mich nicht mehr erinnern.

Sport ist bei uns Männern oft nicht förderliche Bewegung zur Anregung unseres Stoffwechsels. Männersportarten sind meist eher darauf ausgerichtet, sich auszupowern und sich mit anderen zu messen und zu duellieren. Man(n) kann so seine körperlichen Grenzen austesten bzw. über sie hinausgehen sowie Stress(hormone) und Testosteron abbauen.

In Gesellschaft weiblicher Teilnehmerinnen kann auch ein Imponiergehabe bewusst oder unbewusst dazukommen.

Statt einem ausgewogenen Herz-Kreislauftraining fokussieren sich viele auf den unphysiologischen und häufig im Alltag eher bewegungseinschränkenden Muskelaufbau, häufig unterstützt durch anabol wirkende Proteine oder Substanzen. Letzteres zumeist in den jüngeren Jahren, in denen wir Männer uns auf Brautschau befinden und uns oft überwiegend über unseren Body definieren.

Gerade in den Testosteron-Hochphasen sind Männersportarten darauf ausgelegt, sich zu duellieren und besser als jemand anderer zu sein. Wenn wir nach dem Sport wortwörtlich auf dem Zahnfleisch kriechen (leider dann völlig übersäuert), fühlen wir uns männlich. Unser Zellbewusstsein scheint uns zu signalisieren, dass wir die Schlacht gewonnen haben.

Ein entsprechender Raubbau an unserem Körper, wenn wir ihn in männlicher Manier zu exzessiv betreiben, spiegelt dieser uns meist erst in fortgeschrittenem Alter oder im Rahmen einer akuten Fehlbelastung durch Bänder-, Muskelteilabriss, Gelenkverschleiß oder Knochenbruch.

Um dieser Zwangsruhigstellung entgegenzuwirken, sollten wir erste Ermüdungszeichen unseres Körpers wahrnehmen und einen Gang runterschalten, bevor entsprechender Raubbau entsteht.

Allgemein wird eine **regelmäßige körperliche Aktivität** (mind. 2–3/Woche für 20–30 Minuten), um einen ausreichenden Energieverbrauch zu gewährleisten, empfohlen.

Sport sollte ein gesundheitlicher Aspekt sein, nicht Selbstzweck, um anderen zu imponieren oder bei Wettkämpfen als Sieger bewundert zu werden. Unter Berücksichtigung und Wertschätzung der individuellen körperlichen Ressourcen sollte man miteinander Spaß an der jeweiligen Sportart haben, **seinen Teil zu einem gesünderen Leben beitragen und die körperliche Gesundheit erhalten**.

In den zurückliegenden Jahren war fast jeder 8. Deutsche Mitglied in einem „Gym", so dass die gesamte Branche einen größeren Mitgliederbestand als der Deutsche Fußball-Bund (DFB) hatte. Warum Fitnessstudios so gehypt werden und nicht mehr in Ruhe an der frischen Luft, zu Hause oder Eigengewichttraining praktiziert wird, verstehe ich bis heute nicht.

Ich war nie ein Freund von alleinigem Kraftsport, da dadurch ein unphysiologischer und nicht alltagstauglicher Kraft- bzw. Muskelaufbau, meist zu Ungunsten der Dynamik und Flexibilität des Körpers, erfolgt. In Fitnessstudios anderen Männern beim Schwitzen zu zusehen oder Stahlmaschinen stöhnen zu hören, ist für mich so ein Motivationskiller, dass ich nie ein Fitness-Studio-Abo besessen habe.

Fitnessstudios sind sicherlich gut geeignet, um sonst zu wenig benutzte Muskulatur, insbesondere die Rückenmuskulatur, zu stärken. Ansonsten ist, aus meiner Sicht, der Aufbau von Muskelmassen nur der Optik wegen, womöglich unter Zufuhr nicht physiologischer Mengen von Proteinen oder anderen anabolen Substanzen, nicht langfristig praktiziert ratsam und eher Zeit vergeudend. In den Phasen der aktiven Brautschau mag es zur Optik und nach außen getragenem Selbstbewusstsein beitragen. Da der Körper jedoch stetig das, was für das alltägliche Leben nicht notwendig und eher Ballast ist, wieder abbaut, muss jeder für sich hinterfragen, ob die Zeit des dafür notwendigen, wohl möglich mehrmals wöchentlichen „Pumpens" nicht besser anderweitig genutzt werden kann.

Gerade künstlich aufgebaute Muskelmassen werden im Falle von Trainingsausfall, Erkrankung oder wenn sie nicht durch die Alltagsanstrengungen weiter gefördert werden, vom Körper sofort wieder reduziert. Ist für dieses zeitlich begrenzte massenmäßige Glück nicht die (Lebens-)Zeit zu schade?

Ich glaube, dass wir nicht dafür gemacht sind, uns an Maschinen fit zu halten, verurteile aber auch die, die ihr Ritual leben und ins Fitnessstudio gehen, nicht.

Gerade in Zeiten, in denen Fitnessstudios und Sportstätten geschlossen sind, sind Trainings mit dem eigenen Körpergewicht Indoor sowie im Freien, Dehnübungen oder Yoga Möglichkeiten, körperlich und geistig fit zu bleiben.

Unter dem Aspekt der Fitness wird körperliche Fitness von psychischer Fitness unterschieden.

Körperliche Fitness erlangt man am ehesten durch Ausdauer- und Muskeltraining im Rahmen von im Wasser stattfindenden Sportarten wie Schwimmen oder Aquafitness. Regelmäßig durchgeführt kommt es zu einem ökonomischeren Kreislauf, angeführt vom Herzen. Die Lungen nehmen mehr Sauerstoff auf und stellen diesen dem Körper und den Organen zur Verfügung.

Die psychische Fitness hilft zusätzlich durch Koordinationstraining und Funsport Stress abzubauen und ein besseres Körpergefühl zu entwickeln.

Einseitige Bewegungsformen bergen die Gefahr, Bänder, Muskulatur und Gelenke zu überlasten und dadurch Abnutzungsschäden zu provozieren.

Idealerweise werden, um beide Fitnessaspekte zu trainieren, Sportarten kombiniert, um sich so vielseitig zu bewegen und ganzheitlich zu trainieren.

Egal, welchen Sport du betreiben willst, solltest du bis dato eher zu den Sportmuffeln gehört haben, ist es ratsam, vor Beginn jeglicher Sportambitionen einmal einen Gesundheits-Check bei deinem Hausarzt durchzuführen. Anhand der Untersuchungs-ergebnisse kannst du dich vor deiner Sportausübung auch von einem Fitnesstrainer beraten lassen.

Wer seine körperliche Leistungsfähigkeit verbessern möchte, der sollte vorerst nur den Umfang, also die Länge der Belastung und erst später die Intensität steigern.

Zwischen einzelnen Belastungsphasen sind gerade am Anfang oder nach einem längeren Nichttrainieren jeweils ein bis zwei Tage Erholung zur Regeneration des Körpers ratsam. Sport-Stress, weil man ja jetzt eigentlich etwas tun sollte, gilt es, wie auch anderen Stress, zu vermeiden.

Sportmedizinische Untersuchungen haben gezeigt, dass Ausdauersportarten wie Joggen, Walken, Radfahren, Schwimmen, Inline-Skaten, Aquafitness oder Skilanglaufen die beste gesundheitsfördernde Wirkung haben. Sie bereiten Spaß und können zumeist bei jedem Wetter, allein oder mit anderen und unabhängig vom Lebensalter durchgeführt werden. Allesamt sind sie schonend für den Bewegungsapparat und ohne kostspielige Ausrüstung auszuüben.

Treibe bewusst Sport und bewege dich regelmäßig, ohne deine körperlichen Grenzen wissentlich zu häufig zu überschreiten. Grundsätzlich ist es wichtig, im aeroben Bereich zu trainieren, d. h. dass die Energiegewinnung durch Sauerstoff gedeckt wird.

Zu effizienter Fettverbrennung kommt es nicht aufgrund kurzfristiger Bewegung, sondern durch gezieltes Ausdauertraining. Ein entsprechend abgestimmtes Programm, auch zur Mobilisierung bestimmter Körperfettareale wie zum Beispiel des Bauchfetts, ist im individuellen Fall am ehesten mit einem Fitnesstrainer abzustimmen.

Wenn neben einer beruflichen und möglichen privaten Belastung auch noch eine körperliche dazukommt, kreiert Sport keinen Aufbau und kein Auftanken mehr, sondern einen Erschöpfungszustand.

Wie haben Menschen sich in der vorindustriellen Zeit fit gehalten? Sie verbrachten Zeit in der Natur, bestritten Spiele oder waren im Kampf.

An der frischen Luft macht Sport und Bewegung am meisten Spaß. Letzteres ist sehr wichtig, wenn wir etwas langfristig durchführen wollen. Du kannst dich dir selbst als Kind vorstellen und fragen: Welcher Sport machte mir als Kind Spaß und wie möchte ich ihn als mein kindlicher Anteil durchführen? Nur wenn man diesen verspielten Anteil langfristig in sich begeistern kann, wird einen der Sport auch dahin führen, wo man hinwill, sei es Muskelaufbau, Gewichtsreduktion oder Verbesserung der Kondition.

Nach dem Motto „Raus aus'm Gym, rein ins Vergnügen" ist es daher meiner Sicht nach wichtig, sobald die Außentemperaturen es zulassen, Fitness samt Training ins Freie zu verlegen.

Sanfte körperliche Bewegung, regelmäßig und in Maßen ausgeübt, ist sicherlich besser für den Erhalt unseres Körpers als langfristig gelenk- und materialverschleißender Sport am Limit mit schweißüberströmtem und mit schmerzverzerrtem Gesicht.

Ich bevorzuge als Münsteraner Fahrradfahren, Spazierengehen (dabei bewusst atmen) oder gelenkschonendes Schwimmen sowie individuelles Training mit dem eigenen Körpergewicht, aber dazu später mehr.

Regelmäßig Sporttreibende sind die gesünderen Patienten, insbesondere im Hinblick auf Herz-Kreislauf-Erkrankungen.

Weitere Auswirkungen von sportlicher Aktivität auf unseren Organismus können u. a. folgende sein:

Häufig aufgrund unserer monotonen Körperhaltung bei der Arbeit bestehende Rückenschmerzen können durch gezieltes Training reduziert werden.

Durch körperliche Trägheit und Überernährung verursachter Diabetes mellitus Typ 2 lässt sich durch bessere Ernährung und sportliche Betätigung vermeiden.

Des Weiteren fördert Bewegung die Knochendichte und verzögert Gebrechlichkeit, letztlich den biologischen Alterungsprozess.

Regelmäßige sportliche Betätigung fördert außerdem den Austausch von Botenstoffen im Gehirn und kann so Schwermut, Depression und Demenz entgegenwirken.

Regelmäßiges Sporttreiben scheint zudem einen positiven Einfluss auf manche Krebserkrankungen zu haben.

Bewegung:

Nicht nur meiner Meinung nach ist es ratsamer, sich mehrmals über den Tag hinweg zu bewegen, als einmal pro Tag für eine Stunde ins Fitnessstudio zu gehen. Wenn wir uns bewegen, haben wir sofort mehr Energie, ein höheres Wohlbefinden und eine größere Leistungsfähigkeit und damit auch eine bessere Produktivität.

Körperliche Inaktivität gehört laut WHO zu den Top 10 der lebensverkürzenden Risikofaktoren. Die Nullvariante der körperlichen Aktivität ist eine häufig verbreitete Volksmeinung:

Wer nichts tut, macht auch nichts falsch!

Fakt ist, dass in der Gruppe der 18- bis 65-Jährigen > 20 % der Männer ohne wesentliche Alltagsbewegung auskommen sowie über 30 % ohne sportliche Aktivitäten leben, mit einer Zunahme in fortgeschrittenem Alter. Auch unser Alltag wird vielfach von zunehmend sitzenden Tätigkeiten dominiert.

Bewegung ist Leben und alles Leben ist in Bewegung. „Sitzen ist das neue Rauchen."

Viele unserer sogenannten Zivilisationskrankheiten würden verschwinden, wenn sich die Menschen ausreichend bewegen würden.

Unser Körper reagiert auf Bewegungsreize mit Anpassung in Form von Muskelaufbau, Kräftigung des Bewegungsapparates sowie erhöhter Fitness und Leistungsfähigkeit durch eine Verbesserung der Herz-Kreislauffunktion in Kombination mit einer besseren Ventilation der Lungen. Gegenteilig reagiert er allerdings auch auf mangelnde Bewegung.

Ursprünglich war unser Leben auf Nahrungssuche, Verteidigung, kämpferische Auseinandersetzung und Flucht ausgelegt, dadurch waren unsere Vorfahren stets in Bewegung. Bewegung war damals eine Überlebensnotwendigkeit. Bluthochdruck, erhöhte Blutfett-/Cholesterinspiegel und andere auf Bewegungsmangel zurückzuführende Krankheiten waren diesen Menschen vermutlich fremd.

Heute, in der industrialisierten Welt des 3. Jahrtausends sind wir als moderne Menschen zwar sehr mobil, dies jedoch häufig unter Einschränkungen der körperlichen Beweglichkeit.

Der Arbeits- und Lebensweise unserer modernen Gesellschaft geschuldet, ist mangelnde körperliche Bewegung eine Reaktion auf diese einen Großteil unseres Lebens bestimmende Veränderung. Der technische Fortschritt und die häufig sitzenden Tätigkeiten an Computerarbeitsplätzen erfordern immer weniger körperliche Leistungen.

Der Durchschnittsdeutsche sitzt etwa 7,5-9 Stunden am Tag und liegt zwecks Schlafs ähnlich viel, somit bleibt folglich nur ein geringerer Teil des Tages für die Fortbewegung und körperliche Betätigung übrig.

Wir müssen aufpassen, dass wir uns nicht krumm sitzen. Denn ohne ausreichende Bewegung passen sich Knochen, Gelenke, Muskeln und Bänder an die gegebene Situation an, bauen sich ab oder laufen wie ein nicht geölter Motor nicht mehr reibungslos. Wenn wir dann auf die körperlichen Dienste zurückkommen, warnt unser Körper uns mit Missgefühlen, Unbeweglichkeit oder sogar Schmerzen.

Selbst für kurze Strecken benutzen heute viele Menschen das Auto, den Bus oder die Bahn und schonen dabei den eigenen, gottgegebenen Bewegungsapparat.

Entweder bewegen wir unseren Körper oder die entstehenden körperlichen Beschwerden fangen an uns (zum Arzt) zu bewegen.

Der Weg zu gesteigertem Wohlbefinden, mehr Vitalität und einer verbesserter Konzentrations- und Leistungsfähigkeit erfolgt durch regelmäßige Bewegungsimpulse.

Sei kreativ und überleg, wie du selbst Bewegung in deinen Alltag integrieren kannst.

Ein guter Start in den Tag sind zum Beispiel einige Minuten dehnen nach dem nächtlichen Liegen. Beim Zähneputzen können die Gelenke durch kreisende Bewegungen angefangen vom Hals abwärts, über Schultergelenke, Handgelenk, Kreisen der Hüfte, ein paar Kniebeugen und Austesten der verschiedenen Bewegungsfreiräume im Sprung- und Fußgelenken auf den Tag eingestimmt werden.

Die Fahrt zur Arbeit könnte mit dem Fahrrad statt dem Auto erfolgen. Denkbar wäre auch bei einem weiteren Weg zur Arbeit das Auto 10 Minuten entfernt des Arbeitsplatzes abzustellen oder eine Bushaltestation eher auszusteigen und noch einige Schritte bewusst zu laufen.

In mehrstöckigen Gebäuden ist es ratsam, die Treppen statt einen Aufzug zu nutzen. Arbeitest du in einem mehrstöckigen Gebäude mit einem Treppenhaus, steig einige Etagen vor deiner Arbeitsebene aus und laufe die letzten Stockwerke. Gleiches gilt zu Arbeitsende, steig einige Etagen vor dem Erdgeschoss aus.

Hattest du ein stressiges Telefonat mit einem Kunden, Mitarbeiter oder Chef, lass etwas Dampf in Form einiger gymnastischer Übungen ab, nimm dir eine Hantel mit zur Arbeit oder mach einige Liegestütze.

Musst du hausintern etwas regeln, laufe, statt das Telefon zu benutzen.

Nach dem Mittagessen ist es ratsam, sich zu bewegen, einige Schritte um den Block oder in der Natur zu machen und bewusst etwas tiefer zu atmen, da ansonsten ein Großteil des Blutes mit der Magen-Darm-Tätigkeit beschäftigt ist und nicht in produktiver Menge unserem Gehirn für geistige Höchstleistungen zur Verfügung steht.

Hattest du einen anstrengenden Arbeitstag, dann betätige dich nach der Arbeit sportlich in Form von lockerem Joggen, etwas leichter Gartenarbeit oder Spazierengehen.

Den Alltagsablauf kann jeder so individuell und einfach gestalten, wie er mag, und an die jeweilige berufliche Situation anpassen.

Wenn wir zu lange unseren häufig sitzenden Tätigkeiten nachkommen, verspüren wir meist selbst unseren natürlichen Bewegungsdrang.

Nutze wenn und wann immer möglich Treppen. Du stärkst so nicht nur deinen Kreislauf und deine Beinmuskulatur, sondern verbrennst auch noch ein paar Kalorien.

Weitere Fitnesstipps für den Alltag sind häufiger mal mit dem Fahrrad statt dem Auto zu fahren und möglichst viel Freizeit in der Natur zu verbringen, natürlich aus hautärztlicher Sicht mit dem bestmöglichen Sonnenschutz. ;)

Studien von Dr. Kenneth H. Cooper, einem amerikanischen Sportmediziner und Fitnessexperten, belegten, dass ein Mangel an regelmäßiger körperlicher Bewegung für Männer sowie Frauen einen wesentlichen Risikofaktor für Erkrankungen darstellt, somit ist der präventive Wert regelmäßiger Bewegung hervorgehoben.

Schon eine moderate körperliche Betätigung (1200–2000 kcal pro Woche) steigert nicht nur das Wohlbefinden, sondern schützt auch vor Arteriosklerose, Stoffwechselerkrankungen und Darmkrebs, wobei bei den genannten Krankheiten sicherlich die entsprechende Ernährung auch einen maßgeblichen Einfluss hat.

Regelmäßige mäßige Bewegung hilft somit, körperlichen Einschränkungen vorzubeugen, vorhandene, meist einschränkende körperliche Leistungsfähigkeiten nicht weiter zu verschlimmern bzw. wieder zu verbessern.

Kernziele (körperlicher) Prävention (nach Leitfaden GKV) lauten:

1. Stärkung physischer Gesundheitsressourcen (Ausdauer, Kraft, Dehnfähigkeit, Entspannungsfähigkeit)
2. Stärkung psychosozialer Gesundheitsressourcen (Handlungswissen, Selbstwirksamkeit, soziale Kompetenzen)
3. Verminderung von Risikofaktoren (Umsetzung im Alltag: Ergonomie, Bewegung, Belastungen erkennen etc.)
4. Bewältigung von psychosomatischen Beschwerden und Missbefindenszuständen (positives Erleben von Beanspruchung)
5. Aufbau von Bindung zu gesundheitssportlichen Aktivitäten (Motivation, Gruppendynamik, „sich gut fühlen")
6. Verbesserung der Bewegungsverhältnisse (Bindung an Bewegung, Netzwerk, Kontakte)

Festzuhalten bleibt: **Tue das, was dir guttut**, nicht was in irgendeiner Fitnesszeitschrift steht oder alle machen. Der Leistungsgedanke sollte dabei nicht im Vordergrund stehen, sondern eher die Freude darüber, etwas Gutes für dich zu tun, nach dem Motto „Fit for fun".

Deine körperliche Fitness sollte von nichts anderem abhängen als von dir selbst. Kümmere dich um dich selbst, übernimm Verantwortung für dich und deine physische Gesundheit. Unser Körper ist das Einzige, was wir Zeit unseres Lebens bewohnen werden, wie unser Zuhause sollten wir diesen auch schön und gesund halten.

Häufig mangelt es schlicht und einfach an Wissen, wie der eigene Körper funktioniert und welche Möglichkeiten uns zur Verfügung stehen.

Bewegung ist wie eine Medizin, die man sich zur Gesunderhaltung regelmäßig selbst verabreichen darf. Keine menschliche Fähigkeit ist ohne eigenes Dazutun für immer da.

„Use it or lose it" oder „form follows function" sind in diesem Zusammenhang zutreffende Beschreibungen.

Nichts hilft uns besser dabei, den Kopf freizubekommen, als Bewegung. Spätestens ab 40 Jahren sollten wir dabei an die Knochen- und Gelenkgesundheit denken. Um unnötige Abnutzungen der Gelenkknorpel zu vermeiden, bieten sich Sportarten mit gleichmäßigen Bewegungsabläufen wie Schwimmen, Radfahren oder (Nordic) Walking an.

Meine Lieblingssportarten:

* Schwimmen:
Schwimmen trainiert die Muskeln, ohne die Gelenke wesentlich zu belasten, da der Körper nahezu schwerelos vom Wasser getragen wird. Die Muskeln arbeiten gegen den Wasserwiderstand, während die Belastung der Gelenke im Wasser um ca. 90 % sinkt. Durch die Bewegung beim Schwimmen und die Abgabe von Wärme an das Wasser verbrennt Man(n) beim Schwimmen je nach Schwimmstil und -geschwindigkeit bis zu 500 kcal/Stunde.
Je nach Schwimmtyp wird Kraulen-, Brust- oder Rückenschwimmen favorisiert. Delphin oder Tauchen ist eher etwas für richtige Wassermänner.
Schwimmen hilft neben dem Muskelaufbau auch dabei, Stress abzubauen. Es regt die Durchblutung (der Haut) an, kräftigt die Atemmuskulatur und fördert Kraft und Ausdauer bei nahezu keinem Verletzungsrisiko. Es ist daher auch für Menschen mit Arthrose oder Übergewicht geeignet.
Vorsicht ist geboten bei bekannter Herzschwäche, da bei einer eingeschränkten Pumpfunktion des Herzens der Rückfluss des Blutes aus den Extremitäten dieses überfordern kann. Wer mit einem Schwimmtraining beginnt, sollte dies dosiert tun und auf die Grenzen des eigenen Körpers hören. Gerade zum Erlernen der richtigen Grundtechnik empfiehlt sich die Anleitung durch entsprechendes Fachpersonal wie einen Bademeister oder Schwimmtrainer.

- Training mit dem eigenen Körpergewicht:
  Der Vorteil dieses Trainings liegt namensgebend auf der Hand. Unser Körper(gewicht) dient uns als effektivstes Fitnessgerät, das jemals entwickelt wurde. Da wir nur unser Körpergewicht für die Übungen benötigen, kann jederzeit und überall, allein oder in der Gruppe trainiert werden. Alle Muskeln und Partien unseres Körpers können alltagstauglich und zeiteffektiv beansprucht werden. Umziehen, Tasche packen und Fahrten hin zum Trainingsort und anschließend wieder nach Hause sind nicht notwendig. Wir dürfen uns das Potential des eigenen Körpers zunutze machen. Im Gegensatz zum Training mit Gewichten, bei dem meist nur einzelne Muskeln isoliert trainiert werden, fördert das Training mit dem eigenen Körpergewicht mehrere Körperpartien gleichzeitig.
  Durch das Bodyweight Training gelingt es, mehr Kraft und Energie zu entwickeln, die Ausdauer der Muskeln sowie des Herz-Kreislauf-Systems und die Koordination und Beweglichkeit zu verbessern und gleichzeitig Fett abzubauen.
  In meiner Jugendzeit allein in Form von Trimm-dich-Pfaden outdoor verfügbar, erfreuen sich heutzutage immer mehr Menschen des Calisthenics, „Street Workouts" oder Parkourtrainings a la Ninja Warrior, bei denen es auch auf eine Kombination von Fitness, Kraft und Ausdauer ankommt.

Apropos Marc Walberg (s. Abb. im Vorwort), damals vor meiner Volljährigkeit als Marky Mark, war dieser ein absolutes optisches Vorbild. Sein Lied „Good Vibrations" war samt Video legendär und ich höre es noch heute gelegentlich bei meinem persönlichen Workout.

- Fahrradfahren:
  Als Münsteraner muss dieses Hobby einfach erwähnt werden. Es dient nicht nur als ökologisches Fortbewegungsmittel von A nach B, sondern kann auch je nach Radtyp für Langstreckenfahrten verwendet werden. Wer gerne Zeit in der Natur

verbringt, kann dies beim Radfahren sogar spielerisch tun und der Tageslaune freien (Rad)Lauf lassen.

Wer regelmäßig radelt, reduziert das Risiko für Fettleibigkeit, Herzerkrankungen oder Diabetes um die Hälfte.

Es dient als Ganzkörpertraining insbesondere für die Atemwege, Gelenke und Muskulatur.

Durch das rhythmische Treten erfolgt eine gleichmäßige Sauerstoffversorgung der Lungen, dies kann Atemwegsinfekten oder sonstigen Erkrankungen vorbeugen. Das Biken verbessert außerdem die gesamte Blutzirkulation.

Neben dem Muskelaufbau vor allem der Beine, aber auch des Rückens und der übrigen Körpermuskulatur, wird der Stoffwechsel angeregt und durchschnittlich 400kcal/Stunde verbrannt. Daher ist Radfahren sowie Schwimmen geeignet, um Fettleibigkeit entgegenzuwirken. Beide sind gelenkschonender und somit dem Joggen vorzuziehen.

Durch die körperliche Betätigung an der frischen Luft und die visuellen Eindrücke der Natur werden Glückshormone freigesetzt und das Körpergefühl verbessert sich. Das regelmäßige Treten beim Radfahren stärkt die Psyche und wirkt stimmungsaufhellend. Die Gedanken hören häufig auf, sich um die Alltagsprobleme und -aufgaben zu drehen. Durch das Genießen des Hier und Jetzt gleicht Radfahren einer Bewegungsmeditation.

Gemeinsames Radeln fördert die soziale Kontaktfähigkeit und lässt einen außerdem besser schlafen. Im Gegensatz zum Schwimmen ist es jederzeit und nahezu überall möglich.

Ich selbst fahre jeden Tag mit dem Fahrrad zur Arbeit, vorausgesetzt, dass Münster-Wetter meint es nicht zu schlecht mit mir. Der Nachteil von schlechtem Wetter ist, dass die Kleidung entweder von außen durchtränkt wird oder man so unter der meist nur bedingt atmungsaktiven Funktionsbekleidung schwitzt, dass dies von innen geschieht.

Bei langen Radtouren ist aus hautärztlicher Sicht auf einen konsequenten UV-Schutz mittels Textilien und/oder Sonnenschutzcremes zu achten.

Ob E-Bikes für bisher nur bedingt Sportliche eine Bereicherung sind, stelle ich hier mal in Frage. Aber besser elektronisch unterstützte Bewegung als gar keine.

- Speckbrett:
  Speckbrett ist eine, bis auf in Berlin, nur im Münsterland beheimatete Sportart. Tennisähnlich wird diese auf Asphalt- oder Ascheplätzen auf einem Feld von 20x9 m gespielt. Der Schläger besteht aus einem nicht bespannten Holzbrett mit Griff (ursprünglich wurde ein küchenübliches und namensgebendes Speckbrett verwendet). Gespielt wird mit einem Tennisball, die Zählweise ist an Tischtennis angelehnt. Ich habe noch keinen Sportinteressierten kennengelernt, der einmal zu spielen begonnen hat und dann keinen Bock hatte, weiter zu üben und sich selbst zu verbessern.
  Im Vergleich zum Tennis wird Speckbrett quer durch die sozialen Schichten gespielt.
  Für Interessierte verweise ich im Anhang auf die informative Homepage des Speckbrettvereins Sentruper Höhe in Münster, in dem ich selbst Mitglied bin.

Alle genannten Sportarten sind mit einem überschaubaren finanziellen Aufwand zu realisieren. Festzuhalten ist, dass regelmäßige körperliche Betätigung nicht nur das körperliche Wohlbefinden steigert, sondern auch das Selbstbewusstsein stärkt.

Wichtig ist Spaß, denn nur wenn es Spaß macht, hast du auch Lust am Ball zu bleiben. Einseitiges „Kilometerfressen" oder nicht geliebtes „Kachelnzählen" beim Bahnenziehen im Schwimmbecken muss einem liegen, bei der anschließenden Dusche zu einem guten Körpergefühl beitragen und darf nicht aus Verbissenheit praktiziert werden oder weil es scheinbar für Kondition und Körper gut ist.

Letztlich gilt: Wer sich regelmäßig bewegt, ein gutes Netz an Freunden als sozialen Rückhalt hat und sich gut ernährt sowie wenig stresst, steigert seine Chancen auf Gesundheit im Alter.

Körperlicher Fortschritt führt zum Tod. Geistiges Wachstum führt zum Leben. Je eher wir uns auch auf die geistigen statt allein auf die materiellen Aspekte unseres Körpers und unseres Lebens fokussieren, desto mehr Spaß und Freude haben wir an unserem Leben im Hier und Jetzt.

Stretching/Dehnübungen und Yoga bilden einen Übergang zu meinem nächsten Kapitel, da sie einerseits eine körperliche Betätigung sind und andererseits zur Erholung beitragen können.

Meine sportliche Empfehlung lautet:

Komm in die Gänge, beweg dich! ;)

Allgemeine Empfehlungen zum Lebensstil könnten lauten:
Moderate körperliche Aktivitäten wie Spazierengehen, Fahrradfahren, Tanzen, Gymnastik mindestens 1h/Tag.
Intensive körperliche Aktivität wie Schwimmen, Laufen oder Speckbrett/Tennis mindestens 1x/Woche.

Starte in den Tag mit ein paar Dehnübungen und Stretching, um die noch trägen Glieder zu mobilisieren und auf den Tag vorzubereiten und erhöhe deinen Testosteronspiegel durch Bewegung auch über den Tag hinweg. Paare deine Bewegung mit einer gesunden Ernährung!

Als Münsteraner empfehle ich konditionsfördernd, wenn möglich, die alltäglichen Wege mit dem Rad zu bestreiten, da neben einem regelmäßigen Herz-Kreislauf-Training auch das bewusste und tiefe Atmen praktiziert werden kann. Zu einseitigen Muskelübungen würde ich aufgrund des Zeitaspekts nicht raten, da der Körper all das wieder abbaut, was er nicht für den Alltag braucht, sobald du mit dem Training aufhörst oder mal erkrankungsbedingt zu einer Trainingspause gezwungen wirst.
Ein solides Training mit dem eigenen Körpergewicht zu Hause und regelmäßige Dehnübungen halte ich persönlich für förderlicher. Ich persönlich bin ein Freund des gelenkschonenden Schwimmens, wobei ich gestehen muss, dass das monotone Kachelzählen nicht jedermanns Sache ist.

Letztlich geht es bei Sport und Bewegung stets um die Optimierung der körperlichen Energie und unsere Gesundheit. Dafür sind auch ausreichende Phasen der Erholung und Entspannung notwendig.

„Wer Zeit haben will, darf sich nicht
willenlos vom Strome der hastenden Umwelt
mit treiben lassen. Wer seinem eigenen Rhythmus
folgt, hat mehr vom Leben."

Emil Oesch

„Übe dich im Nichtstun"

Seit Beginn des 21. Jahrhunderts dominieren Hektik, Stress und Paralleltätigkeiten das Alltagsbild, die Zeit scheint an uns vorbeizurasen. Auf der Strecke bleiben dabei häufig Ruhe, Gelassenheit und innere Einkehr.

Mal ehrlich? Wie sieht das Bild eines tatkräftigen, erfolgreichen Mannes aus? Immer latent gehetzt, in Eile, „time is money", in Konkurrenzdenken und Rivalität verfangen, eher latent aggressiv, mental immer damit beschäftigt, der Beste zu sein? Erholung oder Pausen gleichen Fremdwörtern?

Die Männer dieses Kalibers, die ich bisher kennenlernen durfte, deuteten die Zeichen ihres Körpers selbst bei Herzinfarkten nicht richtig, sondern brüsteten sich stattdessen sogar noch mit der Tatsache, dass sie schon so oder so viele Bypässe hatten. Sie nahmen womöglich auch den Heldentod bereits in jüngeren Jahren (als notwendig) in Kauf, nur um ihr erfolgreiches Bild von sich, alleinig kopfgesteuert zu realisieren.

Aber wie handhaben wir Erholung? Kümmern wir uns nur um unser körperliches Training oder auch um unser geistiges Wohlergehen, unser Bewusstseinstraining und erlauben uns auch zu entspannen?

Wie ihr bereits gemerkt habt, bin ich ein Freund von Sprichwörtern. Sie machen mich nachdenklich und halten mir stets vor Augen, dass das gesamte Wissen bereits existiert, es nur an uns liegt, es zu erschließen bzw. uns zu erinnern.

Marcus Tullius Cicero, ein römischer Philosoph, Schriftsteller und Politiker wusste bereits vor Christi Geburt: „**Um lange zu leben, lebe langsam.**"

Und das Leben ist seitdem deutlich turbulenter und schnelllebiger geworden.

Es ist häufig, im Kontrast zu unserem getriebenen Alltag, körperlich wichtig, einfach nur da zu sein, den Moment an dem Punkt im **Leben**, wo man gerade steht, so banal es sich anhören mag, einfach zu erleben und **bewusst** zu **genießen**. Es gleicht heute einer Kunst, sich bei all dem Trubel und der omnipräsenten Ablenkung zu entspannen.

Oft entstehen die genialsten Einfälle in Zeiten der Ruhe, in den sich Kopf und Körper entspannen können.

Körperliche Ruhephasen erlangt Man(n) in der Regel aber nur durch Schlaf. Sonst sind wir meist beruflich oder familiär eingebunden oder anderweitig umtriebig.

Während Sport eher dem körperlichen Training, der Entlastung oder dem Abschalten vom Alltag dient, dient Erholung der Regeneration des Körpers.

Zeit für entspannende Spaziergänge oder Wellness ist eher Mangelware, außer Man(n) entscheidet sich bewusst, sich dafür die Zeit zu nehmen.

Wie auch sonst im Leben zählen Schwarz und Weiß, Yin und Yang, Arbeit aber auch Ruhephasen und loslassen können. Methoden der Entspannung und Selbstbeeinflussung waren schon im Mittelalter bekannt, z.B. in der indischen Yogalehre oder der japanischen Zen-Meditation.

Während sich der eine allein durch Nichtstun erholt, nutzen andere Wellness, Massagen oder Urlaube, um sich zu regenerieren bzw. aufzutanken. Letztgenannte Möglichkeiten sind an äußere Umstände gebunden, im Folgenden möchte ich Übungen oder

Gegebenheiten des Alltags beleuchten, für die du kein Vehikel oder Utensil benötigst.

In Anlehnung an Elvira von Ostheim sollten wir uns vergegenwärtigen, dass die Hektik unserer Zeit uns unermüdlich eilen lässt. Sollten wir nicht ab und zu Rast einlegen, damit unsere Seele uns wieder einholen kann?

Welche verschiedenen Möglichkeiten zur Rast und Entspannung sind dir geläufig?

6.1 Bewusstes Atmen

„Du wirst leiden, solange du eine emotionale Reaktion auf alles hast, was zu dir gesagt wird. Wahre Kraft liegt darin, dich zurückzulehnen und die Dinge mit Logik & Ruhe zu beobachten.
Wenn Worte dich kontrollieren können, bedeutet das, dass jeder dich kontrollieren kann. Atme durch und erlaube, manches einfach loszulassen."
Bruce Lee

Wir atmen als Erwachsene in Ruhe etwa 12-16x/min ein und aus, häufig allerdings nicht bewusst und zu flach. Die richtige Atemtechnik ist ausschlaggebend für die optimale Synchronisierung der Rhythmen des Herzschlags, der Atmung und des Blutdrucks.

Ich möchte dich bitten, dir einen Moment Zeit zu nehmen, um nun einmal bewusstes Atmen mit mir zu üben:
Leg dafür bitte deine linke Hand mittig auf den Brustkorb und deine rechte Hand auf deinen Bauch.
Setze dich entspannt hin und schließe, wenn du willst, deine Augen.
Atme bewusst durch die Nase etwas tiefer als gewöhnlich ein- und anschließend wahlweise durch die Nase oder den Mund wieder aus. Ein und aus, ein und aus ...

Kannst du die körperliche Empfindung jedes Atemzugs spüren?

Beim Einatmen geht der Bauch raus, beim Ausatmen zieht sich der Bauch wieder ein.

Spürst du, wie die Luft durch deine Nase und deinen Mund fließt? Atmest du schnell oder langsam?

Wie riecht die Luft, die du einatmest? Fühlt sie sich warm oder kalt an?

Beobachte bewusst das Verhältnis zwischen der Länge deines Einatmens und Ausatmens.

Nimm wahr, wie das Ein- und Ausatmen untrennbar zusammengehören.

Atme einige Male bewusst ein und aus und nimm dich wahr.

Öffne nach einer Zeit, die für dich angenehm ist, wieder deine Augen.

Nimmst du deine Atmung nun bewusster wahr?

Bei der sogenannten Quadrat- oder Boxatmung konzentriert man sich in folgender Weise auf seinen Atem:

Es wird durch die Nase eingeatmet und dabei innerlich bis drei gezählt. Im Anschluss wird der Atem ohne Anstrengung für drei Sekunden angehalten, bevor ebenfalls drei Sekunden ausgeatmet wird. Auch nach der Ausatemphase erfolgt ein dreisekündiges Anhalten des Atems. Gedanklich soll man dabei den Außenkanten eines Quadrates oder einer Box folgen.

Man(n) ist nicht darin geübt und es nicht gewohnt, in sich hineinzuhorchen. Evolutionär auf der Jagd oder im Kampf konnte wenig Rücksicht auf unsere Befindlichkeit genommen werden und es gab keine Zeit um innezuhalten.

Unser Atem dient auf der materiellen Ebene der Aufnahme von Sauerstoff, auf der mentalen Ebene der Synchronisierung von Schwingungen. Es werden Gefühle erzeugt, die es uns ermöglichen, unseren Alltagstrott für eine gewisse Zeit bewusst zu unterbrechen.

Je bewusster wir uns Zeit nehmen ein- und auszuatmen, desto eher schenken wir uns selbst inneren Frieden und Erholung.

6.2 Meditation

Medi... was? Aus meiner Erfahrung als Dozent/Übungsleiter für Meditation weiß ich, dass das Thema Meditation in unserer westlich orientierten Leistungsgesellschaft (noch) schwerer „an den Mann zu bringen" ist.

Zumeist denken Männer, dass sie keinen Zugang zu sich in Stille brauchen oder ihre Männlichkeit am Eingang eines Meditationskurses abgeben müssten. Dass in entsprechenden Kursen aber ein Bewusstsein für die zumeist zu flache und unbewusste Atmung geschaffen, Versorgung mit Sauerstoff gewährleistet sowie eine Achtsamkeit für ein bewusstes Wahrnehmen des Körpers vermittelt werden, entzieht sich der Kenntnis der meisten.

Gerne gebe ich an dieser Stelle ein Zitat von Augustinus, einem Bischof und Regierungssprecher im römischen Kaiserreich um 400 n. Chr., wieder, der sagte:

„Die Menschen machen weite Reisen, um zu staunen: über die Höhe der Berge, über die riesigen Wellen des Meeres, über die Länge der Flüsse, über die Weite des Ozeans und über die Kreisbewegung der Sterne. An sich selbst aber gehen sie vorbei, ohne zu staunen."

Meditation ist eine in vielen Religionen und Kulturen ausgeübte Praktik, die das Ziel verfolgt, durch Achtsamkeits- und Konzentrationsübungen den Geist zu beruhigen und zu sammeln. Während im Glauben das Anbeten Gottes im Außen praktiziert wird, ist Meditation für mich die Wahrnehmung von Göttlichkeit einem selbst.

Der Begriff Meditation stammt vom lateinischen meditatio oder altgriechischen medimai, was so viel bedeutet wie „nachdenken, nachsinnen, überlegen".

Nicht reden, nicht denken, nicht handeln – nur spüren, in Kontakt mit sich selbst sein.

Es gibt viele Formen und Techniken der Meditation. In den letzten Jahren ist unzählige Literatur zu dem Thema veröffentlicht worden und gewiss sind auch viele Informationen im Internet erschienen.

Für mich ist die stimmigste Einteilung die in körperlich passive/kontemplative und aktive Meditationen.

Zu den körperlich passiven/kontemplativen Meditationen zählen:
- Stille- oder Ruhemeditation in Form der Selbstwahrnehmung und Vertiefung im Schweigen
- Achtsamkeits- oder Einsichtsmeditation wie die traditionell buddhistische Vipassana- und Zazen-Meditation sowie die westliche achtsamkeitsbasierte Stressreduktion, MBSR (s. u.), die das Ziel der vollkommenen Achtsamkeit für die geistigen, emotionalen und körperlichen Phänomene im gegenwärtigen Augenblick verfolgt.
Nicht wertendes und absichtsloses Gewahrsein im Hier und Jetzt. Als bekanntes Beispiel ist der sogenannte Bodyscan oder die Körperreise zu nennen.
- Konzentrationsmeditationen, bei denen man seine Konzentration auf den Atem, einen Gegenstand, ein imaginiertes Bild oder ein Mantra (Heilvers) richtet, mit dem Ziel der Ausschaltung bzw. Ersetzung des alltäglichen Gedankenflusses, um dadurch eine tiefe Beruhigung des Geistes zu erreichen.

Dem gegenüber stehen die körperlich aktiven Bewegungsmeditationen: Gehmeditation und Meditation in Bewegung mit Musik.

Welche wissenschaftlichen Erkenntnisse gibt es zum Thema Meditation?

Die Meditationsforschung hat gezeigt, dass es zu Veränderungen der Hirnwellen, zur Verlangsamung des Herzschlags und zum Absinken des Blutdrucks kommt.

Richard Davidson entdeckte 2004 bei tibetischen Mönchen vermehrte Aktivitäten im Stirnlappen des Gehirns mit einer mehr als 30-mal stärkeren Ausprägung der Gamma-Wellen.

Ott und Lazar bestätigten in ihrer Forschung eine erhöhte Nervenzelldichte im orbitofrontalen Cortex, also in dem über den Augen gelegenen Vorderhirn, der Bereich des Gehirns, der für kognitive und emotionale Prozesse und unser Wohlbefinden wichtig ist.

Weitere positive Wirkungen sind eine Verbesserung der Körperwahrnehmung und Konzentration, Stressreduktion, eine Stärkung des Immunsystems, Lösung muskulärer Verspannungen und ein reduziertes Schmerzempfinden.

Peter Sedlmeier, ein Chemnitzer Psychologieprofessor, hat in seinem Buch *Die Kraft der Meditation* das meiste, was die Wissenschaft zum Thema Meditation erforscht hat, zusammengetragen.

Wer bis dato unwissend war oder weiter wissensdurstig ist, für den ist zum Einstieg in das Thmea möglicherweise die 20-seitige Beschreibung auch zu den religiösen Wurzeln, den fernöstlichen und christlichen Traditionen sowie Metanalysen bei Wikipedia lesenswert.

Sehr spannend zu diesem Thema finde ich auch die Beiträge von Dr. Joe Dispenza in der Literatur und dem Internet.

Was bleibt als Fazit festzuhalten?

Wir sind viel im Außen, müssen bei unserer Arbeit funktionieren und sind Spannungsmomenten in unserem sozialen Umfeld ausgesetzt. Meditation bietet uns die Möglichkeit „uns nach innen zu wenden" mit dem Ziel, unser allgemeines Wohlbefinden zu unterstützen, in Stille sein zu können und selbst zu unserer Stressreduktion und Entspannung beizutragen.

Daher empfiehlt mittlerweile auch die westliche Medizin Meditation als Entspannungstechnik.

Meditation ist für mich zu einer Herzensangelegenheit geworden und hat mir neue Horizonte eröffnet. Ich durfte in meinen Mediationsgruppen mit Studenten bis hin zu Rentnern Erfahrungen sammeln und war stets überrascht, wie rasch sich teils anfängliche Vorurteile in Luft auflösen und für den Einzelnen wie die Gruppe gewinnbringenden Selbsterfahrungen weichen durften.

Meditation ist für viele Leute, hoffentlich auch für immer mehr Männer, eine Quelle der Ruhe, des Friedens, des Sich-selbst-Erfahrens und -Verstehens, und dies mittlerweile nicht nur im östlichen Teil der Welt, sondern zusehends auch auf der westlichen Erdhalbkugel. Meditieren lässt uns entspannen, statt den Tag zu zergrübeln.

Für bis dato nicht Meditierende, aber Interessierte stelle ich nachfolgend den Link zu meiner Lieblingsmeditation zum Thema **„Lebe dein Potential"** zur Verfügung. Ich würde mich freuen, wenn du einfach mal hineinhörst und dir die 20 Minuten Zeit schenkst, um die Mediation auch auf dich wirken zu lassen.
https://www.youtube.com/watch?v=rJNA7G1URcg

Abb.7: Meditation im Alltag

6.3 Schlaf

Aufgrund unserer Arbeitsgewohnheiten, Schichtdiensten und Stress sind unregelmäßige Schlafgewohnheiten nicht selten. Schweres Essen oder Alkoholkonsum vor dem Zubettgehen senken zudem die Schlaftiefe.

Zur Regeneration des Körpers empfehlen sich mindestens 6 Stunden Schlaf mit einem Schlafbeginn möglichst vor Mitternacht.

Vor dem Schlafengehen sollten wir bewusst mit dem vergangenen Tag abschließen. Alles Trübe und alle negativen Gedanken oder Reizfaktoren sollten wir bildlich mit der Kleidung abstreifen oder mit dem Duschen abwaschen, so dass wir uns beim Einschlafen ausschließlich auf Ruhe und innere Zufriedenheit konzentrieren können.

Nach dem Motto: Nichts und niemand bringt mich aus meiner Ruhe. Wenn ich vor Energie strotze, bin ich charismatisch und alles am nächsten Tag Folgende, alles in meinem Leben ist sehr einfach.

6.4 Weitere Möglichkeiten zu entspannen sind:

* Autogähnes ;) Training
  Autogenes Training, das Training für autogene, von innen heraus erzeugte Entspannung, ist ein auf Autosuggestion basierendes Entspannungsverfahren, das 1926 vom Berliner Psychiater J.H. Schultz aus der Hypnose heraus entwickelt wurde. Jenseits von buddhistischen oder östlichen Einflüssen schuf er eine Technik unabhängig vom jeweiligen kulturellen Umfeld oder von Weltanschauungen, damit Menschen in der Lage sind, einen Zustand tiefer Entspannung mit der alleinigen Hilfe ihrer Vorstellungskraft zu erreichen.

Die Praktik kann sitzend oder liegend durchgeführt werden und umfasst in der Grundstufe 7 Übungen: Nach dem Ruhe-Rapport zum Einleiten der Entspannung folgt das Erleben der eigenen

Schwere und Abgabe des Körpergewichtes an die Unterlage sowie das Wahrnehmen und die Ausbreitung wohliger Wärme im Körper. Die folgenden Schritte der Organübungen umfassen die Konzentration auf den Atem zur Vertiefung der inneren Ruhe und auf den Solarplexus, das sogenannte Sonnengeflecht in unserem Bauchraum, zur Entspannung der inneren Organe. Die anschließende Herzformel reguliert den Blutdruck- und Herzkreislauf, abschließend folgt eine Suggestion der Stirnkühle zur Entspannung des Kopfes und Gesichtes mit dem Ziel, für mentale Klarheit zu sorgen.

Ursprünglich wurde autogenens Training im Rahmen psychotherapeutischer Settings eingesetzt. Heutzutage dient es zur Erhöhung der allgemeinen Lebensqualität, zur Stressreduktion, Verbesserung sportlicher oder geistiger Leistungen und zur Steigerung der Leistungsfähigkeit.

- MBSR – Mindfulness-based stress reduction, auf Deutsch Achtsamkeitsbasierte Stressreduktion, wurde von dem Molekularbiologen Jon Kabat-Zinn in den späten 1970er Jahren in den USA entwickelt. Es ist ein Programm zur Stressbewältigung durch Lenkung der Aufmerksamkeit und Achtsamkeitsübung.

Das Programm umfasst folgende Übungselemente:
- achtsame Körperwahrnehmung (Body-Scan)
- das bewusste Ausführen von „Yogastellungen" (Asana)
- das Kennenlernen und Einüben des „Stillen Sitzens", der sogenannten Sitzmeditation (Zazen)
- das achtsame Ausführen langsamer Bewegungen, wie der traditionellen Gehmeditation (Kinhin)
- eine dreiminütige Achtsamkeitsübung (Breathing-Space)
- die Aufrechterhaltung der Achtsamkeit auch bei alltäglichen Tätigkeiten.

Bei allen Übungen steht das nicht-wertende Annehmen dessen, was im Augenblick wahrnehmbar ist, im Vordergrund.

- Progressive Muskelentspannung nach Edmund Jacobson
  Dabei handelt es sich um ein Entspannungsverfahren, bei dem durch die willentliche und bewusste An- und Entspannung bestimmter Muskelgruppen ein Zustand tiefer Entspannung des ganzen Körpers erreicht werden soll. Die Konzentration wird dabei auf den Wechsel zwischen Anspannung und Entspannung und die damit einhergehenden Empfindungen gerichtet.
  Ziel des Verfahrens ist es, muskuläre Entspannung herbeizuführen, wann immer dies gewünscht ist, und körperlicher Unruhe entgegenzusteuern.
  Eingesetzt werden kann dieses Verfahren zur Vorbeugung oder Reduktion von Stress, zur Reduzierung muskulärer Schmerzzustände, insbesondere von Kopf- und Rückenschmerzen, und zur Reduktion erhöhten Blutdrucks und Schlafstörungen.

- TaiChi (Chuan)
  Das sogenannte Schattenboxen ist eine ursprünglich in China entwickelte Kampfkunst, deren bewusst ausgeführte Bewegungsabläufe mittlerweile auch in der westlichen Welt als innere Kampfkunst sowie System der Bewegungslehre oder der Gymnastik immer häufiger praktiziert werden. Mittlerweile dient es nicht nur in der Traditionellen Chinesischen Medizin der Gesundheit, Persönlichkeitsentwicklung und der Entspannung.

- Qi Gong
  Diese chinesische Meditations-, Konzentrations- und Bewegungsform dient zur Kultivierung des Körpers und Geistes und umfasst auch Atemübungen. Die Übungen sollen der Harmonisierung und Regulierung des Qi-/Energie-Flusses im Körper dienen.

- Yoga
  Die geistigen und körperlichen Übungen und Praktiken des
  Yoga stammen aus Indien und dienen zur Einswerdung mit dem
  Bewusstsein. Sollte jemand von euch wirklich noch nie etwas
  über Yoga gelesen oder von seiner Frau erzählt bekommen haben, gibt es mittlerweile erfreulicherweise zahlreiche visuel-
  le Erläuterungen, speziell auch für uns Männer, auf Youtube.

Ich habe die Erfahrung gemacht, dass das Einhalten strikter Vorgaben der oben genannten Entspannungsverfahren bei uns Männern eher dazu führt, dass wir nicht gewillt sind, sie regelmäßig
in unserem Alltag durchzuführen. Aus meiner Sicht ist es daher
vorzuziehen, sich die Aspekte, die einen ansprechen und spürbar
zur Erholung beitragen, anzueignen und zu einem individuellen
Entspannungsprogramm je nach Zeit und Lust zusammenzubauen.
   Wenn du eher geregelte Abläufe in einem festen Rahmen
brauchst, gibt es sicherlich auch in deiner Stadt oder Umgebung
Kursangebote an der Volkshochschule oder bei privaten Anbietern.

6.5 Weitere Anregungen, um zur Ruhe zu kommen:

- Spazierengehen/Zeit in der Natur verbringen
  Beim bewussten Gehen die uns umgebende Natur auf uns
  wirken zu lassen, trägt zur Ruhe bei, da wir aus ihr entstammen und sie unserem eigentlichen Naturell entspricht. Nur
  der Mensch hat so viele künstliche Einflüsse kreiert und sich
  dadurch von sich selbst und seiner wahren Natur entfernt.

Viele nutzen Reisen oder müssen sogar verreisen, um sich entspannen zu können. Ich habe für mich die Erfahrung gemacht,
dass es Spaß macht, Zeit am Meer oder in den Bergen zu verbringen, und lebenswert ist, andere Menschen und Kulturen kennenzulernen, um auf diese Weise sein Wissen und seinen Horizont zu erweitern. Häufig ist aber gar kein Tapetenwechsel und

keine Action im Außen notwendig, um die nachhaltigere Erholung, die Reise nach Innen anzutreten.

- Gartenarbeit:
  Auch dabei kann die Verbundenheit mit der Natur gespürt werden. In der Erde zu wühlen trägt neben der körperlichen Betätigung auch zur Erholung bei.

- Wechselwarmes bzw. kaltes Duschen:
  Es wirkt kreislaufbelebend, durchblutungsfördernd und aktiviert den Stoffwechsel. Morgendlich angewandt ergänzt mit einer schönen Tasse Kaffee oder Tee ist es für mich der beste Start in den Tag. Neben den genannten Aspekten fördert es die Achtsamkeit, verbessert die Kälteresistenz und wirkt schmerzlindernd. Bei abendlicher Anwendung verbessert es außerdem die Schlafqualität.

Gleiches gilt für
- Entspannungsbäder
- Musik hören
- Einfach mal abhängen.

Aber wem erzähl ich das?
Das weisst du bereits schon selbst.
Ich schreibe dies aber trotzdem mit Freude, um es zu deiner Erinnerung, Erholung und Entspannung nochmal auf Papier gebracht zu haben.

In Zeiten des Alltags und des Stresses fokussieren wir uns oft auf das Negative. Dagegen gilt es das Positive, **das Gute im Leben hervorzuheben und das Schöne** zu **würdigen und es sich jeden Tag auf's Neue bewusst** zu **machen.**
Es ist daher wichtig, **regelmäßig zur Ruhe** zu **kommen, sich selbst Zeit** zu **nehmen** und Ruhe einkehren zu lassen.

Nach dem Motto: „Jetzt bin ich wichtig, alles herum darf warten."

Mein entspannter Rat:

Lasst uns unsere Bewusst-seins-Entwicklung bewusst leben, anstatt Zeit durch äußerliche Ablenkungen wie das Internet, Fernsehen, Handyaktivitäten oder Computerspiele zu vergeuden.

Eingesperrt in unser eigenes Bild von Männlichkeit sind viele von uns nicht in der Lage, jene (voran genannten) Stress reduzierenden Verhaltensweisen, die einen wieder ins Gleichgewicht bringen könnten, zu leben.

Dabei ist Rückzug, der Ruhe zu bieten vermag, essenziell, um über sich und seine Lebensumstände nachzudenken, zu reflektieren und konstruktive, gesundheitsfördernde Rückschlüsse und sinnvolle Ziele abzuleiten.

Nimm dir Zeit, lass (die immer scheinbar wichtigen, zu erledigenden Dinge) los und die Zeit einfach mal geschehen.

Werde dein eigener Coach durch bewusste Integration von entspannenden Momenten und Maßnahmen in deinen Alltag und betrachte **Verabredungen mit dir selbst** als genauso wichtig wie berufliche Termine oder anderweitige Verpflichtungen.

Habe Mut zum Rückzug und zum freiwilligen Alleinsein. Nur aus der Ferne ist Überblick möglich, nur Distanz kreiert manchmal die Voraussetzung für bewusstes, zielgerichtetes Handeln.

„Liebe fühlt sich wie Ankommen an, wie nach einer langen Reise nach Hause kommen. Aber nicht an einen Ort, sondern bei einem Menschen."

Nicht bekannt

„Vom Partner geschafft?"

„Gott schuf Mann und Frau ... und er sah alles, was er gemacht hatte, und siehe da, es war gut."
Die Schöpfung – Erstes Buch Mose, 1, 27-31

Partnerschaft bezeichnet eine sexuelle und soziale Bindung zwischen zwei Menschen, wobei wiederum Liebes- und Lebensgemeinschaften, gleich- wie zumeist gemischtgeschlechtliche Gemeinschaften und als Krönung der Zweisamkeit;) Ehen unterschieden werden.

In menschlichen Beziehungen nimmt der Mann zumeist die Rolle ein, für die Frau sorgen zu wollen und dafür ihre Liebe zu empfangen. Im Tierreich ist das oft anders. Aber egal ob Bonobo, unser nächster Verwandter, oder Homo sapiens, primär geht es immer darum, sich fortzupflanzen. Auch eine Partnerschaft ist zumindest in ihrem Ursprung sexuell motiviert.

Monogamie ist nicht durch das Christentum entstanden, erfuhr dadurch aber eine starke sittliche Begründung und ist in der westlichen Welt daher meist vorherrschend.
Der Ehe als kirchliche „natürliche" Einrichtung zwischen Mann und Frau steht die Zivilehe als führend ökonomisches bzw. gesellschaftliches Konstrukt gegenüber.

Seit dem 01.08.2017 können nicht nur Mann und Frau, sondern auch gleichgeschlechtliche Paare in Deutschland heiraten. Das durchschnittliche Heiratsalter liegt in Deutschland bei etwa 33 Jahren. 2019 wurden 416.324 Ehen geschlossen, nach Konstellation der Ehe 402.303 gemischtgeschlechtliche, 6.815 gleichgeschlechtliche männliche und 7.206 weibliche.

Dem gegenüber steht eine Scheidungsquote von etwa 36 % im selben Jahr. Im Vergleich dazu lag diese 1960 noch bei nur 11 %. Jede 3. Ehe zerbricht in den 40ern und Scheidungen erfolgen im Durchschnitt 15 Jahre nach der Eheschließung. Viele suchen in der Paarbeziehung ihr individuelles Lebensglück, jedoch tragen etwa die Hälfte aller Paare ihre Beziehung (leider) frühzeitig zu Grabe.

Aufgrund der überwiegenden Anzahl der Beziehungen zwischen Mann und Frau beschränke ich die nachfolgende Ausführungen vereinfachend auf gemischtgeschlechtliche Partnerschaften.

Es ist nicht verwunderlich, dass nach der Eheschließung, der Hoch-Zeit, auf die viele, meist Frauen, hinfiebern, das höchste der Gefühle auch meist schon hinter Paaren liegt. Bis auf familiäre Highlights wie die Geburt gemeinsamer Kinder geht es für viele Paarungen anschließend nur noch stetig bergab. Grund dafür ist, dass beide Beteiligten, anfangs innig Liebenden, sich in der Partnerschaft einfach hängen lassen – Frauen häufig äußerlich, Männer emotional, es kann aber auch genau umgekehrt sein.
Ich weiß, dass das schonungslos ist, aber so ist es zumeist nun mal.

Aber warum geht die Begeisterung der Kennenlernzeit verloren?

An einem bestimmten Punkt im Leben schaut Man(n) sich um und sieht, wo er steht. Dann geht er auf Brautschau und vertraut darauf, die passende Partnerin anzuziehen, im festen Glauben an einen gemeinsamen Weg. Utopisch scheint ein lebenslanges Eheversprechen besonders dann, wenn einer oder beide, der einander Suchenden, sich selbst noch nicht gefunden haben und noch auf ihrem individuellen Findungsweg sind.

Auch Beziehung und Partnerschaft ist ein Thema, das wir nicht in der Schule gelernt haben.

Da auch Eltern häufig nicht die glorreichsten Vorbilder waren, tun sich viele Paare schwer, entscheiden sich nach Zeiten der Zweisamkeit womöglich für ein neues Beziehungskonstrukt, in dem Glauben, dort etwas anderes, passenderes Besseres zu finden, anstatt gemeinsam die **Liebesenergie in** der ursprünglichen **Beziehung aufrecht** zu **erhalten.**

Aufgrund des häufigen Mangels an Selbstliebe fängt eine Beziehung meist bei einem selbst an.

Sie stellt für die meisten ein Problem dar, da sie seit der Kindheit und von ihren Eltern nicht gelernt haben, wie eine gesunde Beziehung funktioniert. Um eine Partnerschaft leben zu können, muss ich **mich** zuerst einmal **selbst lieben** und auch allein gut leben können. Sonst birgt sich in mir das Potential, ausgenutzt zu werden oder die Gründe meiner Unzufriedenheit im Partner zu suchen, aufgrund fehlender Eigenliebe.

Wenn ich mich selbst nicht toll und schön finde, wird dieses emotionale Loch auch nur vorübergehend kaschiert, aber nie durch einen Partner gestopft werden können.

Es ist wichtig, sich nicht in Bedürftigkeit an den Partner zu klammern, sondern immer wieder auch dem anderen Raum zu geben. Immer zu leben und leben zu lassen.

Ein häufiger Fehler in einer gerade jungen Liebe ist zu denken, dass unser Partner, da wir uns ja angezogen haben und lieben, auch wie wir denkt, fühlt und handelt.

Wenn wir lernen zu verstehen, wie sich Mann und Frau unterscheiden, können wir unnötige Auseinandersetzungen und Enttäuschungen vermeiden. Es gilt uns in unserer Andersartigkeit anzunehmen, wertzuschätzen und einen gemeinsamen Weg gehen zu dürfen.

Letztlich müssen wir uns, wenn wir ernsthaft an einer langandauernden Beziehung interessiert sind, als Paar jeden Tag neu entdecken, ein bisschen besser verstehen lernen und glücklicher zusammenleben. Wesentliche Aspekte in einer Beziehung sind Zuhören, Akzeptanz, gemeinsame Zeit, Erotik, aber auch Abstand und Freiheit.

Wie alles im Leben ist auch eine Beziehung ein Geben und Nehmen. Wenn wir Liebe geben, kann diese auch erwidert werden. Eigentlich ist es wie beim Sport: Wenn ich viel Zeit in die Partnerschaft investiere, wird sie gut. Auch in einer Beziehung gibt es Fehlschläge oder man liegt am Boden, aber auch hier gilt es aufzustehen und am Ball zu bleiben. Übung macht eben in allen Aspekten des Lebens den Meister.

Wichtig erscheint mir auch nicht zu vergessen, welchen Einsatz man am Anfang einer Beziehung auf sich genommen hat. Schon Tage vor einem Treffen hatte man Schmetterlinge im Bauch, hat sich überlegt, was man anzieht und ob man ihr eine kleine Aufmerksamkeit oder Blumen mitbringt. Diese Spannung und Aufmerksamkeit gilt es auch im Alltag, nach 10, 20 oder 30 Jahren Ehe immer wieder abzurufen.

Beim Menschen in der westlich orientierten Welt ist der Donjuanismus auch aus evolutionärer Sicht der Monogamie in Zweisamkeit gewichen, auch wenn viele Beziehungen auf beiden Seiten daran kranken und man mehr schlecht als recht damit alt wird.

Ursprünglich galt als echter Mann, wer stark ist und seine Familie ernährt. Frauen von heute wünschen sich uns aber nicht nur als materiellen Versorger und Beschützer, sie wünschen auch emotional versorgt zu werden. Ebenso erwarten wir von einer Frau oft mehr, als nur Hausfrau und Mutter unserer Kinder zu sein. Wir wünschen uns, dass unsere emotionalen Bedürfnisse erfüllt werden, ohne dass wir dabei bemuttert oder wie ein Kind behandelt werden.

Der Eintritt in den Ehestand ist rein körperlich langfristig von Vorteil, da die Sterblichkeit bei unverheirateten Männern höher ist. Häufig steht aber die Selbstverwirklichung des Einzelnen über einer langfristigen Partnerschaft. Die Lösung scheint keine Selbstaufgabe oder Scheidung zu sein, sondern zu lernen, **eine Partnerschaft** zu **führen, in der beide Erfüllung finden.**

In einer erfolgreichen Beziehung existiert ein ausgewogenes Verhältnis von Arbeit und Spiel sowie Alleinsein und Gemeinsamkeit.

Beim Partner vorauszusetzen, dass er sich, nur weil er einen Ring am Finger trägt, automatisch geliebt fühlt, ist ein Irrglaube. Mit der Zeit erscheint uns unser Partner wie eine Selbstverständlichkeit. Wir vernachlässigen die Beziehungspflege, die kleinen Aufmerksamkeiten im Alltag, Komplimente und unsere Frau auszuführen. Im Gegenzug reagiert sie mit Liebesentzug.

Wir sollten nicht die Fehler beim anderen suchen, sondern uns darauf konzentrieren, warum wir unsere Partnerin lieben gelernt haben.

Männer sind teils nicht aus einem Mangel an Liebe oder Leidenschaft zurückhaltend, sondern eher aufgrund von Unsicherheit und Angst. Auch wir haben in unserer Entwicklung Zurückweisungen, sei es von Eltern, Lehrern oder Vorbeziehungen, erfahren.

Ja, auch wir haben Ängste! Wenn wir aber lernen, sie (einander) zu kommunizieren, und uns ihnen stellen, kann es sein, dass daraus ungeahnt eine Stärke hervorgeht.

Die Grundlage aller glücklichen Beziehungen ist gute Kommunikation, und alle Beziehungen, die scheitern, tun dies aufgrund schlechter Verständigung. Meist beginnen Schwierigkeiten in einer Beziehung mit mangelnder gegenseitiger Mitteilung, aus der zwischenmenschliche Disharmonien folgen, die häufig in nicht gelebter Sexualität enden.

Wertschätzende Kommunikation ist daher eine wichtige Säule jeder Beziehung. Der Unterschied liegt nur in der Häufigkeit des Wunsches nach Kommunikation.

Mehreren Studien zufolge sprechen Frauen durchschnittlich 5.000 Wörter mehr/Tag als Männer. Männer bieten in Gesprächen als Macher oft Lösungen an, dabei möchten Frauen oft nur, dass Man(n) ihnen einfach mal zuhört. Während Frauen ihre Gefühle verarbeiten, indem sie darüber reden, beschäftigen Männer sich eher, um in Ruhe über ihre Gefühle nachdenken zu können. Daher sind Frauen klug beraten, uns in Ruhe zu lassen, wenn wir wütend sind, und uns nicht in ein Gespräch mit

Streitpotential zu verwickeln. Wir melden uns schon, wenn wir wieder bereit sind zu reden. Wenn wir bereit sind zuzuhören, sollten wir unserer Partnerin Raum und Zeit geben, ihrem Anliegen bzw. Ärger Luft zu machen. Eine Frau, die vorwurfsvoll über etwas spricht, will eigentlich nur Mitgefühl und gehört werden.

Wenn Kommunikation zu entgleisen droht, ist eine Unterbrechung ratsam, da ansonsten beide, von ihrem Ego getrieben, dazu tendieren, gewinnen zu wollen. Verletzter Stolz macht die Bereitschaft zunichte, sich mit einem Problem konstruktiv auseinanderzusetzen. Wenn Streit droht, ist es hilfreich, innezuhalten und sich das Gespräch aus der Sicht des Partners oder einer neutralen Beobachterposition vorzustellen. Diese Erkenntnisse gilt es einander dann freundlich und respektvoll statt laut und vorwurfsvoll mitzuteilen. Es geht nicht um ein Rededuell, in dem man als Gewinner hervorgehen muss, sondern um die Klärung unterschiedlicher Ansichten. Auch wenn es uns Männern nicht liegt, über unsere Gefühle zu sprechen, so lohnt es sich in diesem Fall, über unseren Schatten zu springen. Auch hier gilt: Wie wir geben, so werden wir, vielleicht an anderer Stelle, bekommen.

Gleiches gilt für das Vergeben, wenn mal etwas nicht so gelaufen ist, wie man es sich vorgestellt hat, oder man verletzt wurde. Statt wie ein bockiger Junge den Kontakt zu meiden, müssen wir uns eingestehen, dass wir, Mann wie Frau, nicht perfekt sind und Fehler machen dürfen. Wenn wir beim Sport oder bei der Arbeit einen Fehler machen, bleiben wir auch nicht beleidigt in der Ecke sitzen, sondern lernen daraus und machen es beim nächsten Mal besser. Wie sich selbst, gilt es auch dem Partner zu vergeben und geduldig mit sich und dem anderen zu sein. Auch hier gilt es **das Spielerische** und Leichte zu **fördern**.

Wenn unsere Bedürfnisse nicht erfüllt werden, neigen wir dazu, unseren Partner zu verurteilen oder abzulehnen bzw. ihm Vorwürfe zu machen. Sind wir sauer auf den anderen, fällt es uns schwer, **Verständnis für** seine **scheinbaren Fehler und**

Unvollkommenheiten zu zeigen. Die Kunst, sich auch in solchen Phasen der Beziehung näher zu kommen, basiert darauf, sich auch in nicht so guten Zeiten trotzdem zu lieben.

Es ist normal, dass man manchmal keine Liebe für seinen Partner empfindet und sich sexuell nicht zu ihm hingezogen fühlt, genauso wie wir uns selbst manchmal nicht liebenswert finden und uns der Blick in den Spiegel schwerfällt.

Unser Partner dient uns neben unseren Eltern und Kindern als bester Spiegel der eigenen Unzulänglichkeiten. Wenn Man(n) mit sich nicht im Reinen ist, wird er im Außen und im Zweifel in der Beziehung eine Situation kreieren, in der es zu Reibung bis hin zu Streit kommt. Scheinbar hat der Partner etwas falsch gemacht und dies gilt es dann zu bemängeln. Ratsamer ist es im Fall von schlechter Laune, sich selbst erstmal einen Spiegel vorzuhalten und wahrzunehmen, wo die Unzulänglichkeit eigentlich herrührt.

Wut, ja gar Hass sind letztlich Symptome blockierter Liebe. Aggressionen hängen oft mit gut versteckten Ängsten und Hemmungen oder in der Vergangenheit erfahrenem aggressiven Verhalten zusammen. Diese Gefühle zu verdrängen, bewirkt lediglich eine zeitliche Verlagerung des Problems. Es gilt zu erkennen, woher diese negativen Gefühle kommen und was sich hinter ihnen verbirgt. Sind es angestaute Emotionen, die aus einem ganz anderen Bereich als der eigenen Partnerschaft stammen und stellt die Beziehung nur den Ort der Auseinandersetzung dar? Es gilt, unter die Oberfläche zu gucken, um durch Selbsterkenntnis schnell wieder auf den Pfad der Liebe zurückzukehren.

Grundsätzlich sollten verletzende Streitereien gemieden werden. Wenn wir uns einer Kommunikation ausgesetzt sehen, in der unsere Partnerin rechthaberisch und unnachgiebig ist, entziehen wir uns dieser per Flucht oder fühlen uns eingeengt und bedroht und lassen als Reaktion auch unseren negativen Gefühlen freien Lauf. Daraufhin geht sie wiederum in die Defensive, in dem Gefühl nicht verstanden zu werden, und so entwickelt sich ein Streitgespräch, ohne dass beide dies bewusst wollten. Sobald Respekt und Verständnis flöten gehen, gönne dir und deiner Partnerin eine Besinnungspause und beginne einen erneuten Austausch, wenn Gras über die Situation gewachsen ist, ihr eure Gedanken und Gefühle sortiert habt und beide bereit sind, **sich liebevoll, offen und in Ruhe mitzuteilen.**

Immer wenn es ungemütlich wird, sollten wir uns auch Zeit nehmen, um uns unserer Gefühle klar zu werden und unseren Teil an der Situation zu hinterfragen. „Zeige mit dem Finger auf deinen Partner und drei Finger zeigen auf dich zurück", veranschaulicht Gesagtes zutreffend.

Wenn du das nächste Mal Stress in deiner Beziehung hast, mache dir klar, dass es meist nicht an deiner Partnerin liegt, sondern an euren gedanklichen oder emotionalen Engen.
     Hast du eine Vorstellung davon, wie deine Partnerin zu sein hat?
     Denn allein aufgrund solcher Vorstellungen wirst du deiner Partnerin nicht gerecht.

Es gilt jeden Tag (Selbst)Liebe zu spüren und **dankbar** zu **sein, dass meine Partnerin bereit ist, mit mir zusammen ihre Lebenszeit zu teilen.**

Partnerschaft ist stets ein Geben und Nehmen. Beide Partner sollten darauf achten, nicht mehr zu geben als sie bekommen, da sonst ein Ungleichgewicht entsteht. Gibt eine Frau zu viel, kann unser Interesse erlahmen, zeigt sie uns auch mal die kalte Schulter und wir sind gefragt, bleibt es für uns interessant. Hier sind wir wieder beim Spielerischen einer Beziehung angelangt.

Wir mögen es nicht, in die Enge getrieben zu werden. Einen passenden Vergleich fand ich beim besten Freund des Menschen, dem Hund. Wenn man uns an die kurze Leine legt, wollen wir abhauen. Wenn man uns aber die lange Leine lässt, was meist nicht in der Natur der Frau liegt, kommen wir lieber wieder zurück und sind auch bereit, uns auf Nähe einzulassen. Statt zu drängen und zu fordern, muss der Liebe ihr natürlicher Lauf gelassen werden. Wir müssen das Gefühl haben, zu dem Zeitpunkt, der uns richtig erscheint, unsere eigenen Entscheidungen treffen zu können. Genau aus diesem Grund wird Frau nie Erfolg haben, wenn sie versucht, uns zu etwas zu drängen – selbst wenn wir es grundsätzlich tun möchten. Das hängt mit unserer naturgegebenen Sturheit zusammen. ☺

Wir wollen um unserer selbst willen geliebt werden, also sollten auch wir wir unsere Partnerin mit ihren Macken und Launen lieben. Während ein Mann dazu neigt, Gefühle zu verdrängen, vergisst eine Frau im Alltag ihre sinnlichen Wünsche und Sehnsüchte, gerade wenn sie sich um vieles zu kümmern hat. Je mehr Anforderungen, desto schwerer fällt es insbesondere ihr zu entspannen. Liebevolle und aufmerksame Zuwendungen ermöglichen es ihr dann, sich selbst wieder wahrzunehmen und zu erleben.

Zugegeben, wir sind einfach strukturiert. Wenn ein Mann anfängt, sich mit einer Frau zu treffen, ordnet er sie in eine Schublade ein, entweder in die „Mädchen für den Moment"- oder „potenzielle Ehefrau"-Lade. Er lässt sich von dem leiten, was er sieht. Finden wir eine Frau nicht attraktiv, ist ein längerfristiges Interesse ausgeschlossen. Natürlich ist Attraktivität für jeden Mann etwas anderes, und die Herzdame muss nicht zum Umfallen schön sein, wir müssen uns nur körperlich von ihr angezogen fühlen.

Die meisten Männer fühlen sich zu Frauen mit sexueller Kraft hingezogen, sprich Frauen, die sich ihrer eigenen Werte bewusst sind, Selbstvertrauen haben und mit sich selbst und ihrem Körper zufrieden sind. Die Würze des Lebens liegt jedoch, wie in anderen Lebensbereichen auch, bekanntlich in der Vielfalt. Bei der richtigen Frau können wir unsere sexuellen Bedürfnisse (meist) unter Kontrolle halten. Mit Hilfe unseres Verstandes beruhigen wir uns und bleiben Herr unserer triebhaften Reaktionen in Gegenwart anderer potentieller Anwärterinnen.

Während Sex bei Männern nicht immer in Verbindung mit Liebe steht, hat dieser bei den meisten Frauen viel mit (Ver-)Bindung und einer emotionalen Beziehung zu tun.

Sexualität ist ein wesentlicher Aspekt jeder Beziehung. Wo sie wegfällt, ist auch meist das übrige Beziehungsverhältnis wortwörtlich eingeschlafen und bildet nur noch einen nach außen, manchmal auch ausreichenden, gesellschaftlich akzeptablen Rahmen.

Oder es liegt ein Bund der Ehe vor, den man aufgrund des Alters, finanzieller Verstrickungen oder Bequemlichkeit nicht (mehr) bereit ist zu lösen oder wiederbelebende Elemente einfließen zu lassen.

Es gleicht einer Kunst, **sich** jeden Tag auch **in die Lage des Partners hineinzuversetzen**. Je bedingungsloser ich mich selbst liebe, desto erfüllender kann ich auch meine Beziehung leben. In langlebigen, erfüllten Partnerschaften geht man davon aus, dass es bereits im Vorfeld getroffene Absprachen gegeben hat, weitere diesbezügliche Ausführungen würden an dieser Stelle ins Spirituelle ausufern.

Liebe in einer Partnerschaft bedeutet im Optimalfall: Ich sehe dich, ich nehme dich wahr, spüre dich und meine ganze Aufmerksamkeit ist bei dir.

Je mehr wir uns in einer Beziehung fallen lassen, uns öffnen und emotional erfüllt sind, desto eher können häufig unterdrückte Gefühle aus der Vergangenheit zu Tage kommen. Diese werden fälschlicherweise oft dem Partner als Projektionsfläche zugewiesen, anstatt dem richtigen Adressaten. Es gilt, uns selbst von alten Einschränkungen zu heilen. Haben uns unsere Eltern Gefühle wie Geborgenheit und Verständnis vorenthalten, dürfen wir lernen, beides in uns selbst und möglicherweise auch anschließend in unserer Partnerschaft zu finden.

Lerne zuerst, **dich selbst als der Mensch, der du bist, zu lieben**. Das ist, auch wenn es sich leicht anhört, für viele eine der schwierigsten Herausforderungen im Leben. Nur dann können wir auch wertfrei und bedingungslos einen Partner in unserem Leben anziehen und andere so lieben, wie sie sind. Dann brauchen wir niemanden zu verurteilen oder etwas in unserem Gegenüber zu bekämpfen, das in Wirklichkeit einen Teil von uns selbst darstellt, den wir nicht akzeptieren können.

Sich zu verlieben, fällt den meisten leicht, schwerer ist es, die Liebe zu erhalten. Dafür müssen wir bereit sein, an unserer Selbstliebe und der zu unserem Partner zu arbeiten, damit diese da ist und auch bleibt.

Der größte Wunsch von uns Männern in einer Beziehung ist oft zu fühlen, dass wir unsere Partnerin befriedigen und zu ihrem Glück beitragen. Dies bedeutet für uns wiederum, dass wir von unserer Herzdame geliebt werden. Gibt sie uns längerfristig das Gefühl, nicht glücklich zu sein, uns nicht zu sehen und nicht mit uns zusammen sein zu wollen, verspüren wir Ablehnung bis Abneigung und unser Verlangen, ihr zu gefallen, sie zu beschützen und zu umsorgen, erlischt. Unser Interesse und unsere Leidenschaft gehen verloren. Regelmäßige Anerkennung und Bestätigung lassen uns nicht nur produktiver arbeiten, sondern beflügeln uns auch, unseren Beitrag in einer erfüllenden Beziehung zu leisten.

Auch in der Partnerschaft gilt: **Werdet wieder zu Kindern**. Jeder der Kinder hat, weiß, wie erfüllend das ist. Man wird durch sie angehalten, einen Teil in sich wiederzuentdecken und zu leben, den man ansonsten dem Erwachsenwerden, dem Alltag oder seiner Rolle als Erwachsener geschuldet, vergessen oder verloren geglaubt hat.

Gefühle sind nichts anderes als die Reaktion unseres Körpers auf Gedanken. Wurden wir in der Vergangenheit schon mal von einem Partner enttäuscht, bleibt diese Erinnerung in uns gespeichert. Wichtig scheint in diesem Fall, immer wieder in Bezug auf uns selbst, unseren Partner und unsere Beziehung Herr unserer Gedanken zu werden.

Warum können wir nicht alle bedingungslos lieben?

Ganz einfach! Weil wir selbst keine bedingungslose Liebe erfahren haben oder meinen, als Mensch nicht vollkommen zu sein. Sich das einzugestehen, kann erst einmal weh tun. Auch wir wurden gemaßregelt, rumgeschubst und häufig nicht einfach so angenommen, wie wir waren und sind.

Häufig haben wir uns eine Beziehung aufgrund eines Gefühls der inneren Leere, des nicht Vollständigseins und dem Glauben, dies durch einen Partner kompensieren zu können, gewünscht. Stattdessen sollten wir uns aber dieser Leere stellen und sie mit (Selbst-)Liebe und Inhalt füllen.

Ich selbst habe etliche Jahre gebraucht, um mich selbst bedingungslos lieben zu können. Ich musste es mir quasi antrainieren und mich immer wieder selbst dazu auffordern, da es auch mir nicht, wie selbstverständlich und eigentlich für jeden Menschen wünschenswert, in die Wiege gelegt wurde.

Bei unserem Arbeitseinsatz und auch beim Sport sind uns Anstrengung, Schweiß und Tränen vertraut, lasst uns unsere Beziehung mit dem gleichen Einsatz führen.

So wie wir als Männer uns überwinden müssen, aktiv an unserer Beziehung zu arbeiten, muss unsere Partnerin ihre Scheu überwinden, uns um das zu bitten, was sie sich wünscht.

Hier und da ein Brief, kleine Geschenke oder Blumen sowie Zeit zu zweit beim Spazieren oder Essen gehen, fördern die Romantik in einer Partnerschaft auch nach Jahren des Zusammenseins. Solche Momente zeigen besonders ihr, dass sie etwas Besonderes für uns ist. Und du kannst sicher sein, je mehr Romantik du kreierst, desto mehr wird dir deine Partnerin an anderer Stelle zurückgeben …

Wir können nur so liebend in einer Partnerschaft sein, wie wir es selbst vorgelebt bekommen und erfahren haben. In einer liebevollen, intakten Familie groß geworden zu sein, erhöht die Wahrscheinlichkeit einer langfristigen, glücklichen Beziehung, da man gelernt hat zu geben und zu nehmen, zu lieben und geliebt zu werden. Innerfamiliäre Lieblosigkeit, Verrohung, Streit der Eltern sowie eine womögliche Trennung entziehen einem den eigenen Nährboden. Eine unterbewusste Abspeicherung dieser Ereignisse färbt auch auf unser Verhalten und unsere Liebesfähigkeit ab, wenn wir uns diesen Erlebnissen nicht bewusst stellen, um diese als eigenständiger, erwachsener Mensch nicht eins zu eins nachzuahmen.

In den Zeiten der Großfamilie wurden einem verschiedene Beziehungsformen vorgelebt. Heutzutage werden viele in einem Umfeld groß, in dem selbst die Eltern, als einzige im Alltag präsenten Familienmitglieder, getrennt leben und in der übriggebliebenen Familie (unterschwellig) Konkurrenz und gegenseitige Missgunst vorherrscht.

Gleichberechtigtes Wachstum Seite an Seite, sich gegenseitig zu unterstützen und zu beeinflussen, um **ein gemeinsames Beziehungs(lebens)werk** zu **realisieren,** darf unter diesen Voraussetzungen als Lebensaufgabe verstanden werden.

Gerade als Mann gilt es (unter Männern) häufig als Schwäche, liebevoll zu sein, da dies mit Verweichlichung und unmännlichem Verhalten gleichgesetzt wird, was vollkommener Unsinn ist. Ich kann meine Frau, meine Kinder, meine Familie und mein Umfeld mit Liebe und Respekt behandeln und trotzdem beide Eier im Sack haben.

Wünschenswert ist auch nach Jahren der Beziehung, dem Partner noch die gleiche Zeit und Aufmerksamkeit zu schenken wie am Anfang des Kennenlernens.

Die Herausforderung in einer Partnerschaft besteht darin, über lange Zeit hinweg liebe- und respektvoll miteinander umzugehen. Gegenseitige Achtung, Liebe und Aufrichtigkeit sind das A und O auch nach Jahren und Jahrzehnten des Zusammenseins. Niemand steht über oder unter uns, wir sind alle gleichberechtigte Menschen.

Manche Männer stellen sich aus Harmoniebedürftigkeit unter den Pantoffel der Partnerin und vernachlässigen ihre eigenen Bedürfnisse. Andere wiederum drehen hingegen durch, strotzen vor Männlichkeit und halten sich für den Nabel der Welt.

Einerseits schöpfen wir Kraft aus unserer Beziehung und Partnerschaft und werden in unserem Selbstbewusstsein gestärkt, andererseits bleibt bei vielen Männern aber ein unruhiger und suchender Anteil, der den Reiz des Neuen ersehnt und der, wenn wir ihn nicht kontrollieren, dazu führt, dass wir fremdgehen.

Warum weiß Man(n) in einer längeren Beziehung häufig nicht mehr, was er an seiner Partnerin hat?

- Weil man die Kürze des Lebens gespiegelt bekommt und Angst hat, etwas zu verpassen?
- Weil der Sex so langweilig und berechenbar geworden ist wie der Arbeitsalltag?
- Weil man nicht akzeptieren kann, dass der Alltag bzw. man selbst einfach ist?
- Weil man lebenslang ein Suchender bleibt?
- Weil man nicht die bedingungslose Toleranz in der Beziehung erfährt, die man benötigt, um sich entfalten zu können?
- ?

Es lohnt sich zu hinterfragen, ob man triebhaft oder liebevoll oder eine gute Mischung aus beidem ist. Das, was wir nach außen (auch in unserer Beziehung) leben, lässt Rückschlüsse auf unser Inneres zu.

Der Rausch der Äußerlichkeit ist verführerisch, aber langfristig nicht erfüllend. Wir hängen häufig durch äußere Manipulation unseren besten Jahren hinterher, anstatt das Beste aus jedem Alter zu machen in dem Wissen, dass innere Werte nachhaltiger sind als vergängliche Äußerlichkeiten.

Ich möchte hier nicht nur das vergängliche Äußerliche in den Vordergrund stellen, sondern auch dazu auffordern, vielmehr **mit dem Herzen statt mit den Augen** zu **sehen** und gemeinsam die kleinen Freuden, die jeder Tag bereithält, zu genießen.

Sich einfach von Herzen gegenseitig zu lieben, statt den anderen, aus einer Sehn-Sucht heraus, um emotionale Missstände zu kompensieren, zu brauchen.

Die besten Voraussetzungen dafür, dass ein Mann einer Frau treu sein kann und mit ihr glücklich alt werden will, sind, dass er sich in Bezug auf sein Junggesellenleben ausgetobt, sich gefunden und beruflich realisiert hat.

Eine Beziehung ist letztlich eine mal mehr, mal weniger schwierige Gradwanderung zwischen Selbstrealisierung und Zweisamkeit. Da tägliche Zeit begrenzt ist, benötigt es Feingefühl, um beidem gerecht zu werden. Die Beziehung zu leben, bedeutet vor allem, sich dem Partner zu öffnen und den anderen an all den eigenen Facetten teilhaben zu lassen, auch an den vermeintlichen Schwächen. Aus ihnen können, wenn wir sie meistern und nicht ausblenden bzw. verbergen, wahre Stärken hervorgehen. Manchmal müssen wunde Stellen freigelegt werden und weh tun, bevor Heilung geschehen kann.

Wache täglich auf und vergegenwärtige dir die Situation, als du deine Partnerin das erste Mal getroffen hast, verbunden mit der entsprechenden kribbeligen Emotion und einer ordentlichen Portion Dankbarkeit.

Kannst du die Schmetterlinge im Bauch und deine damalige Aufregung reproduzieren?

Wenn du in diesen Erinnerungen schwelgst mitsamt den schönen Gefühlen, gib deiner Partnerin einen Kuss und starte in einen neuen, (gemeinsamen) beglückenden Tag.

Wenn wir in einer erfüllten Beziehung leben, stärkt das nicht nur unser (Selbst-)Bewusstsein und unsere körperliche Integrität, sondern meist erhalten wir von unseren Partnerinnen auch wichtige gesundheitliche Impulse, hinsichtlich Ernährung oder Arztbesuchen, um z. B. Vorsorge zu betreiben. Frauen haben diesbezüglich meist einen guten Instinkt, welchen wir gern mal großzügig überhören oder dem wir keine Aufmerksamkeit schenken.

Meine Erfahrung ist: „Männer, die Frauen haben, leben länger!"

Man(n) hat stets die Wahl, ob man einer Verführung widersteht und sich und seiner Partnerin treu bleibt oder ihr erliegt. Wichtig ist nur, sich schon vorher das Nachher und die möglichen Konsequenzen vor Augen zu führen, um nicht nach kurzfristiger fremder Befriedigung hinterher wie ein bettelnder Köter wieder angeschlichen zu kommen, um enttäuscht festzustellen, dass das Vertrauen und damit auch die Liebe der eigentlich Angebeteten wahrscheinlich erloschen ist.

In vielen von uns schlummert ein unnahbarer Westernheld, der aus der Steppe auftaucht, Souveränität ausstrahlt und mit einer Frau eine Nacht verbringt, um am nächsten Morgen wieder heldenhaft am Horizont zu verschwinden. Im Alltag 2.0 fordert uns ein wirkliches Interesse an einer nachhaltigen Beziehung dazu heraus, den Schürzenjägeranteil spätestens ab einem gewissen Alter zur Ruhe kommen zu lassen und unsere Gefühle unserer Auserwählten gegenüber nicht nur zu zeigen, sondern aktiv zu leben. Anstatt nur den Held zu spielen, ist es für uns Männer vielleicht interessant zu wissen, dass Frauen sich oft eine gute Mischung aus Softie und Chauvi an ihrer Seite wünschen.

Ob sich bei dir beim Thema Zärtlichkeit und Sensibilität die Nackenhaare hochstellen und du das zwanghafte Bedürfnis verspürst, ein Bier zu trinken, eine Runde Holz zu hacken oder in deinem Wagen ein wenig Gummi auf dem Asphalt zu hinterlassen, weißt du besser als jeder andere.

Teils mussten wir uns in der Auseinandersetzung mit der Welt sowie äußeren Erwartungen und inneren Zwängen Panzerungen zulegen. In einer nachhaltig erfüllenden Partnerschaft reicht es aber vielfach nicht, sich nur äußerlich zu perfektionieren bzw. scheinbar makellos zu erhalten und Leistungsanstrengungen mit Bravour zu meistern. Stattdessen dürfen wir beide als Paar versuchen, geistig und emotional auf einer Wellenlänge zu bleiben.

Männer brauchen Herausforderungen mehr als Frauen, ertragen aber keinen Druck und sind geradezu allergisch auf Ansagen im weiblichen Befehlston.

Sich in den anderen hineinzuversetzen, heißt nicht, sich den Kopf über den (andersgeschlechtlichen) Partner zu zerbrechen. Wir sollten uns gut überlegen, ob wir uns für oder gegen eine Beziehung entscheiden.

Das Sterberisiko geschiedener Männer ist deutlich höher als das geschiedener Frauen und für Männer ist Alleinsein bekanntermaßen unerträglicher.

Eine zunehmende Selbstbestimmung und Eigenständigkeit der Frau sollte uns nicht verunsichern, sondern als Bedürfnis der Selbstrealisierung wahrgenommen werden und, anstelle von innerpartnerschaftlicher Konkurrenz, auf Anerkennung und Unterstützung treffen.

Durch gelebte Unabhängigkeit ist Man(n) teils beunruhigt oder sogar verunsichert, aber wenn wir ehrlich sind, gefällt und reizt uns doch eine selbstbewusste Frau mehr als eine, die nur ihre tradierte Rolle als Frau (und Mutter) erfüllt und zu allem Ja und Amen sagt.

Die moderne Frau, die ihre Weiblichkeit neben männlichen Eigenschaften und geistiger Entwicklung lebt, braucht nicht mehr zwingend einen Mann, der sie patriarchal beschützt und absichert, sondern ein männliches Gegenüber, das selbst und mit ihr auf dem Weg ist.

Insofern sind das Ideal ebenbürtige Partner in einer gesunden Beziehung auf einem gemeinsamen Weg, wie eine von Liebe erfüllte Freundschaft mit offenem Gefühls- und Gedankenaustausch.

Aus einer Balance des Miteinanders und des gegenseitigen Freiraums, in dem der Einzelne sich individuell entfalten und seine Identität finden kann, kann ein gesundes Miteinander resultieren, das letztlich zu unserer Männergesundheit maßgeblich beiträgt.

Apropos Erwartungen der Bedürfnisbefriedigung durch den Partner; im Wort „erwarten" steckt auch „warten", denn man kann im ungünstigsten Fall lebenslang darauf warten, dass der Partner das erfüllt, was wir uns wünschen, weil es nicht seine Aufgabe ist, uns glücklich zu machen.

Die eigene Bedürftigkeit kann nicht vom anderen gestillt werden, und es kann bloß das Zusammenleben des Paares erschweren, wenn beide ihr Beziehungsdefizit ausschließlich auf den Partner richten.

Wenn eine Partnerschaft einer Einigung auf einen Minimalkonsens gleichkommt aus Angst, den Partner zu verlieren, oder aufgrund wirtschaftlicher Einbußen, sollte ein jeder kritisch hinterfragen, ob unsere Lebenszeit dafür nicht zu schade ist. In diesem Fall gilt es partnerschaftlich entweder den Istzustand zu optimieren oder im beiderseitigen Einvernehmen einen konsequenten Schlussstrich zu ziehen und vielleicht mit jemand anderem eine erfülltere Beziehung zu führen.

Auch und gerade in einer Ehe gibt es keine Exklusivrechte!

Nur weil man sich auf einem Standesamt, einer staatlichen Institution, die die formalen Abläufe einer Lebensgemeinschaft klärt, oder kirchlich das Ja-Wort gegeben hat, heißt das nicht, dass ab dem Zeitpunkt der Eheschließung alles von selbst läuft und der Partner auf ewig mein Eigentum ist. Heute, leichter als je zuvor, haben beide die Möglichkeit und das Recht, auch wieder eine Ehe zu beenden, wenn einer gemeinsamen Entwicklung wesentliche Steine im Weg liegen.

Trennungen und Scheidungen gehen heute häufig aufgrund materieller Unabhängigkeit und gelebter Emanzipation auch von Frauen aus. Während Männer sich früher Eigenschaften wie Abhängigkeit, Fürsorge und Opferbereitschaft einer Frau wünschten, dominieren heute Gleichberechtigung, Selbstständigkeit, Verständnis und eine erotische Ausstrahlung. Die bedingungslos stützende Funktion der Frau in der Partnerschaft ist der Gleichberechtigung gewichen. Traditionelle Beziehungsmuster lösen sich der Emanzipation geschuldet sowie aufgrund wirtschaftlicher Aspekte auf.

Jeder Mensch ist fähig, die Partnerschaft zu führen, die er sich wünscht. Viele bleiben aber lieber allein, da sie nicht bereit sind, Kompromisse einzugehen bzw. Abstriche in ihrem Junggesellenleben zuzulassen. Häufig liegt auch eine unbewusste Abwehr gegen eine eigene Beziehung wegen der abschreckenden Erfahrungen der elterlichen Partnerschaft vor.

Was sich, glaube ich, jeder, egal ob Mann oder Frau wünscht, ist bedingungslos geliebt zu werden. Liebe als Vereinigung des Gegensätzlichen und des Teilens von Gemeinsamkeiten, ein Wechselspiel, wenn auch nicht immer ein Zusammenspiel.

An dieser Stelle sei auch ein kurzer Exkurs im Hinblick auf Beziehungen mit anderen Menschen erlaubt: „Zeig mir die Menschen, mit denen du dich umgibst, und ich sage dir, wer du bist" (in Anlehnung an Johann Wolfgang von Goethe).

Wieviel Zeit verbringen wir mit Menschen, die uns auf unserem Weg ausbremsen, ja wahre Energieräuber sind. Es ist wichtig dein enges Umfeld bewusst auszuwählen, damit du auch Energie bekommst und nicht nur gibst.

Liebe ist gleichzusetzen mit einem Handwerk, das regelmäßig praktiziert werden muss, damit es gut läuft. Es gibt Tage, da ist alles leicht und beschwingt und dann gibt es Durststrecken, die manchmal nicht gerade wenig Durchhaltevermögen und Frustrationstoleranz erfordern. Es gleicht einem lebenslangen Lernprozess geprägt von Versuch und Irrtum sowie zwischenmenschlicher Nähe und Individuation, um sich gegenseitig beim Fortschreiten in der jeweils eigenen Entwicklung zu fordern und zu fördern.

Hans Jellouschek schreibt in seinem Kapitel *Männer und Frauen auf dem Weg zu neuen Beziehungsformen*: „Kein Mensch kann eine solche Herausforderung zu meiner Entwicklung werden wie der Partner, dem ich tagtäglich in tausend Kleinigkeiten konfrontiert bin, an dem ich mich reibe, an dem ich lerne, gegen den ich mich durchsetze oder dem ich nachgebe, der mir abwechselnd zum Spiegel, zum Modell und zur Provokation wird."

Symbiotische Verschmelzung ist ein häufig gehegter Wunsch sowie eine Forderung insbesondere der Frauenwelt. Dem gegenüber steht das Bedürfnis, uns selbst dabei nicht zu verlieren, sondern wir selbst zu bleiben und immer mehr wir selbst zu werden, ein Nebeneinander von Symbiose und Autonomie.

Wichtig sind dabei auch gemeinsame Hobbys und Aufgaben. Für welche gemeinsamen Ziele brennen du und deine Partnerin?

Gisela Rieß schreibt über Formen (zukünftiger) Partnerschaft: „Das Gleichgewicht einer Beziehung muss immer neu gefunden werden, nicht durch trennenden Kampf auf der Machtebene oder durch Verschmelzung in einer Ehesymbiose, in der jegliche Polarität aufgehoben ist und die Gefahr besteht, dass durch einen Spannungstod die Liebe in Destruktivität umschlägt."

Traditionelle Bilder von Mann und Frau, Familie und Gesellschaft werden in jeder Generation neu definiert. Es lohnt sich, die Fesseln der Rollendiktate (endgültig) abzulegen und seine individuelle Form des Miteinanders, statt des Gegeneinanders, mit Würde, gegenseitiger Achtung und Wertschätzung jeden Tag aufs Neue selbst zu definieren und zu leben.

„Die schweren Tage wirst du nie in einem Fotoalbum finden. Aber genau sie befinden sich zwischen zwei Einträgen."

Eine neue/optimale Form der Beziehung könnte so aussehen, dass man keine Absichten und Erwartungen mehr hat und nicht mehr projiziert, sondern seine Partnerin einfach so wahrnimmt, wie sie ist, und sie auf ihrem und eurem gemeinsamen Weg jeden Tag aufs Neue unterstützt.

Ob leidenschaftliche, geistige, gefühlsmäßige und sexuelle Zuneigung in gegenseitiger Wertschätzung und ein Aufrechterhalten der Verliebtheit als tägliches neues intensives Glückserleben ein Beziehungsideal ist oder doch nur ein hier von mir kommunizierter Wunsch. wird die weitere Geschichte von Mann und Frau zeigen.

Langfristig währt (jedoch) Liebe über Triebe. Wenn du dir selbst treu bleiben kannst, mache ich mir auch um die Langlebigkeit deiner Beziehung keine Sorgen.

Denn die wahre Liebe (einer Frau) ist das Größte im Leben, aber Man(n) muss dafür bereit sein, auch Abstriche im Leben in Kauf zu nehmen, um eine erfüllte Beziehung in Zweisamkeit leben zu können. Hör am besten auf dein Herz, deine Gefühle und nicht auf das, was dein Verstand und deine Augen, teils gesteuert von deinem besten Freund, dir zu sagen scheinen.

Um ein gemeinsames Ziel zu erreichen, sind stete Arbeit an uns und unserer Partnerschaft bzw. Beziehung, Ausdauer und Geduld gefragt. Ein schönes Bild dafür ist, dass eine Beziehung einem Garten gleicht, der regelmäßig Zuwendung braucht und gehegt und gepflegt werden muss. Jeder Mensch ist fähig, die Partnerschaft zu führen, die er sich wünscht, und den Garten nach seinen Wünschen mitzugestalten.

Wahre Liebe kann ein Leben lang halten.

Damit eine Partnerschaft dauerhaft funktioniert, braucht es (letztendlich) 3 zentrale Dinge:

Vertrauen, Kommunikation und die Einsicht, dass die Person, die ich liebe, sich bis zum letzten Atemzug verändern kann.

Statt das im anderen zu sehen, was einer glücklichen Partnerschaft im Weg steht, gilt es **das gemeinsame Potential einer Beziehung** zu **erkennen und jeden Tag Glück, Intimität und Leidenschaft miteinander** zu **teilen**.

Offenheit und Spontanität fördern gemeinsame sexuelle Befriedigung, gepaart mit Einfühlsamkeit und Abenteuerlust sollte dem gemeinsamen „Liebhaben" nichts im Weg stehen.

Lasst uns die Beziehung unserer Träume verwirklichen!

Meine abschließende Anmerkung zur Zweisamkeit:

Fakt ist: Männer, die Frauen haben, leben länger.

Kannst du von dir behaupten, dass du dich liebst? So richtig innig und mit all deinen Anteilen und Eigenarten?

Nein?

Dann lerne dich selbst zu lieben. Ansonsten wirst du immer bedürftig sein und etwas in jemand anderem suchen, um dich liebenswert zu fühlen. Wie willst du jemandem Liebe geben, wenn du sie nicht in dir selbst trägst?

Mach dich selbst glücklich, dann bist du nicht darauf angewiesen, dass es deine Partnerin tut.

Liebe kann sich nur da mehren und lebendig bleiben, wo beide Partner genug Luft zur Selbstrealisierung haben und sich gegenseitig Zeit des Alleinseins, des Selbsterfahrens, vielleicht der Meditation erlauben und sich gleichwertig in der jeweiligen Andersartigkeit begegnen.

Es gilt, Leidenschaft in der Liebe ohne Angst vor Neuem oder männlichem Kontrollverlust zu leben. Alles darf sein, nichts muss, ein gegenseitiges Erfahren, Teilen und miteinander l(i)eben.

Eine Beziehung darf ein vertrauens- und respektvolles sowie konkurrenzfreies Miteinander sein.

Die Kunst der Partnerschaft besteht aus meiner Sicht darin, jeden (verdammten) Tag wie in der Kennenlernphase als Paar zu leben, den Partner jeden Tag wieder ein Stück mehr kennenlernen zu wollen, sich jeden Tag neu in die Person zu verlieben, die es scheinbar zufällig in dein Leben gezogen hat. Einfach ausgedrückt, aber ein beziehungstechnischer Erfolgsgarant: Sie brezelt sich weiter für ihn auf und konzentriert sich auch auf die Parterinnenrolle, anstatt den Fokus nur noch auf die Mutterrolle zu legen. Sie gefällt ihm optisch, ist begehrenswert für ihn und er schenkt ihr im Gegenzug die gleiche Aufmerksamkeit wie zu

Beginn des Kennenlernens in Form von Zuwendung, Liebe, Geschenken und behandelt sie wie seine Königin.

Probier einfach folgendes mal morgens aus:

Steh auf und betrachte deine Herzdame so, als wäre sie eine ganz neue Partnerin bzw. als würdest du sie zum ersten Mal sehen? Was fällt dir auf? Entdecke neu, was dir heute an ihr gefällt oder scheinbar selbstverständlich scheint.

Sie wird allein die ihr entgegengebrachte Aufmerksamkeit wahrnehmen und auf sich wirken lassen. Auch eine Partnerschaft ist ein tägliches mit- und voneinander Lernen.

Man(n) lernt nie aus.

Wenn du dich für Zweisamkeit entscheidest, führ' eine gesunde Beziehung!

„Männer – man kann nicht mit ihnen leben,
aber ohne sie funktionieren
so viele Stellungen nicht."

Pamela Anderson

„Geil up your life"

Sexualität ist eines der schönsten, wichtigsten und komplexesten Themen hinsichtlich Gesundheit. Sie ist für die männliche Gesundheit ebenso wichtig wie die Gesundheit für unsere Sexualität.

Aus biologischer Sicht dient Sex nüchtern betrachtet der Fortpflanzung, als Neukombination von Erbinformationen, aus psychologischer Sicht dem Lustgewinn und unter sozialen Aspekten der Beziehungsunterhaltung und -förderung.

Es gibt scheinbar keine Grenzen, um körperliche Nähe zu beschreiben: Beischlaf, Bumsen, die Nacht miteinander verbringen, eine Nummer schieben, es miteinander treiben, ficken, Geschlechtsverkehr, knick-knack, Koitus, Liebe machen, kopulieren, miteinander ins Bett gehen, miteinander in die Kiste hüpfen, miteinander knattern, pimpern, poppen, rattern, miteinander schlafen, Sex haben/machen, vögeln ...
Eine schier grenzenlose verbale Kreativität, um letztlich ein und dasselbe zu beschreiben. Zugegeben, bei manchen Beschreibungen könnte ich mich jedes Mal, wenn ich sie lese, vor Lachen wegpacken.

Neben dem Trieb sich fortzupflanzen steckt hinter Sexualität das Bedürfnis, das hormonelle Feuerwerk des Höhepunktes im Körper zu spüren und die Partnerin ebenfalls zu befriedigen. Es tut einfach gut, befriedigend zu sein.
Beim Höhepunkt fühlen wir unser Potential, unsere Kraft und unsere Selbstsicherheit, selbst wenn Letztgenanntes uns sonst im Alltag womöglich schwer fällt.

Auch beim Thema Sex läuft vieles, wie auch sonst in Beziehungen/Partnerschaften, über den Kopf. Wenn wir eine Frau, im Optimalfall unsere Frau, sehen und sie optisch mit ihren Reizen wahrnehmen, stellen wir uns schon vor, wie sie sich anfühlen würde und wie der Sex mit ihr wohl wäre. Wenn uns etwas optisch anspricht und wir in Laune sind, werden in unserem Körper automatisch die entsprechenden Hormone ausgeschüttet und die biologischen Abläufe aktiviert.

Wenn wir jedoch schon seit mehreren Tagen im Streit sind, uns gegenseitig stressen und einander Energie geraubt haben, werden wir abends nicht gemeinsam ins Bett gehen und über einander herfallen.

Jede Erregung ist an bestimmte Erinnerungen, Fantasien oder körperliche Empfindungen geknüpft. Setzen wir also den stärksten sexuellen Reiz, unser Gehirn, ein und wenden uns dem Körper unserer Partnerin so zu, als wäre jedes das erste Mal.

Wenn wir „miteinander ins Bett gehen", geht es emotional bewussten Menschen vor allem um Nähe, Verbindung und darum angenommen zu werden. Dem gegenüber steht das rein körperliche Ficken, das evolutionär durch unseren Fortpflanzungstrieb geprägt ist und von Menschen, die sich vorwiegend körperlich spüren wollen, bevorzugt wird.

Während für Mann manchmal Rein-raus-fertig ausreichend ist, fehlt es der Partnerin – vorausgesetzt es ist kein One-Night-Stand oder Quicky – möglicherweise an Erotik und Zärtlichkeit, die für uns zwar auch schön sind, aber nicht essenziell für befriedigenden Sex.

Frauen ist häufig nicht bewusst, wie sehr Männer Sex brauchen. Bekommen sie ihn nicht, verlieren sie allmählich das Interesse und ihre entsprechende sexuelle Energie.

Ein dauerhaft intimes Verhältnis kann entstehen, wenn die Frau ehrlich ihr Innerstes preisgeben kann und der Mann ihr durch persönliche Zuwendung immer näherkommt und sich ihr gegenüber auch öffnet.

Talk about your needs and wishes!

Während wir Männer häufig scharfen und eher harten Sex im Kopf haben, sehnen Frauen sich häufiger nach romantischer Liebe. Für uns Männer ist der Höhepunkt die Erfüllung unserer Wünsche, für die meisten Frauen hingegen eher das Vorspiel und Entspannen danach. Damit beide auf ihre Kosten kommen, da beides seine Berechtigung hat, gilt es, beiderseits einen Schritt auf die Bedürfnisse des anderen zuzugehen. Wenn wir Männer unserer Partnerin also zärtliche, liebevolle und sinnliche Zuwendung ermöglichen, beginnt sie wiederum auch für unsere sexuellen Bedürfnisse offen zu sein.

Schon die Verbalisierung der körperlichen Zweisamkeit lässt erkennen, worauf es ihr im Unterschied zu ihm häufig ankommt.

Sie will mit ihm „schlafen", was so viel heißt wie, dass es mit romantischem Einstimmen beginnt, gefolgt von Kraulen und der Stimulierung erogener Zonen, bis es letztlich über Petting zum körperlichen Vereinen kommt. Er hingegen will „Sex", wird über den optischen Reiz der Frau in Reizwäsche oder einem luftiglockeren Outfit angesprochen, sodass es nach relativ kurzer Zeit und dem Entfernen überflüssiger Kleidung in möglichst mehreren Stellungen zum Genießen des Höhepunkts kommt.

Eine Frau will und braucht Sex genauso wie wir, sie benötigt dafür einfach meist nur mehr Zeit.

Bei Frauen hat Sex meist etwas mit Bindung und einer emotionalen Beziehung zu tun, sie sind schließlich auch der empfangende Part. Für uns liegt die Würze in der Vielfalt, die auch ohne große Emotionen, Vertrautheit und Liebe gut funktioniert.

Der Unterschied zwischen Liebhaben und Ficken ist: Letzteres zeigt unseren tierischen Ursprung und gehört sicherlich auch mal dazu, solange es nicht in Erniedrigung mündet. Langfristig geht es aber nicht um alleinig mechanische Reiberei, sondern um Energieaustausch, den gemeinsamen Spaß in gegenseitiger Annahme und letztlich wirklich ums Liebhaben, auch wenn sich das in unseren Männerohren unmännlich, ja verweichlicht anhören kann.

Während bei uns häufig die Erektion im Fokus steht, und dies bei Selbstbefriedigung auch in Ordnung ist, dürfen wir daraus im Miteinander mit einer Frau keine One-Man-Show werden lassen, sondern müssen auch ihre Bedürfnisse im Auge behalten. Diese sind zwar auch maximales Glücksempfinden, dies aber deutlich häufiger unter dem Aspekt des gemeinsamen Empfindens mit dem Geschlechts-/Partner. Es ist für uns als Mann also wichtig, auch den Wunsch der Frau nach Zuneigung, Zärtlichkeit und Austausch nicht zu vergessen und uns zu fragen, wie wichtig auch uns diese Aspekte in der Zweisamkeit sind.

Genau wie in anderen Lebensaspekten finde ich auch beim Thema Sexualität, dass die Mischung der verschiedenen Aspekte – wilder, schweißtreibender Sex, körperliche Nähe, Zärtlichkeit, Berührungen und gestreichelt werden – über die Befriedigung beider Seiten entscheidet.

Der urologische Kollege Dr. Markus Margreiter hat in seinem Buch *Mann 2020* in diesem Zusammenhang treffend geschrieben: „Was der Körper zu erledigen hat, ist von dem, was im Geist herumgeht, uns im Unterbewusstsein prägt und in der Entwicklung beeinflusst, nicht trennbar. Eins greift in das andere. Sexualität ist das Kommunikationsmittel in Beziehungen, sie ist deren höchste, weil intimste Form."

Gerade der Aspekt des Unterbewussten ist aus meiner Sicht von besonderem Interesse. Wenn wir von klein auf von unserem Umfeld gelernt haben, nicht gut genug zu sein oder an der Größe unseres dritten Beines zweifeln, werden wir vermutlich nicht gänzlich zu einer erfüllten Sexualität finden, bevor wir uns nicht entsprechender gedanklicher Blockaden entledigt haben.

Sich geliebt fühlen und sich fallen lassen können setzt eine (bedingungslose) Selbstannahme voraus. Ein Vergleichen mit den körperlichen Gegebenheiten anderer Männer oder anderen Beziehungen steht einer erfüllten Sexualität meist im (eigenen) Weg.

Spätestens seit dem Internetzeitalter ist Sex permanent verfügbar und konsumierbar. Rund um die Uhr gibt es alles für alle Vorlieben, Neigungen und Bedürfnisse. Die Gefahr, dass daraus eine Form der Sucht wird und der Wunsch nach einem Sexualpartner aus Fleisch und Blut und einer Höhen und Tiefen beinhaltenden Partnerschaft weiter sinkt, ist zu vermuten.

Im Youporn und Co verwöhnten Internetzeitalter fällt es uns schwer, ein erfülltes Sexualleben zu führen. Einerseits hat man Erwartungen an seine Partnerin, die sonst nur einem Pornosternchen zuzumuten sind, auf der anderen Seite misst Man(n) sich selbst mit der Standhaftigkeit und Ausstattung der männlichen Videodarsteller.

Selbstbefriedigung scheint häufig schneller zu realisieren, als auch jenseits der frischen Verliebtheit auf die sexuellen Wünsche der Partnerin einzugehen.

In der Pornographie macht Man(n) die Frau zum Objekt seiner leistungsorientierten Genitalität.

Die Gefahr besteht, dass Man(n) auch in einer Partnerschaft sexuell zum Opfer seiner eigenen Obsession von Leistung und Erfolg wird.

Man(n) darf den Druck ablegen, ein gesellschaftliches oder womöglich aus Pornofilmen vorgegebenes Bild nachahmen zu müssen, sondern kann sich höchstens davon inspirieren lassen. Stattdessen können wir, wenn selbstbewusst, selbstbestimmt in jedem Kontakt mit der Partnerin entweder nur körperliche Nähe austauschen oder es knallen lassen. Lasst uns unseren eigenen Film statt den anderer leben.

Die größten Widersacher einer gesunden und befriedigenden Sexualität neben der schnellen Verfügbarkeit der Befriedigung im Internet sind Ängste, Depression und Stress.

Der teils gesellschaftlich vermittelte Druck, immer stärker und männlicher sein zu müssen, hat dazu beigetragen, dass die Welt des Mannes testosteronschwanger geworden ist. Testosteron aktiviert unsere Manneskraft, schärft unsere Sinne, fördert klares Denken und macht uns zielstrebig und kampfbereit. Zwischen 20 und 30 ist das Testosteron auf dem Höchststand, ab 40 nimmt es pro Jahr etwa um ein Prozent ab. Um den Hormonhaushalt auch dann anzukurbeln, helfen u. a. Ernährung und Bewegung.

Auf der einen Seite erregt jeden, behaupte ich mal, die Fantasie von wildem Sex mit einer unbekannten, womöglich exotischen Schönheit. Längerfristig befriedigend und nachhaltiger ist aber definitiv der offen kommunizierte, tabufreie Sex in der vertrauten Zwei?samkeit.

Hier und da mal ein Rollenspiel ist sicherlich gedanklich stimulierend, dauerhaft aber eine Rolle zu spielen, die nicht die eigene ist, wird irgendwann für einen selbst nicht authentisch sein oder beim Gegenüber auffliegen.

Die Ursache für sexuelles Desinteresse bei Männern lässt sich oft dadurch erklären, dass sie sich zurückgewiesen und nicht gut genug fühlen, Frauen im Gegensatz fühlen sich zu wenig romantisch umworben und nicht verstanden.

Die Lösung für beide angesprochenen Aspekte ist auch in diesem Fall **eine gute und wertschätzende Kommunikation**, die auch einen offenen Austausch über die jeweiligen Bedürfnisse und ungehemmte sexuelle Mitteilungen beinhaltet.

Wenn die Bettaktivitäten einschlafen, ist meist zuvor schon die Kommunikation eingeschlafen. Beide Partner schweigen verbal wie körperlich. Und wenn der Sex einschläft, läuft ein Paar Gefahr sich zu verlieren.

Je länger eine Beziehung andauert, desto mehr sagt man ihr nach, dass beide Partner unaufmerksamer und unsensibler hinsichtlich der Bedürfnisse des anderen werden. Der Alltag hat Einzug genommen und man betrachtet das, was man hat, als selbstverständlich, anstatt es jeden Tag aufs Neue wertzuschätzen.

Der Orgasmus ist ein wichtiger Teil der Sexualität, aber nicht der einzige Weg zur Befriedigung. Auf das unterschiedliche Erleben des Orgasmus gehen andere Autoren/Sexologen ein. Auch auf das Risiko hin, mich zu wiederholen, wichtig ist, welche Gefühle wir uns auch jenseits des Höhepunktes schenken.

Die Damenwelt freut sich – von einer spontan überkommenden Lust oder einem Quicky abgesehen – dass wir nicht immer gleich den offensichtlichen primären weiblichen Geschlechtsmerkmalen, sondern auch ihrem übrigen Körper ruhig und spielerisch Aufmerksamkeit schenken.

Frauen wurden häufig soziokulturell dazu programmiert oder geprägt, zu geben statt zu nehmen. Möglicherweise erklärt dies, weshalb noch immer zu wenig Frauen sich ernstnehmen, ihre eigene Lust erkunden und leben, um ihre Höhepunkte (im Leben) zu feiern. Dies ist nämlich noch immer nur etwa bei jeder dritten Frau der Fall.

Das Thema Onanieren darf auch bei männlicher Sexualität nicht fehlen.

Manchmal muss Man(n) einfach Druck ablassen, ohne Vor-, Haupt und Nachspiel zu wollen. Außerdem erachte ich es für wichtig, seinen Körper und seine Befriedigung selbst zu kennen. Nur dann kann man auch seiner Partnerin zeigen, was einem gut tut und für einen befriedigend ist.

Viele praktizieren Selbstbefriedigung irgendwie, eine entsprechende Kommunikation ist aber auch jenseits von Beziehungen häufig (noch immer) ein Tabuthema. Anstatt die Partnerin für die eigene Befriedigung verantwortlich zu machen und unbefriedigt zu bleiben, gilt es dieses Thema wortwörtlich in die eigene Hand zu nehmen.

Eine gute Verbundenheit mit unserem männlichen Schöpferorgan zwischen unseren Beinen ist, wie gesagt, wichtig. Eine Überbewertung hingegen sollte überdacht werden, schließlich handelt es sich dabei nicht um das Verhältnis wie zu einem kleinen Bruder ;) .

Da wir Männer meist gelernt haben, durch Masturbation zum Orgasmus zu kommen, sind wir eher auf Tempo programmiert und müssen uns unserer Partnerin zur Liebe angewöhnen, es ruhiger angehen zu lassen.

Wichtig ist, dass sich Mann und Frau in einer erfüllten Beziehung nicht unter Druck setzen, etwas erreichen zu müssen, und sich auch im Hinblick auf das Thema Orgasmus keinem Leistungsdruck ausgesetzt fühlen. Das gilt für frisch Verliebte genauso wie für Partner in jahrzehntelangen Beziehungen.

Während es uns schon vor dem Eindringen in unsere Partnerin passieren kann, dass wir abspritzen, müssen wir uns immer wieder zügeln und daran erinnern, dass Frauen deutlich langsamer erregt werden. Ich habe mir bei einer meiner ersten Partnerinnen bei Sorge des frühzeitigen Kommens das Bild einer ehemaligen Lehrerin vor mein geistiges Auge gerufen, die so abtörnend war, dass mein bester Freund im Unterhaus erst mal wieder etwas klarkam, anstatt zu früh steil zu gehen.

Je langsamer wir also vorgehen, desto schneller kommen wir gemeinsam ans Ziel.

Hier ist, zugegebenermaßen etwas chauvinistisch, der Vergleich mit dem unterschiedlichen Autofahrverhalten der Geschlechter denkbar: Während wir manchmal schon im 4. Gang sind, ist sie gerade mal losgefahren ☺.

Unsere Fähigkeit, unsere Partnerin zu befriedigen und unser Vergnügen mit ihr zu teilen, ist der wahre Test unserer Liebesfähigkeit. Ihr zum Orgasmus zu verhelfen, stellt dabei nur einen Aspekt dar.

Wie bekommen wir es hin, auch nach Jahren des Zusammenseins nicht nur abgetörnt nebeneinander einzuschlafen, sondern die „Bettkunst" immer wieder zu beleben und das Laken neu zu spannen? Auch da ist Kreativität und Abwechslung gefragt. Wir dürfen aktiv dazu beitragen, dass es weiter abgeht statt schleichend bis stetig bergab. Ein möglicher Ansporn kann z. B. ein gemeinsamer Besuch des nächsten Sexshops sein.

Da Mann wie Frau dem Druck ausgesetzt ist, monogam zu bleiben, hält immer mehr Sexspielzeug Einzug in unsere Schlafzimmer. Es darf dafür genutzt werden, unsere sexuelle Erfahrung spielerisch zu erweitern und beiden Partnern Spaß zu ermöglichen.
Denn das ist, was wir haben wollen: SPASS!
Und in jedem Erwachsenen steckt auch ein Rest Spielkind.
Sexspielzeug ist sozusagen der Zuckerguss auf der eh schon leckeren Torte, kein Muss, sondern der Punkt auf dem i des innigen Liebesspiels samt möglichem gemeinsamen Höhepunkt, auch in fortgeschrittenen Beziehungen.

Es ist wünschenswert, dass körperliches Vergnügen mit Liebe und gemeinsamer Lust am Leben einhergeht. Der körperliche Reiz allein verbraucht sich nämlich meist als Freudenspender, wenn übrige Zweisamkeit ausbleibt.

Für richtig guten Sex ist Selbstbewusstsein und Selbstvertrauen förderlich. Es geht vor allem darum, der Angebeteten Genuss zu bereiten und Fürsorge entgegenzubringen.

An dieser Stelle ist nochmal zu betonen: Wenn du deiner Partnerin dabei hilfst, ihren Geist und Körper zu entspannen, ist alles möglich. Wir brauchen uns nicht einzubilden, dass nur wir häufig Lust auf Sex haben. Und es befriedigt uns, wenn wir unserer Frau ein gutes Gefühl geben, ja sie befriedigen.
Vielen Männern mit ihrer Idealvorstellung des Körpers als Kampf- und Sexmaschine fügt sich im Zweifel nicht unser bester Freund, der seinen eigenen Kopf hat.

Es gleicht keinem Versagen, sondern das situative Verwehren darf Grund zum Hinterfragen sein, wo wir mit unserem Verstand steuern wollen, was neben körperlichen Reizen auf der emotionalen Ebene „funktioniert". Statt einem Werkzeug oder einer Waffe dürfen wir unseren Penis als ein Liebes-, Lust- und Weisheitsorgan wahrnehmen.

Sex kann auch mal „schlecht" sein, möglicherweise kommt auch mal keiner von beiden, unsere Partnerin hat keinen Bock oder wir haben nach einem stressigen Tag, an dem wir angeschlagen ins Bett fallen, Standschwierigkeiten.

Alles darf sein, nichts muss.

Wir sollten, wie in vielen anderen Momenten im Leben, ganz locker bleiben und es sportlich sehen: Wenn es funktioniert – gut, und wenn nicht, ist auch nicht schlimm.

Wenn sonst die Beziehung für beide erfüllend ist, kann man darüber auch gemeinsam lachen bzw. schmunzeln, da beide wissen, dass es auch ganz anders, nämlich heiß hergehen kann.

Man geht eben zusammen durch dick und dünn, durch gute wie auch schlechte Zeiten.

Oh Mann, jetzt hab ich doch ernsthaft den über Jahre lang gleichen GZSZ-Jingle im Ohr...

Guter Sex kann als ein Barometer der Gesundheit gesehen werden. Viele Männer kontaktieren erst einen entsprechenden Facharzt, Urologen, wenn es zu Unregelmäßigkeiten in diesem Bereich kommt, und erfahren so, dass gesundheitliche Probleme diese mitverursachen können.

Häufig noch wichtiger als das rein organische Funktionieren ist die intakte Beziehung und das Miteinander.

Nicht gelebte und nicht kommunizierte Sexualität kann in Depression und körperlichen Beschwerden wie Erektionsstörungen, vorzeitiger Ejakulation oder sexuellem Desinteresse münden.

Lastet nämlich Druck auf unserem „mechanischen Hebearm" macht uns häufig nicht der Körper, sondern psychische Aspekte einen Strich durch die Rechnung, in diesem Fall durch das sexuelle Vergnügen. Denn am Ende des Tages ist, wie bereits gesagt, unser Gehirn das größte Sexualorgan und dort das limbische System der Motor.

Nicht zu vergessen ist auch, dass oft Medikamente an sexuellen Funktionsstörungen schuld sind, und zwar auf biologischer, psychologischer und sozialer Ebene. In diesem Zusammenhang sind insbesondere Medikamente gegen Herz-Kreislauf-Erkrankungen und Psychopharmaka zu nennen, da diese auf Erektionsstörungen und das grundsätzliche Lustempfinden einwirken. In diesem konkreten Fall ist sicherlich eine Rücksprache mit einem urologischen Kollegen oder Sexualtherapeuten anzuraten.

Ein Rezept für eine langfristig erfüllte Sexualität könnte sein, sich auch nach Jahren der Beziehung immer wieder in die Lage zu versetzen, in der man seine/-n Partner/-in kennengelernt hat und wie verknallt man da war. Damals hat man sich genau überlegt, was man anzieht, um dem anderen zu gefallen, vielleicht etwas besorgt, um den anderen zu beschenken, und Sport getrieben, um selbst möglichst gut auszusehen. Man hat einfach einen besonderen Menschen begehrt. Dieses Begehren, diese Leidenschaft muss auch nachhaltig im miteinander Älterwerden erhalten bleiben. Daran müssen allerdings beide im steten Austausch arbeiten und auch dann noch bereit sein, auf die Wünsche des anderen einzugehen.

Wenn wir uns emotional nah bleiben, bleiben wir es auch sexuell.

Wir dürfen **locker und spielerisch im sexuellen Umgang** werden und **sein**. Nicht die Erektion oder der Höhepunkt sind das Ziel, sondern das körperliche Erfahren, sich und den anderen spüren, miteinander hormonell und im gegenseitigen Verschmelzen Lust teilen.

Statt nur mechanischem Rein-raus ein gemeinsames Weiterkommen.

Es gilt nur das Erleben von Hingabe und das Teilen von Glücksgefühlen, um eine be-Glück-ende Sexualität zu leben. Statt es zu treiben darf man sich treiben lassen, sich auf den Augenblick verspielt, neugierig und ohne Erwartung einlassen und sich dem Austausch, im Optimalfall zeitlich ungebunden, überlassen.

Sicherlich sind meine zurückliegenden Ausführungen Idealzustände, wohlgemerkt auch bloß aus meiner Sicht. Jede andere Perspektive hat auch ihre Berechtigung. Außerdem kann natürlich nicht jeder dem im Alltag immer gerecht werden, denn jeder ist auch mal angeschlagen, Man(n) hat Kopfschmerzen oder anderweitige situative Beschwerden. Auch die Tage der Partnerin können und dürfen sein, es kann auch einfach mal einen oder mehrere Tage irgendwie gar nichts zwischenmenschlich passen. Auch das ist in Ordnung, wir sind schließlich keine Maschinen, die emotionslos irgendetwas produzieren müssen. Wir dürfen einfach jeden Tag schauen, was uns dieser hinsichtlich uns selbst und zwischenmenschlich bringt und was für Möglichkeiten er uns eröffnet.

Der Bezug des Kapitels zu Männergesundheit besteht im Sinne allgemein körperlichen Wohlbefindens, seine Bedürfnisse zu leben, Erektionsschwierigkeiten durch ein realistisches, liebevolles Miteinander und ohne Stress zu meiden und gedankliche Freiheit im gegenseitigen Austausch zu zulassen.

Auch die Themen Verhütung und wie Kinder das Sexualleben eines Paares verändern sind wichtig, aber nicht Fokus dieses Buches.

Meine Lieblingsstellung(nahme): ;)

Tue, was dir guttut. In einer Beziehung sollte dies zu beidseitiger Befriedigung beitragen.

Probiere dich aus und spüre, was dich und deine Partnerin und sie befriedigt. Lebt nicht starr Sexualität, wie „man" es macht, sondern lebt sie spielerisch. Genießt zusammen die sexuellen Erfahrungen, die eure Körper euch ermöglichen.
Und sprecht über das, was euch guttut. Nur wenn diesbezüglich Ehrlichkeit herrscht, ist Sex auch langfristig für beide eine Bereicherung.

Wenn du an nachhaltig gutem Sex mit deiner Auserwählten interessiert bist, finde heraus, was du selbst jenseits des Höhepunkts geniesst und kommuniziere es deiner Partnerin.
Belese dich außerdem über Frauen. Nicht immer ist das, was Männer denken, auch wirklich schön und befriedigend für ihre bessere Hälfte.
Es geht darum, ihren Geist und ihren Körper zu verführen. Nur wenn sie entspannen kann und erregt wird, werdet ihr zusammen sexuelle Erfüllung erleben und genuss-, nicht zielorientierte sexuelle Erfahrungen machen.

Wir sollten Sex als Bestandteil einer Beziehung nicht überbewerten. Auch sonstige Lust, Spaß und Freude in der Liebe als Teil eines abwechslungsreichen Alltags sind wichtig und nicht zu unterschätzen.

„Jeder entscheidet selbst,
ob er nur viel um die Ohren hat
oder gestresst ist."

„Es sind immer die anderen schuld"

Der Begriff Stress (englisch für Druck, Anspannung) wurde 1914 erstmals von Walter Cannon in Bezug auf Alarmsituationen verwendet. Hans Selye definierte Stress 1936 als körperlichen Zustand von Lebewesen unter Belastung, welche **durch Anspannung und Widerstand gegen äußere Stimuli** (Stressoren) hervorgerufen wird, mit denen **körperliche und geistige Belastung** einhergehen. Allgemein kann Stress als Summe aller Adaptationsvorgänge und Reaktionen körperlicher und psychischer Art definiert werden, mit denen wir auf alle von innen und außen kommenden Anforderungen und auf unsere Umwelt reagieren.

Auf körperlicher Ebene ist Stress eine Alarmreaktion, die durch Stresshormone wie Adrenalin, Noradrenalin und Cortisol ausgelöst wird. Dadurch kommt es, evolutionär im Fall eines Angriffs durch ein Tier oder einen Feind, sinnvollerweise zu einer Steigerung der Herzschlagfrequenz, des Blutdrucks und der Atemfrequenz. Dem Körper und der Muskulatur wird so vermehrt sauerstoffangereichertes Blut zur Verfügung gestellt. Auch Blutzucker wird vermehrt bereitgestellt und die Sinne sind geschärft.

Da es für den Körper um Leben und Tod geht, entscheidet sich dieser je nach Gefahr für eine „Fight or Flight" (Kampf oder Flucht)-Reaktion (Fight-or-Flight-Hypothese von Walter Cannon, 1871–1945). Ziel des akuten Stresses ist es, Energiereserven zu mobilisieren, um die körperliche Unversehrtheit zu gewährleisten.

Die darauffolgende Phase dient in der Regel der körperlichen Regeneration und Reorganisation. Wie ein Löwe nach dem Kampf oder der Jagd ist auch unser Körper erschöpft, muss ruhen und wieder auftanken, sodass kurzzeitige Stressbelastungen für den Organismus ohne Folgen bleiben.

Bei wiederholtem Stress kommt es aber für den Körper zu einer nachhaltigen Belastung aufgrund unzureichendem Anpassungsvermögen. Die kurzfristig förderliche Steigerung der Herzfrequenz führt zu einer nachhaltigen Herzbelastung und auch der Blutdruck bleibt langfristig erhöht. So ist es nicht verwunderlich, dass der arterielle Bluthochdruck, auch Hypertonie genannt, zu den häufigsten Erkrankungen nicht nur der Deutschen gehört. Durch ständige Überreizung der Sinne und des zentralen, alle nervlichen Eindrücke verarbeitenden Systems (ZNS), kommt es zu einer wortwörtlichen nervlichen Überbelastung, Fehlfunktionen bis hin zum Durchbrennen der Sicherung. Die Menge und die Kontrolle darüber machen somit den Unterschied aus, ob diese Mehrbelastung unseren Körper nur vorübergehend fordert oder ihm möglicherweise nachhaltig schadet.

In unserer Leistungsgesellschaft wird jedem von uns immer mehr abverlangt. Zunehmende berufliche An- und Herausforderungen, private Termine und die Großstadthektik können dazu führen, dass wir immer gestresster sind, ohne diesen Druck von außen im Innen abbauen zu können. Bei längerem Einwirken kann der Körper darauf mit den bereits genannten Symptomen wie Bluthochdruck und Herzproblemen reagieren. Wir haben uns von unserem eigenen Rhythmus entfremdet. Stresshormone verändern die Struktur von Neuronen und deren Neuproduktion. Durch langfristigen Stress können (so) permanente Unruhe, vermehrtes Schwitzen, Gedankenkarusselle, Schlafstörungen, Burnout und Depressionen entstehen.

Stressige Situationen lassen sich in unserer Gesellschaft kaum vermeiden. Bereits im Kindes- und Jugendalter werden wir ungewollt mit dem Thema Leistungsdruck konfrontiert. Später im Berufsleben nimmt die Belastung meist nur zu, denn die richtige Balance zwischen Job, Familie und Freizeit stellt jeden mehr oder weniger vor eine fortwährende Herausforderung.

Unsere sozialen Strukturen, Bewertungs- und Abwehrmechanismen entscheiden mit darüber, wie und in welchem Ausmaß Stress einen Einfluss auf uns hat.

Die moderne Stressforschung orientiert sich an den zwei Stressachsen von Henry und Stephens von 1977. Der aktive Stress entsteht dadurch, einer Situation durch Handeln gerecht werden zu wollen, und den Versuch, sie zu kontrollieren. Langfristig kann eine solche Stressbelastung zu den obengenannten körperlichen Schäden führen. Die zweite Form kennzeichnet sich durch einen Kontrollverlust über die stressende Situation und wird als passiver Stress bezeichnet. Dieser wirkt langfristig schädlich auf das Immunsystem mit möglichen daraus resultierenden Autoimmunerkrankungen oder Krebs.

Im Gegensatz zu früher können wir unserem Stressauslöser bzw. Kontrahenten nicht im körperlichen Kampf begegnen, obwohl das manchmal wünschenswert wär ;), ebenso bleibt uns die Möglichkeit der Flucht meistens verwehrt.

Grundsätzlich unterscheidet man daher zwischen „Eustress", uns positiv fordernden, steuerbaren Stress und „Distress", der entsteht, wenn zu viel auf einmal an uns herangetragen wird oder wir gegen unsere eigentlichen Bedürfnisse ankämpfen. Somit kann letzterer, da destruktiv, krankmachen.

Stress beginnt letztlich im Kopf. Mit ca. 80.000–100.000 Gedanken pro Tag stressen wir uns selbst am meisten! Und das Phänomen ist, dass (wenig) Schlechtes hängen bleibt, während (viel) Positives scheinbar abzuperlen scheint (Klett-Teflon-Prinzip).

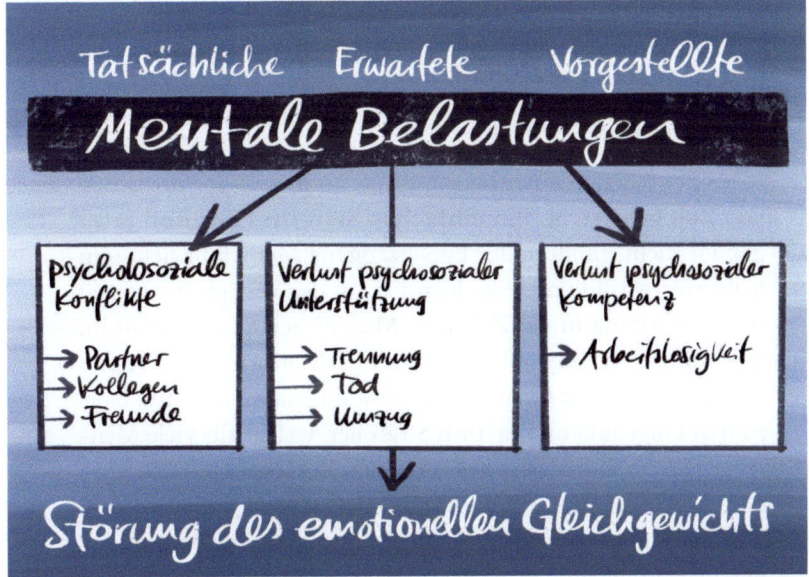

Abb. 8: Mentale Belastungen als Auslöser von Stressreaktionen (in Anlehnung an/nach Hüther)
Mentale Belastungen als „Stressoren" können auf verschiedenen Wegen zu einer Störung des emotionellen Gleichgewichts und somit zu Stress führen. Neben psychosozialen Konflikten und dem Verlust psychosozialer Unterstützung und psychosozialer Kompetenz könnten als weitere Stressauslöser ebenfalls die mediale Dauerpräsenz in Form von Handy, Emails, Erreichbarkeit, sozialen Foren (Facebook, Instagram), Fernsehen und Internet mit aufgeführt werden.

Bei Stress liegt die fokussierte Aufmerksamkeit auf dem aktuellen Problem. Die Fähigkeit Erinnerungen aus dem Gedächtnis abzurufen, Informationen zu analysieren, Schlussfolgerungen zu ziehen und Entscheidungen zu treffen, wird vermindert.

Bei Überforderung wird das Kompetenzgefühl, das wichtig für die eigene Handlungsfähigkeit ist, beeinträchtigt. Es droht die Gefahr, dass der Stress in andere Lebensbereiche verschleppt wird.

Die meisten erfolgreichen Menschen verbinden zwei Dinge: Sie haben wenig Zeit und viel Stress. Jemand, der gestresst ist, scheint wichtig zu sein und genießt soziales Ansehen.

In unserer termingeplagten Leistungsgesellschaft ist Stress scheinbar zur Normalität geworden und gehört fast schon zum guten Ton. Fast jeder leidet heutzutage zumindest zeitweise darunter.

Je größer das Ego einer Person ist, desto mehr wird ihr Leben von Zeit beherrscht. Ein **einfaches Sein im Hier und Jetzt** genügt nicht, sondern der Ego-bezogene Mensch bezieht sein Selbstwertgefühl und seine Identität aus der Vergangenheit und sucht Erfüllung in der Zukunft. Man(n) genügt sich nicht im gegenwärtigen Augenblick, der als Hindernis auf dem Weg zu den in der Zukunft liegenden Zielen wahrgenommen wird. Dort rühren Ungeduld und letztlich Stress her, welche für viele Menschen, insbesondere Männer ein normaler Bestandteil ihres Lebens und ihres „normal"en Alltags sind.

Eine Einkommensmaximierung trägt zu einem möglichst hohen Lebensstandard bei, häufig zu Ungunsten der Lebensqualität.

Man lebt in einer Welt voller Probleme, die scheinbar erst alle gelöst werden müssen, ehe man glücklich, mit sich und seinem Leben zufrieden und einfach nur ganz da sein kann.

Viele Personen, gerade Männer, stehen mit allem und jedem in Konkurrenz, setzen sich dadurch stetigen Vergleichen und Leistungsdruck aus, um sich zu beweisen und besser sein zu können als jemand anderer, anstatt alle so gut sein zu lassen, wie sie sind.

Tiefenpsychologische Autoren sind der Auffassung, dass hinter den ständigen Bemühungen der Männer, in allem (immer) bis an die Grenzen oder darüber hinauszugehen, sich nichts Geringeres zeigt als die tiefe Sehnsucht danach, mit ihrem wahren Selbst in Berührung zu sein und Anerkennung zu bekommen, die sie sich sonst selbst nicht schenken.

Das Thema Stress erlebe ich alltäglich im Gespräch mit meinen Patienten und Heilsuchenden. Es war aber auch stets Thema in meinen Meditationskursen und dort völlig altersunabhängig.

Fast 50 % der Menschen fühlen sich von ihrer Arbeit überfordert. 50 % aller Arbeitsfehltage in vielen europäischen Ländern gehen auf Stress zurück. Jährlich werden etwa 70.000 Menschen in Deutschland wegen psychischer Erkrankungen frühberentet (Report Psychotherapie 2020).

Jede dritte Frühverrentung ist psychisch bedingt, meist aufgrund von Depressionen oder Angststörungen.

Stressbedingte Krankheiten gerade in Zusammenhang mit der Arbeitsausübung haben alarmierend zugenommen. Dies ist durch immer ökonomischere Arbeitsabläufe und einen dadurch mitgeschürten, größeren personellen Konkurrenzdruck sowie zunehmende technologische Entwicklungen zu erklären. Entweder passt man sich an die gegebenen Vorgaben an, schafft es durch Ausgleich in der Freizeit und Beziehung einen Gegenpol zum Wiederauftanken zu realisieren oder man reibt sich wortwörtlich auf, fühlt sich über- oder unterfordert und verliert stetig an Energie bis zum Burnout.

Dieses wortwörtliche Ausbrennen läuft häufig wie folgend ab:

Nach anfänglicher Begeisterung und beruflichem Enthusiasmus mit Überengagement, womöglich unbezahlter Mehrarbeit, ausgeprägtem Verantwortungsdenken und einem Gefühl der Unentbehrlichkeit folgt eine Phase des reduzierten beruflichen Interesses mit Distanzierung, Unlust und negativer Arbeitseinstellung.

Einer negativen Arbeitseinstellung folgt der Abbau der Leistungsfähigkeit und Kreativität und die Entwicklung erster emotionaler und psychischer Symptome wie Versagensgefühle, Widerwillen, Ärger, Gereiztheit bis hin zu Aggressivität oder Gleichgültigkeit, Resignation und Verzweiflung.

Vergleichbar ist dieser Zustand mit dem Pegelstand einer Flasche. Der Energieabfluss ist langfristig höher als der Energiezufluss durch ein erfüllendes berufliches Wirken.

Der Betroffene ist „Spieler wie Flasche leer", wie Giovanni Trapattoni gegebenenfalls an dieser Stelle zum Besten geben würde.

Nach den geistigen Symptomen reagiert auch der Körper (psychosomatisch) in Form von Kopfschmerzen, andauernder Müdigkeit, Schlafstörungen, Magen-Darm-Beschwerden und Infektanfälligkeit aufgrund der Beeinträchtigung des Immunsystems.

Es resultiert eine unbefriedigende Work-Life-Balance und wenig Entspannung. Möglicherweise nehmen auch Streitigkeiten in der Partnerschaft zu, woraus ein unerfülltes Sexualleben, eingeschränkte Kommunikation beruflich, partnerschaftlich und im Worst-case auch in Freundschaften folgt.

Abb.9: Burnout

Man fühlt sich in seinem eigenen (beruflichen) Alltag gefangen mit möglichem nicht nur beruflichen, sondern auch sozialen Rückzug und innerer Leere bis hin zur Depression.

Spätestens an diesem Punkt bedarf es auch aus berufsrechtlichen Gründen einer psychologischen oder ärztlichen Behandlung.

Depression kann als Resultat übermäßigen Stresses auftreten und ist als häufigste psychische Erkrankung auch ärztlich zu behandeln. Man geht davon aus, dass jeder 20ste in Deutschland von Depressionen betroffen ist, es aber gerade bei Männern eine hohe Dunkelziffer gibt, da sie sich genieren und diese nicht verbalisieren, geschweige denn zum Arzt gehen. Sie ertränken ihr Befinden eher in Alkohol oder versuchen es mit stimmungsaufhellende Drogen zu kompensieren, aber dazu später mehr.

Die Weltgesundheitsorganisation (WHO) sieht in den psychischen Krankheitsursachen ein schwerwiegendes Gesundheitsproblem der Zukunft. Ein Großteil der häufigsten Erkrankungen ist bereits heute psychischer Natur.

Wichtig, und deshalb vorangehend auch beschrieben, ist, die entsprechenden persönlichen Beeinträchtigungen und körperlichen Symptome rechtzeitig wahrzunehmen und sie sich einzugestehen.

Startest du deinen Tag noch freudig und glückerfüllt oder unglücklich und bereits beim Aufstehen niedergeschlagen?

Ein Nichtanerkennen der eigenen Arbeit geht häufig mit einer Ablehnung des Selbst einher, worunter zwangsläufig die Produktivität leidet. Daher ist es so wichtig, stets **in Kontakt mit sich** selbst zu **sein,** statt immer nur zu funktionieren. Du trägst die Verantwortung für dein Leben, insbesondere für deine Gesundheit.

Was nährt dich derzeit und was raubt dir Energie?

Stress steht neben der Arbeitswelt auch häufig in Zusammenhang mit der Partnerschaft, entweder ist diese ein direkter Auslöser oder Stress wird in die Beziehung mit hineingebracht. Auch hier gilt es einen zu großen Perfektionsanspruch abzulegen.

Versuche Dinge spielerisch zu lösen und stell dir vor, wie du mit ihnen als Kleinkind mit deiner ersten Spielfreundin umgegangen bist. Dies bringt dich von der Kopfsteuerung zur Leichtigkeit des Seins zurück. Denn im Grunde genommen steckt in jedem von uns noch ein Kind, das **jeden Tag Spaß haben** will.

Wenn wir dessen Stimme zu lange ignorieren, bekommen wir schlechte Laune und unsere Wahrnehmung verengt sich zusehends.

Stress und stete mentale Beanspruchung scheinen auch die Zeugungsfähigkeit zu reduzieren. Schaut man sich die Bevölkerungsentwicklung an, fällt auf, dass sehr erfolgreiche, karriereorientierte Menschen und Paare häufig, gewollt oder ungewollt, kinderarm leben. Neben der mangelnden Zeit für intensive und erfüllende Zweisamkeit ist dies sicherlich auch der mangelnden Entspannung des anderweitig eingespannten, funktionierenden Körpers geschuldet.

Aber was gilt es zu tun?

Das eine ist eine staatliche bzw. betriebliche Regelung optimierter, im Sinne unserer Gesundheit, schonenderer Arbeitsabläufe, das andere aber, aus meiner Sicht noch wichtigere ist, das eigene Verhalten zu verändern. **Wir bestimmen über unser Leben und können entscheiden, was und wie wir arbeiten möchten!** Was uns daran hindert, ist unsere Angst, arbeitssuchend (besser als arbeitslos) zu sein und uns (und noch wichtiger unserer Familie) nicht das bieten zu können, was wir bisher als unseren individuellen Lebensstandard definiert haben.

Aus Angst kreieren wir nicht das, was wir uns wünschen, und gleichzeitig stressen uns Angst und Zorn nicht nur, sondern verkürzen auch unser Leben.

Wie signalisiert dein Körper dir Stress?

Bist du unaufmerksam, unkonzentriert, hast (Spannungs-) Kopfschmerzen? Vernimmst du ein schnelleres Schlagen deines Herzens oder hast womöglich schon Bluthochdruck?

Bei mir war es ein unangenehmes Bauchgefühl, ein Zusammenziehen in der Magengegend. Jeder kennt den Ausspruch: „Etwas schlägt mir auf den Magen".

Stress äußert sich häufig in Form eines nervösen Magen-Darm-Systems, das von Übelkeit bis hin zu Durchfällen führen kann. Auch ein vermehrter Harndrang vor Prüfungs- oder anderweitig stressigen Situationen ist sicher jedem bekannt.

Wie eine Signallampe meldete sich mein Bauch, immer wenn meinem Körper etwas stressig erschien. Heute reagiert diese Körperregion, in der Chakrenlehre auch der Solarplexus (Sonnengeflecht oder Nabelchakra), noch genauso, wenn ich unbewusst in Situationen gerate, die unstimmig und energieraubend sind.

Dies kurz unter dem Nabel gelegene Energiezentrum wird mit körperlichen Zuordnungen zum unteren Rücken, Bauch, Verdauungssystem (Magen, Leber, Gallenblase), der Milz sowie dem vegetativen Nerven-System beschrieben. Dieser Region werden Themen wie Sitz der Persönlichkeit, bewusste Gestaltung des Lebens, Kraft und Fülle sowie Einfluss und Macht zugeschrieben, des Weiteren Verarbeitung und Transformation der vitalen Antriebe und Wünsche sowie Integration von Gefühlen und Lebenserfahrungen.

Mit der Zeit konnte ich mein „Bauchgefühl" nutzen, indem ich mir beim Auftreten des Gefühls bewusst machte, dass ich mich gerade nicht in meiner Mitte befand.

Sehnen wir uns denn überhaupt nach permanenter Harmonie und einem Leben in völliger Entspanntheit?

Oder sind Herausforderungen im Alltag, Veränderungen in unserem Leben und nicht planbare Ereignisse, das was unser Leben abwechslungsreich, aufregend und spannend gestaltet und ihm einen „Nervenkitzel" versieht?

Ist das Hoch, das einem Tief folgt, nicht erstrebens- und lebenswerter als ein permanentes Hoch? Was wäre eine Welt ohne Herausforderungen und Ereignisse, die es zu meistern gilt?

Soziale Bindungen, Zeiten der Geborgenheit und Eingebundenheit in einen Arbeitsalltag erfüllen uns mit Glück und machen uns stressresistenter.

Nicht die Belastungen an sich, sondern das Gefühl, keinen Einfluss auf die Stressoren zu haben, kann unser Immunsystem schwächen und dazu beitragen, dass wir krank werden.

Durch sogenannte Biofeedback-Verfahren wie Messungen der Hirnstromaktivitäten, der Herz- und Atemfrequenz oder der elektrischen Leitfähigkeit der Haut kann Stress ärztlich objektivierbar gemacht werden.

Stress bewirkt, dass wir körperlich übersäuern, sinnbildlich dafür, dass wir sauer sind, weil wir scheinbar an der Situation nichts ändern können. Doch **wir können immer etwas ändern.** Es ist unser Leben und wir können tagtäglich selbst entscheiden, wie wir es leben wollen.

Wenn wir Stress vermeiden, werden wir nicht mehr krank.

Aber die an den Machthebeln Sitzenden versuchen mit allen Mitteln genau das Gegenteil zu erreichen, nämlich die Bevölkerung durch arbeitsverdichtende Maßnahmen, Ökonomisierung und Medien in Stress zu versetzen.

In Bezug auf letzteres folgende Frage:

Wie viele Informationen im Internet, Fernsehen oder den Nachrichten beschäftigten sich mit Positivem und förderlichem Gedankengut? Warum wird uns die Zeit durch Trash und negative Meldungen aus aller Welt geklaut?

Wir sollen zwar mit allem in Liebe verbunden sein, aber warum sollen wir uns mit Informationen über eine Explosion in X, einem Machtkampf in Y oder einen nahenden Krieg irgendwo anders auf der Welt belasten? Unser Leben findet an dem Ort statt, an dem wir uns gegenwärtig befinden und nicht im Gestern oder im Morgen. Wenn wir **in uns und unserem Umfeld für Ruhe sorgen und nächstenliebend handeln** und dies vielerorts geschieht, dann kann es auch in anderen, entfernteren Teilen der Welt ein bisschen friedvoller und zwischenmenschlicher werden.

2020 war von der weltweiten Corona-Pandemie geprägt. Anstatt uns konstruktiv der Gesundheitsgefährdung bewusst zu sein, wurde uns aus meiner Sicht medial durch ständig kommunizierte Infektionszahlen das nahende Ende suggeriert. Es wurde nicht, so wie es medizinisch sinnvoll gewesen wäre, zwischen

Infizierten ohne Symptome, Erkrankten mit moderaten Erkältungsbeschwerden und dem zumindest in Deutschland geringen Anteil an Schwererkrankten, von denen wie an jeder Erkrankung leider ein Teil stirbt, unterschieden.

Wer hat entschieden, dass wir in zunehmendem Stress leben sollen?
Wenn wir das nicht wollen, dann muss jeder einzelne in seinem Alltag etwas daran ändern.
Es gilt eine Veränderung unserer Stressverhaltensmuster bzw. Gedankenkontrolle durchzusetzen. Denn Stress entsteht eben nicht (nur) aufgrund äußerer Umstände, wie z. B. viel Arbeit, sondern auch durch unseren Umgang mit den Umständen, denen wir ausgesetzt sind. Wir sollten Stress annehmen und zu meistern wissen, anstatt ihm ausweichen zu wollen. Dies gelingt durch die Kontrolle unserer Gedanken.

Unser Bewusstsein kann nicht zwischen realen und vorgestellten Belastungen und dem daraus resultierenden Stress unterscheiden. Die Wahrnehmung unserer Umwelt unterliegt immer selektiven Wahrnehmungsfiltern.

Da jeder über sein Leben entscheiden kann, können wir auch verstandesmäßig jeden Tag aufs Neue entscheiden, welchen Lebens-, Arbeits- und Beziehungssituationen wir uns aussetzen wollen und ob diese uns guttun oder uns stressen.
Diesen psychosozialen Aspekten steht der Verlust psychosozialer Unterstützung durch Trennung oder Tod gegenüber, Störungen des emotionalen Gleichgewichts, auf die wir primär keinen Einfluss haben. Auch hier entscheidet jedoch die längerfristige Anpassung, auf die wir Einfluss haben, wenn wir uns unseren Gedankenmustern sowie unseren emotionalen Verbindungen bewusst sind.

Wenn du meinst, viel zu viel zu tun zu haben, schreibe alles auf und lerne zu priorisieren, eine solche To-do-Liste schafft nicht nur Klarheit, sondern auch Struktur.

Manche Aktivitäten müssen gar nicht heute und nicht von dir selbst erledigt werden, anstelle dessen können einzelne Aufgaben gegebenenfalls delegiert werden.

Prioritäten richtig setzen kann nach dem Eisenhower-Prinzip erfolgen:

		Dringlichkeit	
		Dringend	nicht dringend
Wichtigkeit	wichtig	I Sofort selbst erledigen	II Terminieren und selbst erledigen
	nicht wichtig	III An Mitarbeiter zu delegieren	IV Unbearbeitet lassen/Papierkorb

Tab. 2: Beim Eisenhower-Prinzip werden anstehende Erledigungen und Aufgaben nach Wichtigkeit und Dringlichkeit in 4 Kategorien eingeteilt. Ziel ist es, sich auf die wirklich wichtigen Dinge zu fokussieren.

Viele Menschen klagen darüber, wenig Zeit für sich und ihre Familie aufgrund ihrer beruflichen Tätigkeit zu haben. Oft stellen sie aber, wenn sie frei über ihre Zeit verfügen können, im Fall von Arbeitslosigkeit oder Rente, fest, dass sie mit ihrer Freizeit nur wenig Sinnvolles anzufangen wissen.

Mit welchem Gefühl stehen wir morgens auf?
Mit einem inneren Gefühl der Leichtigkeit und Freude, diesen neu geschenkten Tag wieder zu rocken, oder mit schweren Gedanken und Stress mitsamt seinen körperlichen Symptomen?

Alles entsteht im Kopf! **Jeder** ist sein eigener Herr und **bestimmt die Dinge, die er denkt.**

Wenn dich dein Leben stresst, schau dir die jeweiligen Aspekte genau an oder schreibe sie auf und überlege, wie du diese für dich entspannt gestalten kannst. Auch auf die Gefahr hin, dass ich mich wiederhole: **Es ist dein einmaliges Leben!** Jeder Moment ist ein Geschenk. Ich muss mir selbst darüber im Klaren sein, dass Stress ein Arschloch ist, das keinen Platz in meinem Leben hat. Punkt!

Umgib dich mit Menschen, die dir wohlgesonnen sind, eine beruhigende Wirkung auf dich haben oder die bereits da sind, wo du möglicherweise hinmöchtet.

Lerne, alles zu genießen, und das, was du tust, von Herzen zu tun. Freude als Gegenpol zu Stress kommt automatisch, wenn wir all unsere Geschäftigkeiten entspannt erledigen.

Durchbrich die Beschränkungen deines Denkens und du zerbrichst damit auch die Fesseln deines Körpers. **Alles** scheint der Zeit unterworfen zu sein und doch **geschieht** alles **nur im Jetzt**, nur im gegenwärtigen Augenblick.

Was die Umweltverschmutzung für die Außenwelt ist, ist Unglücklichsein und Negativität für unsere Innenwelt. Die meisten Menschen glauben, dass ihr Glück von Dingen im Außen abhängig ist, aber die tiefere Vollkommenheit existiert jenseits des vergänglichen Äußeren. Die Freude am Sein, dem einzig wahren Glück, entspricht schlicht der formlosen Dimension in unserem Innern, deinem bewusst Sein.

Wenn wir unsere Gedanken kontrollieren, kann Stress uns nichts anhaben. Häufig gilt es nur die Konzentration auf eine einzige Sache zu richten, sich mit ihr allein zu beschäftigen und sie nach Erledigung aus dem Gedächtnis zu löschen, bevor wir uns der nächsten Sache widmen.

Konzentriere dich vollkommen auf das, was du gerade tust.

Der Fokus auf das Hier und Jetzt, anstatt auf gestrige Begebenheiten oder ab gleich, also zukünftig zu erledigende Anforderungen, ist im Sinne der Stressreduktion ein wichtiger Aspekt.

Entschleunige und bestimme dein individuelles Arbeitstempo, bei dem du dich wohlfühlst.

Optimiere deine Arbeitsabläufe und deine Zeitplanung und richte störungsfreie (Aus-)Zeiten ein. **Regelmäßige Pausen, persönliche Auszeiten zum Auftanken und Durchatmen** sind dabei wichtig.

Lasse auch digitale Medien für eine gewisse Zeit des Tages ruhen und gehe Konflikte, soweit vorhanden, aktiv und konstruktiv mit Zielfokus an. Erkenne deine eigenen Belastungen, Ressourcen und Potentiale. Es ist wichtig, einfach auf die Zeichen deines Körpers Acht zu geben.

Erfolgreich auch mal „Nein" zu sagen, ist dabei das A und O, und sich das Sorgenmachen abzugewöhnen, ist das Ziel.

Sei dir deiner eigenen Antriebe und deiner individuellen Stärken und Schwächen bewusst.

Für die Verkopfteren unter euch gilt es zu versuchen, sich SMARTe Ziele zu setzen:

S	->	Spezifisch (definiert)
M	->	Messbar
A	->	Ausführbar (erreichbar)
R	->	Realistisch (Ziele müssen erreichbar sein)
T	->	Terminierbar (bis wann umgesetzt?)

Auch dein Tag hat nur 24 Stunden. Setze in einer immer schnelllebigeren Zeit Prioritäten!

So schaffst du mehr Zeit für die dir wichtigen, dich auftankenden Dinge im Leben.

Sportliche Aktivitäten helfen einen klaren Kopf zu behalten und Stresshormone abzubauen, Entspannungsverfahren wie Meditation, Yoga oder Tai-Chi helfen dabei „runterzukommen".

Ausreichend Schlaf trägt zur Regeneration und Selbstheilung bei. Magnesium fördert ein gesundes Nervensystem, und auch B-Vitamine vermindern Müdigkeit und Erschöpfung.

Jeder muss oder darf sich bewusst machen, dass nur **wir über unser Leben und die Geschwindigkeit, mit der wir es leben, bestimmen**. Wenn dich dein Leben stresst, machst du entweder zu viel oder deine Einstellung gegenüber dem, was du tust, stimmt nicht.

„Niemand kann aus dem Gleis springen, dessen Erbauer er selbst ist."

Wie du möglichem Stress in der Arbeit oder deinem sonstigen Leben entgegen wirken kannst, erläutere ich in dem Kapitel *Erholung und Entspannung*.

Mein entstressender Rat:

Wenn du ein langes gesundes Leben anstrebst und nicht jeden Tag unnötig Magensäureblocker und Blutdrucksenker vertilgen möchtest, rate ich dir, deine Arbeit, zumeist der Hauptstressor, nach dem Motto: „Arbeite ruhig und gediegen, was übrigbleibt, bleibt liegen", einzurichten. Plane stets immer Phasen der Muße und Ruhe ein, um gesundheitserhaltend stets „relaxed" zu sein.

Auch wenn aus wirtschaftlichen Gründen oder Personaleinsparungen immer mehr Arbeit auf Einzelpersonen abgewälzt wird, hast du (so) die Möglichkeit, deinen Körper vor unnötigem Stress zu bewahren und einem Burnout vorzubeugen.

Erkenne chronische Überforderung rechtzeitig und werde aktiv, anstatt Selbstmitleid zu entwickeln. Lerne einfach „Nein" zu sagen und nimm dir Zeit für dich, zum Durchatmen und um auf andere bzw. neue Gedanken zu kommen. Strukturiere Aufgaben nach Wichtigkeit und arbeite eine nach der anderen in deinem Tempo ab. Wenn möglich, delegiere Aufgaben, um dich selbst zuentlasten.
  Gehe EINFACH gelassen durch dein eigenes Leben!

Verrate dich und deine Seele nicht, nur um einen Job zu haben. **Lebe, um zu leben und Erfahrungen zu machen,** statt nur zu arbeiten. Authentische Arbeit ist erfüllend und nicht kraftraubend oder stressig. Nimm Verabredungen mit dir selbst genauso wichtig wie berufliche oder andere Termine.

Entwickle eine Vision davon, was du willst, und lass all deine gedankliche Energie und zeitlichen Einsatz dort hineinfließen, anstatt dich und deinen Körper durch negative Gedankenmuster zu stressen.

Wir brauchen all unsere Energie im jetzigen Augenblick.
  Entscheide dich daher für Ruhe und Gelassenheit als Normalzustand!

„Jede Sucht ist ein Hindernis
auf dem Weg zur inneren Freiheit."

„Sucht kommt von suchen"

Eine Sucht oder Abhängigkeit bezeichnet das Verlangen nach einem bestimmten Erlebniszustand und besteht, wenn ein Mensch ein bestimmtes Verhalten nicht mehr kontrollieren oder auf eine bestimmte Substanz nicht mehr verzichten kann. Sie werden von Laien häufig verkannt, gehören aber mit zu den häufigsten psychischen Störungen in Deutschland. Häufig beeinträchtigen Süchte die freie Entfaltung der Persönlichkeit und die sozialen Chancen eines Individuums. Sie können zu Störungen im familiären und sozialen Umfeld samt Arbeitsplatzverlust oder Geldschulden führen.

Neben einer psychischen Abhängigkeit kann es auch zu einer körperlichen Abhängigkeit kommen, die mit einer Veränderung der Gehirnstruktur einhergeht und in Entzugserscheinungen, Angst und Unruhe münden kann.

Das gegenwärtige Vergessen taucht im Moment der Ernüchterung wieder auf. Die Wirklichkeit scheint oft immer schwerer zu ertragen, dies kann nicht nur in Depressionen münden.

Wie häufig laden wir uns Alkohol rein oder betäuben uns anderweitig, nur um hinterher wieder ernüchtert unseren Alltag ertragen und fortführen zu müssen?

Und ich rede hier nicht vom geselligen Bier oder Weinchen mit Freunden. Wenn etwas regelmäßig konsumiert wird, egal ob Zigaretten, Alkohol oder sonstige Drogen, und mit offensichtlichen Schäden für den eigenen Körper einhergeht, ist zu hinterfragen, was oder wonach man eigentlich wirklich „sucht".

Wenn nicht gerade aus scheinbarer Geselligkeit nebenbei konsumiert wird, dienen Süchte dazu, Unsicherheiten oder Ängste zu kompensieren. Letztlich kommt das Wort Sucht von Suchen.

Aber was oder wonach sucht jeder Einzelne in seinem Leben?

Alkohol:

Viele Männer sind aufgrund ihrer Prägung und Struktur unsicher und missbrauchen Alkohol als gesellschaftlich anerkanntestes Suchtmittel No. 1, um gegenüber Freunden oder im Umgang mit Frauen lockerer zu sein. Dem gegenüber steht der Kampftrinker bereits seit Kindertagen, dessen Durst scheinbar unstillbar ist und dessen Lebensfokus auf Ereignisse rund um den Trinksport gerichtet ist.

Bier zählt zu den beliebtesten alkoholischen Getränken deutscher Verbraucher.

Das älteste bekannte Bier wurde im Sudan aus dem 8. Jahrtausend vor Christus nachgewiesen.

Im frühen Mittelalter wurde Bier in Fastenzeiten in Klöstern gebraut, hat aber schnell seinen Weg in die profane Welt gefunden.

Innerhalb des Jahres 2019 summierte sich der Pro-Kopf-Verbrauch hierzulande auf rund 100 Liter/Person. Auch wenn diese Zahl noch einen guten Bierdurst des Durchschnittsdeutschen erkennen lässt, so sinkt dieser Wert seit den 1990er Jahren kontinuierlich. Dies mag wohlwollend so interpretiert werden, dass zusehends mehr Menschen, hoffentlich auch Männer, auf ihre Gesundheit achten. Es dürfte aber auch der demographische Wandel mit ursächlich sein.

Hinter dem Bier ist Wein das beliebteste alkoholische Getränk der deutschen Konsumenten. Im Gegensatz zu dem rückläufigen Bierdurst liegt der Weinkonsum in den zurückliegenden Jahren auf einem konstanten Niveau von 20 Litern Pro-Kopf-Verbrauch.

Offensichtlich ist, dass das ein oder andere Bierchen oder Glas Wein keinen wesentlichen Schaden anrichtet, 1–2 Einheiten (1 Einheit = 1 Glas a 0,2l) Wein oder Bier pro Tag scheinen sogar vor Herzerkrankungen zu schützen. Das exzesshafte und gar tägliche Trinken größerer Alkoholmengen aber schadet unserem Körper nachhaltig.

Alkohol wird häufig aufgrund der Zugehörigkeit zu einer Gruppe in der Pubertät, aus der Selbstsuche und Abgrenzung von den elterlichen Belehrungen über das Leben konsumiert.
Das durchschnittliche Einstiegsalter in den Alkoholkonsum liegt bei unter 14 Jahren.

Es gibt kaum einen Mann, der in jungen Jahren nicht seinen Kumpel beneidet hat, weil er schneller die gestochene Dose geleert, den Trichter-Contest gewonnen oder beim Bier-Pong alle anderen unter den Tisch getrunken hat. Aber auch dieser König des Abends wird am nächsten Tag seine körperlichen Schmerzen zu spüren bekommen und seinem Körper beim kompensatorischen Katerfrühstück scheinbare Linderung, in Wirklichkeit aber die nächste Stoffwechselherausforderung, antun.

Viele nutzen Alkohol, um einen Anteil zu leben, den sie ansonsten nicht leben. Alkohol gibt ihnen z. B. Mut zum Tanzen und um Frauen anzusprechen sowie die Möglichkeit, sich für den Moment des Trinkens so zu nehmen, wie sie sind, und sich einfach keine Gedanken über das sonstige Leben zu machen. Andere missbrauchen Alkohol, um sich aus ihrem arbeitsreichen Alltag zu beamen und sich zwangsläufig am nächsten Tag wegen des Katers einen day off zu genehmigen, was sie im nüchternen Zustand sonst nicht getan hätten.

Beim Konsum von Drogen jenseits des Alkohols wird häufig ein kreativer Anteil gelebt, dem sonst nicht nachgegangen wird. Die Gefahr bei Letztgenanntem besteht darin, dass bestehende Ängste unterstrichen bzw. verstärkt werden.

Nicht umsonst schrieb Herbert Grönemeyer in seinem Song „Alkohol", dass dieser als Sanitäter in der Not, ja Fallschirm und Rettungsboot diene.

Alkoholismus kann in Zusammenhang mit dem Wunsch stehen, keine materielle oder gefühlsmäßige Verantwortung übernehmen zu müssen, aus Angst (wieder) verletzt zu werden.

Es hat keinen Sinn, Sorgen in Alkohol ertränken zu wollen, denn Sorgen sind gute Schwimmer (Robert Musil). Daher gilt es die meist innere Leere mit etwas anderem als Alkohol zu füllen, denn körperlich kommt es durch regelmäßigen Konsum nicht nur zu einer verringerten Gehirnfunktion, neben der Leber leidet auch das übrige Nervenkostüm, die Muskeln, die Haut, eigentlich der gesamte Körper. Statt der Wirklichkeit im ange-/betrunkenen Zustand zu entfliehen, gilt es sich seine möglichen Unsicherheiten, Ängste oder Zweifel einzugestehen und **sich so** zu **lieben, wie man ist**. Jeder Angst ins Auge zu gucken, verlangt erst einmal Mut, wird aber nach Bewältigung mit einem erstrebenswerten Zuwachs an Selbstbewusstsein belohnt.

Trage dazu bei, deinen Wert zu erkennen, anstatt dich (weiter) wertlos zu fühlen.

Viele können aber als Erwachsene nicht aufhören, weil sie sich angewöhnt haben, ihren Kummer und ihre Sorgen, ihr Sehnen und ihre Wünsche im Alkohol zu ertränken. Außerdem trägt Alkohol einfach zur Gesellschaftsfähigkeit bei und wird als normal akzeptiert. Alkohol wird so selbstverständlich wie nichtalkoholische Getränke beim Essen oder in der abendlichen, geselligen Runde konsumiert.

Häufig besteht eine scheinbare Wechselbeziehung aus Anspannung, Konsum und anschließendem Wohlbefinden. Uns kurzfristig besser zu fühlen quittiert uns unser Körper mit anschließendem Unwohlsein bis hin zu Entzug.

Als Kind erfahrener Alkoholismus, neurotische Störungen und Persönlichkeitsveränderungen sind begünstigende Faktoren, die einen selbst zum Alkoholiker werden lassen können. Ein die Sucht auslösender, zurückliegender Missbrauch oder häusliche Gewalt (meist durch den Vater) bedürfen unbedingt psychotherapeutischer und/oder ärztlicher Unterstützung.

Wenn Alkohol uns aber hilft, Unsicherheiten zu überwinden, sollten wir uns das lieber in nüchternem Zustand eingestehen und dazu beitragen, aus unseren Unsicherheiten Stärken werden zu lassen.

Sich bewusst und nüchtern in den Situationen **wahrzunehmen**, in denen man vorher Alkohol missbraucht hat, ermöglicht sich selbst und sein Umfeld in eben jenen Situationen zu erfahren mit dem Ansporn, genau diese wilden, lebendigen und selbstbewussten Anteile, die bisher nur im Suff existieren konnten, auch ohne Alkohol oder sonstige Drogen leben zu können.

Je bewusster und gesünder du und dein Körper werdet, desto geringer wird auch dein Verlangen Alkohol zu konsumieren, weil er (komischerweise) auch auf einmal gar nicht mehr schmeckt. Oder man merkt, wie er einem nicht mehr bekommt, wenn man gelernt hat **die Zeichen des Körpers** zu **hören**.

Rauchen:

Rauchen gerät aufgrund der verabschiedeten Gesetze hinsichtlich der rauchfreien Gemeinschaftsräumlichkeiten und der immer höheren Tabaksteuer zusehends mehr aus der Mode. Dem Raucher wird wortwörtlich abgewöhnt, an dieser Sucht Spaß zu haben, nachdem es lange, nicht uneigennützig, staatlich geduldet wurde.

Beim Rauchen sind die sozialen Gradienten steil und die höchsten Prävalenzraten zeigen sich stets in sozial benachteiligten Gruppen. Laut Deutschem Krebsforschungszentrum geben Arme zwischen 10-20 % ihres verfügbaren Einkommens für Tabakwaren aus.

Nikotin ist eine von fast 5.000 Chemikalien im Tabakrauch, von denen etwa 100 erwiesenermaßen krebserregend sind. Dazu zählen u. a. Arsen, Blei, Cadmium, Formaldehyd, Benzol oder Nitrosamine.

Viele rauchen einfach nur, um dazuzugehören, die inhalierten Giftstoffe werden ausgeblendet.

Daneben fördert Rauchen augenscheinlich das Wohlgefühl und sorgt für scheinbare Entspannung. Aufgrund des Effekts der Steigerung der Magensaftproduktion und der verstärkten Magen-Darmaktivität wird Rauchen als „Nachtisch" nach dem Essen als angenehm empfunden. Auch der Gewichtsverlust aufgrund der Zügelung des Appetits ist ein fraglich positiver Nebeneffekt des Rauchens.

Negative Aspekte des Rauchens sind die resultierende Kurzatmigkeit mit erhöhter Atem- und Herzfrequenz, Durchblutungsstörungen mit Blutdruckanstieg und Thromboseneigungen sowie das erhöhte Lungenkrebsrisiko. Auch unserer Prostata zuliebe sollte das Rauchen eingestellt und anstelle dessen lieber Sport getrieben werden.

Der Rauch gelangt in die Lunge, die ein Symbol für Entfaltung, Leben, Austausch und Kommunikation darstellt. Rauchen steht oft in Zusammenhang mit einer inneren Leere, die es zu kompensieren gilt.

Verstecke ich hinter einem Schleier aus Rauch in mir verborgene Ängste und ritualisiere ein Anzünden der Zigarette, um meine Nervosität auszugleichen und Beruhigung und Sicherheit wiederzu(emp)finden?

Wenn ich mit dem Rauchen aufhören will, gilt es die emotionale Ursache hinter meiner Rauchgewohnheit zu finden und zu hinterfragen, wann bzw. in welchem Moment meines Lebens ich Rauchen als Mittel zum Zweck (wofür?) begonnen habe.

So habe ich die Möglichkeit meine wahren, hinter dem Rauchen verborgenen Bedürfnisse zu identifizieren und diesen Zeit und Aufmerksamkeit zu schenken.

„Mit dem Rauchen aufzuhören ist kinderleicht.
Ich habe es schon hundertmal geschafft."
Mark Twain

Ich gehörte, rückblickend als Frühsuchender, zu den <10%, die bereits mit 14 Jahren zu rauchen angefangen haben, weil es damals scheinbar cool war und ich dazugehören wollte. Als mit 21 Jahren erste offensichtliche Durchblutungsstörungen einsetzten und konditionell erste Beschwerden auftraten, hörte ich, bestärkt durch die Sichtung meiner ersten Raucherlunge im Medizinstudium, nach mehreren Anläufen auf zu rauchen. Was mir damals half, war mein fester Wille, mein T.O.R (Tage ohne Rauchen)-Plan sowie mein Ansporn, den ich in Form eines kleinen Zettels stets in meinem Portemonnaie mit mir trug. Auf dem stand, nach wie vielen Tagen, Wochen, Monaten und Jahren sich welche Körperfunktionen wieder normalisierten, angefangen bei einem wieder besseren Geschmack bis hin zum Sterblichkeitsrisiko, das nach etwa 20 Jahren ohne Rauchen wieder dem eines Nichtrauchers entspricht.

Da mein ursprünglicher Zettel irgendwann unserer Waschmaschine zum Opfer fiel, hat mein Zeichnerfreund Andreas Gaertner nachfolgend dies wunderbar noch einmal veranschaulicht:

In der Sucht verliert Man(n) für eine umschriebene Zeit den Kontakt zu seinen Gefühlen der Einsamkeit, des Nicht-Verstandenwerdens, der Machtlosigkeit, der Selbstablehnung oder dem Gefühl, nicht so (gut) wie die anderen zu sein. Statt immer unzufriedener mit seiner Existenz zu werden, darf Man(n) sich so zeigen und ausdrücken, wie man ist, und seine Meinung kundtun und ansonsten unterdrückte Emotionen ausleben, ohne betrunken oder benebelt zu sein.

Anstelle von Süchten gilt es andere Möglichkeiten zu finden, um sich vom Alltag befreit zu fühlen und sich auch nüchtern zu erlauben, die Anteile zu leben, die sonst verborgen und ungelebt bleiben, obwohl sie oft sogar ein Potential darstellen. Häufig wird dies wegen Scham, der Angst belächelt zu werden oder gesellschaftlichen Konventionen, denen man gerecht werden möchte, jenseits des Rauschzustandes nicht gelebt.

Abb. 10: Rauchentwöhnung von „Ich fühl mich beschissen." bis „Ich bin ein Star, ich hab mich selbst aus der Sucht herausgeholt."

Es ist Zeit, sich von seinen vergangenen Erfahrungen zu lösen, sich wertzuschätzen und so zu lieben, wie man ist, und sein Leben so anzunehmen, wie es ist, bedingungslos. Auch wenn scheinbare Schwächen und Unsicherheiten (womöglich ein Leben lang) bleiben, gilt es, sich und sie anzunehmen, mit ihnen zu leben und sich genauso lieben zu lernen.

Statt der Flasche bin ich mir selbst mein bester Freund. Es gibt eine Lösung für meine Probleme und sie muss nicht flüssig, hochprozentig oder qualmend sein.

Regelmäßige Betäubungen durch Alkohol oder andere Drogen behindern unsere volle Präsenz im Hier und Jetzt und sollten daher nur in Maßen konsumiert werden.

Bei Süchten jenseits von Bier und Wein ist auch nach bestem Wissen und Gewissen nichts körperlich Förderliches zu nennen. Im Fall einer solchen Sucht mangelt es hochgradig an Selbstliebe bzw. an Bewusstheit, dass ein gesunder Körper ein Geschenk und nicht selbstverständlich ist. Der eigene Körper wird wie ein Gegner behandelt und bekriegt.

Letztlich sind es Gedankenmuster, die es zu unterbrechen bzw. zu ersetzen gilt und andere Möglichkeiten zu finden, um einer Anspannung entgegenzuwirken (s. Kapitel über Meditation).

Neben Alkohol- und Tabakkonsum gehören hier nicht thematisierte Drogen- oder Tablettensucht, Ruhm, Macht und Anerkennung sowie Spiel- oder Computersucht mit zu den häufigsten Abhängigkeiten.

Konsumieren von zu viel nicht notwendiger Nahrung gibt vielen (erst) das Gefühl, aus dem Vollen leben zu können, nährt sie kurzfristig und resultiert letztlich in körperlicher Fülle. Konsumverzicht fördert nicht nur ein Leben auf leichtem Fuß, sondern kann auch zu einer Bewusstseinserweiterung beitragen.

„Genusssucht frisst alles, am liebsten aber das Glück" (*Marie von Ebner-Eschenbach*) verdeutlicht, dass **wenn wir glücklich sind, wir keine Süchte brauchen**, um uns zu betäuben oder abzulenken. Wenn wir glücklich sind und bewusst leben, achten wir auf unseren Körper, damit er uns möglichst lange gesund erhalten bleibt und wir möglichst viel Glück erfahren und mit den Menschen in unserem Umfeld teilen dürfen.

Mein Rat:

Nimm dir Zeit für dich und frag dich, was du wirklich willst bzw. „suchst", anstatt es zu ertränken oder anderweitig betäuben zu wollen.

Du brauchst nichts von außen, um deine Leere im Innern anzureichern und zu stillen.

Die Herausforderung und Chance liegt darin, die eigene Sucht zu hinterfragen, an dem Punkt möglicher Leere in dich zu gehen, um in der Erkenntnis, nicht in der Verdrängung, gestärkt daraus hervorzugehen und ein bewussteres Leben zu leben.

Trage aktiv dazu bei, deine Gesundheit zu erhalten und sie nach bestem Wissen zu unterstützen bzw. wieder zu gesunden.

„Ein gesunder Mensch
hat 1000 Wünsche,
ein kranker nur einen!"

Aus Indien

„Krankheit als Zeichen"

Wenn Gesundheit (laut Weltgesundheitsorganisation) als vollständiges körperliches, geistiges und soziales Wohlbefinden definiert ist, kann Krankheit somit als Abweichung davon bzw. Einschränkung auf körperlicher, geistiger oder psychosozialer Ebene verstanden werden.

Veränderungen des Krankheitsgeschehens in der Bevölkerung: Wir Menschen werden immer älter und degenerative und vor allem chronische Erkrankungen nehmen stark zu. Während es früher führend Infektionskrankheiten waren, die unser Leben bedrohten, wird mittlerweile der Großteil des Krankheitsgeschehens von vermeidbaren Wohlstandserkrankungen bestimmt.

Die häufigsten Gründe für Todesfälle infolge vermeidbarer Erkrankungen in der westlichen Welt sind heute Bluthochdruck, Rauchen, Cholesterinerhöhungen, Fehlernährung, Übergewicht, körperliche Inaktivität und Alkohol mit wachsenden volkswirtschaftlichen Kosten.
Die Krankheitslast ist dabei sozial ungleich verteilt.

Im Allgemeinen leben Männer nach wie vor ungesünder und auch unbewusster als Frauen.
Für die erzielten Erfolge männlichen Strebens haben wir meist einen gesundheitlichen Preis zu zahlen. Vom fötalen Zustand bis ins hohe Alter geht es den weiblichen Vertretern unserer Spezies meist besser als uns Männern.
Nicht nur ernähren wir Männer uns ungesünder, trinken in der Regel mehr Alkohol und rauchen öfter, wir schieben auch Arztbesuche bei Beschwerden eher auf die lange Bank. Auch die

Risikobereitschaft ist meist höher, weshalb wir häufiger Unfällen zum Opfer fallen.

Am eindrücklichsten beschreibt die Sozialmedizin den kausalen Zusammenhang von Maskulinität und Herz-Kreislauf-Erkrankungen.

Sobald wir in unserem Leben mit dem Thema Krankheit in Kontakt kommen, fangen wir an, mit unserem „Schicksal" zu hadern: Warum gerade ich? Warum gerade jetzt?

Auch Ungläubige neigen dann dazu, einen Schuldigen im Außen zu suchen, fühlen sich ungerecht behandelt oder fangen an dieser Stelle des Lebens womöglich an, an Gott statt an ihrer eigenen Lebensführung zu zweifeln.

Anstelle dessen scheint aus meiner Sicht eher eine Selbstbefragung und Auseinandersetzung mit der gestellten Diagnose angebracht.

Die Fragen müssten lauten:
- Warum trifft gerade mich die diagnostizierte Erkrankung an dem entsprechenden Organ oder Körperteil?
- Auf welcher Ebene krankt mein Organismus?
- Was habe ich (möglicherweise) zu meiner Erkrankung beigetragen?
- Wo habe ich mögliche erste Signallampen übersehen oder aufgrund von Ablenkungen in meinem Alltag nicht wahrgenommen?

Statt direkt in Negativität und Angst zu verfallen, auch wenn es in deinen Ohren zynisch klingen mag, halte ich es für sinnvoller, neugierig zu bleiben und zu hinterfragen, warum gerade diese Erkrankung zu diesem Zeitpunkt in dein Leben getreten ist.

Viele Menschen gehen bei Erkrankungen zum Arzt, um etwas „gegen" diese Erkrankung verschrieben zu bekommen. Wenn die Erkrankung dann scheinbar beseitigt ist, leben sie ihren Alltag genauso weiter wie vor der Erkrankung. Häufig ohne zu hinterfragen, was diese Krankheit ausgelöst haben könnte und ohne etwas „dafür" zu tun, dass sie nicht nur weggeht, sondern auch nicht wiederkehrt.

Ab 40–50 verringert sich der Stoffwechsel, dies meist in einem ungünstigen Verhältnis zu mehr Eingebundenheit in die tägliche Arbeit und unregelmäßigem, häufig abendlichem Essen, was sich bei vielen in zunehmenden Körperrundungen widerspiegelt.

Des Weiteren scheint es ab einem bestimmten Alter zum „guten Ton" zu gehören oder normal zu sein, bestimmte Medikamente zu bekommen und täglich einzunehmen, insbesondere jene gegen **Volkskrankheiten** wie Bluthochdruck, erhöhte Blutfette, etc., sodass man etwas „dagegen" nimmt, anstatt **aktiv etwas im Alltag „dafür" zu tun**, sprich Sport, Entspannung und Ernährung ...

Nachfolgend verschiedene (meiner Sicht nach diesbezüglich interessante) Krankheitsansichten:

„Wenn ihr die zwei zu eins macht und das Innere wie das Äußere und das Äußere wie das Innere ... dann werdet ihr in das Reich eingehen." *Thomas-Evangelium Log 22, 4–7*

„Das ist der größte Fehler bei der Behandlung von Krankheiten,
dass es Ärzte für den Körper und Ärzte für die Seele gibt,
wo doch beides nicht getrennt werden kann."
Pluto

„Wenn jemand Heilung sucht, frage zuerst, ob er bereit ist,
künftig die Ursachen von Krankheiten zu vermeiden.
Erst dann darfst du ihm helfen."
Sokrates

In den USA wurde die Neugeist-Bewegung, wesentlich von P. P. Quimby geprägt, entwickelt, deren Kernaussage besagt, dass Krankheiten dem menschlichen Geist entspringen, der sich durch falsches Denken vom göttlichen Geist abgewandt hat.

Rüdiger Dahlke hat als Arzt zusammen mit Thorwald Dethlefsen bereits 1983 eine zur Schulmedizin alternative Sicht von Krankheit vermittelt. Die Autoren diskutieren Krankheit als Alibi für ungelöste Probleme der Erkrankten, als körperliche Ausdrucksformen psychischer Konflikte, und beschreiben, dass alle psychischen und physischen Leiden letztlich wertvolle Botschaften der Seele sind. Indem wir sie entschlüsseln und den tieferen Sinn hinter Krankheitsbildern sehen, eröffnet sich ein möglicher Weg, neben zumeist medikamentösen schulmedizinischen Ansätzen, sich selbst zu finden.

In seinem erst kürzlich erschienenen Buch *Krebs – Wachstum auf Abwegen* beschreibt Dahlke Krankheit als Egotrip der Zelle und als eindringlichen Weckruf der Seele, sich umfassend um sich selbst und die eigenen ganz persönlichen Bedürfnisse zu kümmern. Er hilft dabei, die möglichen dahinterliegenden Lebensthemen der verschiedenen Tumorarten zu entschlüsseln.

Aussagen wie: „Der Körper ist niemals krank oder gesund, da in ihm lediglich die Information des Bewußt-Seins zum Ausdruck kommt", haben mich seit dem Beginn meines Studiums gedanklich beschäftigt.

Dr. Probst schreibt in seinem Buch *Warum nur die Natur uns heilen kann*, dass letztlich jede Krankheit in jedem Stadium heilbar ist, allerdings nicht jedem Kranken aufgrund energetischer oder psychosomatischer Gegebenheiten zu helfen ist. Neben der zu berücksichtigenden Symbolik des jeweils betroffenen Organs ist hier auch der teils vorliegende „Lustgewinn" eines Kranken mit der verbundenen, als angenehm und bequem empfundenen, erhöhten Zuwendung des sozialen Umfelds, von Ärzten und anderen Mitmenschen zu berücksichtigen. Dies wird als primärer oder sekundärer Gesundheitsgewinn bezeichnet.

Weitere wissenschaftliche Hintergründe bezüglich Krankheitsentstehung und der Wiedererlangung von Gesundheit, um bis ins hohe Lebensalter immunstark und gesund zu bleiben, sind in seinem im Anhang genannten Buch nachzulesen.

Verschiedene Heilmethoden:

Krankheiten rücken die Maßstäbe des Lebens zurecht. Sie entstehen auf körperlicher Ebene dann, wenn der Körper mit der Reparatur nicht mehr hinterherkommt.

Zur grundsätzlichen Diagnosestellung ist die Schulmedizin ein Segen. Medizinisches Handeln jedoch beschränkt sich meist auf rein funktionelle Maßnahmen, auf zweifelsohne sinnvolle Intervention auf materieller Ebene.

Seit Hippokrates versucht die Schulmedizin, die Ursache von Symptomen in funktionellen Fehlabläufen zu suchen und ist bemüht, diese zu erforschen und auf immer niedermolekularer Ebene zu beeinflussen. Man behandelt bemüht und mit technischem Einsatz diese auf Organ- und Körperebene auftretenden Symptome, doch nie den ganzen Menschen.

In den letzten Jahrzehnten hat eine enorme technologische Entwicklung in der Schulmedizin Einzug gehalten, die es uns ermöglicht, viele Erkrankungen zu therapieren. Trotz dieses Fortschritts gilt es uns vor Augen zu halten, dass Wissenschaft nicht auf alle Fragen eine Antwort hat und uns unsere **Eigenverantwortung für unser Leben und unserer Gesundheit** nicht abnehmen kann.

Wer bin ich? Wo bin ich fremdbeeinflusst? Und was hindert mich daran, ein gesundes Leben zu führen?

Nicht selten wird der funktionellen Schulmedizin vorgeworfen, dass sie den Menschen als Ganzes, als Einheit bestehend aus Körper, Geist und Seele aus den Augen verloren hat. Sie ist ein Segen in der Behandlung akuter körperlicher Leiden und Missstände, ihr sind aber gerade bei den mehrwerdenden chronischen Erkrankungen in einer alternden Gesellschaft oft die Hände gebunden.

Aufgrund eines häufigen Herumdokterns an Symptomen, gegebener Nebenwirkungen schulmedizinischer Therapien, einer nicht seltenen Symptomverschiebung, optimierbarer Menschlichkeit in der häufig steril und distanziert empfunden technisierten Medizin und zunehmender Kosten besonders im Bereich der bildgebenden Diagnostik und medikamentösen Therapien rate ich Erkrankten, denen die Schulmedizin offensichtlich keine Heilung bringen kann, sich auch mit naturheilkundlichen, homöopathischen Ansätzen und anderen (sanfteren) Heilweisen wie TCM und Ayurveda zu beschäftigen.

Spätestens wenn es auf der morphologischen Ebene keine Lösung gibt, lohnt sich auch ein Blick auf die energetische Ebene des Körpergeschehens.

Angehörige jeglicher Gesundheitsberufe sollten in ihrer Behandlung von Hilfesuchenden stets neben dem körperlichen auch den geistigen und seelischen Aspekt des Mitmenschen berücksichtigen. Ganz gleich ob Ärzte, Psychologen, Heilpraktiker, Energiearbeiter, Geistliche, Schamanen oder Heiler – letztlich zählt: Wer heilt, gewinnt!

Und es ist nicht immer die Schulmedizin.

Naturheilpraktisches Wissen sowie östliche Heilmethoden wie TCM (Traditionell chinesische Medizin) oder tibetische Medizin, die lange als Wunderheilen und dubiose Kräuterzauberei abgetan wurden, entstammen wissenschaftlichen Systemen ganzheitlicher Heilkunde, die deutlich älter sind, als alles, worauf die westliche Schulmedizin so stolz ist.

Es gilt für uns Ärzte (wieder) mehr von der Behandlung der Krankheit zur Behandlung des individuellen Menschen überzugehen, vorausgesetzt, dass wir wirklich heilen und nicht Krankheiten verwalten wollen.

Letztlich zählt für den Betroffenen, selbst Verantwortung für seine Gesundheit zu übernehmen, sich selbst zu erforschen und zu heilen. Der Einfluss und die Profite der Pharmaindustrie könnten so deutlich reduziert werden. Nicht zu vergessen ist nämlich, dass in Europa auch jährlich ca. 200.000 Menschen an den Nebenwirkungen von Medikamenten sterben.

Der Ursprung aller Erkrankungen jenseits der Genetik ist im menschlichen Bewusstsein zu suchen. Entsprechend der Informationen, die der Biocomputer Gehirn eingibt, werden Körperregionen geschwächt, die mit dieser Information assoziiert werden, unabhängig von der natürlichen Alterung der Zellen.

Um Krankheiten vorzubeugen, gilt es daher zu lernen, **in jedem Moment bewusst**er zu **sein** bzw. bei bereits bestehender Erkrankung bewusster zu werden als wir es bisher/bevor wir die Erkrankung angezogen haben, waren.

Chronisch Kranken wird in der Regel schulmedizinisch geraten, mit ihrer Krankheit leben zu lernen und diese mit entsprechenden Medikamenten einzustellen, was jedoch nicht Heilung, sondern dauerhaftes Kranksein bedeutet.

Jeder Heilungsprozess ist letztlich ein Selbstheilungsprozess. Medikamente oder Einwirkungen von außen dienen dabei als Hilfsmittel, Krücke oder Vehikel. Wer gesunden will, bekommt die Antworten, wenn er danach fragt bzw. bereit ist, auf seine innere Stimme zu hören.

Bereits Hippokrates von Kos, der Vater der (modernen) Medizin, scheint vor über 2000 Jahren gewusst zu haben:„Medicus curat, natura sanat." („Der Arzt behandelt, die Natur heilt.")

Wo befindest du dich derzeit in deinem Leben, deinem Heilungsprozess und wie schnell willst du wieder gesunden?

Die Einstellung des Betroffenen zu der Erkrankung ist entscheidend für den Krankheitsverlauf. Der Glaube an das Etikett Krankheit hält diesen Zustand aufrecht, verleiht ihm Gewicht und macht aus einer möglicherweise nur vorübergehenden Störung einen scheinbar festgefügten Tatbestand.

Erst wenn das bisherige Selbstverständnis durch innere Krisen, Depression oder körperliche Erkrankungen erschüttert wird, gelangen manche an den Punkt, an dem sie ihre bisherige Lebensweise hinterfragen und etwas verändern wollen.

Innere Unklarheiten wahrzunehmen und sie offenzulegen, anstatt sie in sich zu verdrängen und einen Schuldigen womöglich im Außen zu suchen, kann ein erster Schritt Richtung Gesundung sein. Einem diesbezüglichen Selbst-Bewusstsein steht eine häufig gegenwärtige (unbewusste) Selbstverachtung im Weg.

Heilung bedeutet eine Annäherung ans Heil, also an jene Ganzheit des Bewusstseins, die man auch Erleuchtung nennt. Die innere Haltung **„Ja, ich will gesund sein!"** muss beim Heilsuchenden vorhanden sein und möglicher primärer und sekundärer Krankheitsgewinn von jedem Kranken kritisch hinterfragt werden.

Konzentriere dich im Fall einer Diagnosestellung nicht auf die Angst, die meist aufgrund unserer traditionell pessimistischen Lebenssicht von dir Besitz ergreifen möchte. Die Angst zu sterben ist menschlich, lähmt einen aber häufig nach einer Diagnosestellung. Außerdem hemmt sie das Immunsystem. Begib dich auch nicht allein in Abhängigkeit der dich behandelnden Ärzte, sondern **sei aktiv, belies und informier dich!**

Nie stand Laien so viel medizinische Information zur Verfügung wie heute in der Zeit des Internets. Beschäftige dich nicht mit negativ geprägten Statistiken, sondern informiere dich neugierig wie ein Kind über die gestellte Diagnose. Wer bietet welche Behandlungsoptionen an, was kann ich selbst für mich Gutes tun bzw. wie muss ich möglicherweise meine Lebensweise, die mit zu meiner Erkrankung beigetragen hat, maßgeblich verändern.

Versuche die Bedürfnisse deines Körpers wahrzunehmen. Was sagt dir deine innere Stimme, welcher ist der nächste sinnvolle Schritt in der Behandlung? Lass auch komplementäre Heilansätze zu. Sieh deine Erkrankung als eine Herausforderung in deinem Leben, durch die du Erfahrungen sammeln kannst, die du ansonsten nicht gemacht hättest.

Der Körper tut nichts von selbst, nicht selten habe ich mich davon bei Betrachtung einer Leiche überzeugen können. Er verdankt seine Funktion zwei immateriellen „Motoren", die meist Bewusstsein (Seele) und Leben (Geist) genannt werden, wobei das Bewusstsein die Information darstellt, die sich im Körper manifestiert und in die Sichtbarkeit transportiert wird.

Wenn das Herz durch die Adern pulst, der Körper konstant seine Körpertemperatur reguliert und die übrigen Organe und Gewebe zu unserer Erhaltung funktionieren, sind diese Phänomene nicht allein aus der Materie heraus zu erklären, sondern von einer Information abhängig oder mitbestimmt, die aus dem Bewusstsein herrührt.

Krankheit ist somit eine Disbalance der ansonsten ausbalancierten Ordnung und sollte dazu anregen, herausfinden zu wollen, wie es zu einer Entgleisung kam, um wieder ein Gleichgewicht, eine Homöostase des Bewusstseins mit anschließend möglicher körperlicher Heilung zu erlangen.

Der Körper stellt im Rahmen dieser Betrachtungsweise die Projektionsfläche, die Bühne aller Prozesse des Bewusstseins/der Seele dar. Eine Deutung der körperlichen Symptome, bei längerem Bestehen der Erkrankung auf körperlicher Ebene, lässt somit Rückschlüsse zu auf ein Ungleichgewicht auf der Bewusstseinsebene.

Was auch immer sich auf körperlicher Ebene als Symptom manifestiert, ist bloß der sichtbare Ausdruck eines unsichtbaren Prozesses und möchte durch seine Signalfunktion unseren bisherigen Weg unterbrechen. Wie bei einem Auto gilt es den Blick vom Warnlämpchen zu lösen und auf dahinterliegende Bereiche zu richten.

Das körperliche Symptom als Signal bzw. Informationsträger unterbricht den bisherigen Fluss unseres Lebens und ermöglicht uns, die Ursache zu ergründen.

Es ist daher als Signal zu sehen, das Aufmerksamkeit, Interesse und Energie auf sich lenkt. Es gilt nicht dagegen anzukämpfen oder das Störende verschwinden zu lassen, sondern dem Individuum als Ganzes Energie und Aufmerksamkeit zukommen zu lassen.

Wir dürfen ein Symptom, als Erstoffenbarung einer Erkrankung, wie einen vertrauten Mitmenschen sehen, der uns unverblümt die Wahrheit widerspiegelt, auch wenn diese Ehrlichkeit nicht immer leicht zu ertragen ist.

Krankheit ist ein Zustand, der den Betroffenen darauf hinweist, dass der Mensch in seinem Bewusstsein nicht mehr im Gleichgewicht, in Harmonie ist. Der Verlust eines inneren Gleichgewichts manifestiert sich im Körper als Symptom und Beschwerde.

Versteht man diesen Zusammenhang, muss man diese nicht bekämpfen, sondern kann sich selbst Zeit und Aufmerksamkeit schenken.

Statt Zeit in den Kampf gegen etwas zu investieren, gilt es diese sinnvoll zu nützen, um sich im Sinne seines Wohls und Heils auf die Suche zu begeben. Dadurch können wir selbst zur eigenen Entwicklung und Bewusstwerdung beitragen. Statt die Verantwortung an im Gesundheitswesen Arbeitende abzugeben, gilt es diese ratsuchend, aber Eigenverantwortung übernehmend, auf dem Weg zur (Wieder-)Gesundung als Helfer hinzuzuziehen.

Krankheit ist kein notwendiges Übel, das wir als scheinbares Schicksal ertragen müssen, bis wir unter dessen Last zugrunde gehen. Wir können Krankheit als sich körperlich manifestierende Kommunikationsform unserer Seele begreifen, wenn wir ihren Belangen kein Gehör schenken. Je nach Erkrankung können wir in Erfahrung bringen, wie wir unser Leben im Sinne unserer Seele zu führen haben. Ein dramatisches Krankheitssymptom verlangt eine ebenso dramatische Lebensveränderung.

Unser Sein ist nicht unser Körper, sondern liegt in unserer Seele, die zurzeit diesen (vergänglichen) Körper bewohnt.

Es gilt eine Neugier zu entwickeln: Was will mir die bei mir diagnostizierte Krankheit sagen?

Jeder Schmerz, jede Krankheit und jeder Unfall haben die Funktion, mich vor meinem eigenen Fehlverhalten zu bewahren.

Krankheit ist meiner Sicht nach als Weg zu verstehen, auf dem der erkrankte Mensch, wo er will, dem Heil begegnen kann. Zuerst gilt es, eine andere Bewusstseinshaltung der Erkrankung gegenüber zu entwickeln.

Wir haben die Möglichkeit, uns gegen eine Erkrankung und gegen unser Schicksal zu wehren, oder wir lassen uns darauf ein und hinterfragen, welche zurückliegenden Lebensweisen zu unserer Erkrankung beigetragen haben könnten. Bei Vielen, die sich so auf ihre Erkrankung eingelassen haben, konnten sich selbst Tumore in kurzer Zeit auflösen. Denn Energie folgt der Aufmerksamkeit.

Die Zellen unseres Körpers brauchen Lebenskraft, (Selbst-) Liebe und Achtsamkeit. Dadurch und/oder durch geistige Anbindung kann Heilung geschehen.

Wir dürfen auf unserem Weg bleiben, der uns zu unserer Bestimmung führt.

Was passiert aber, wenn die Entdeckungen, die ich bei meiner persönlichen Entwicklung mache, mir versteckte Seiten meiner Persönlichkeit aufzeigen und mir vor Augen führen, weshalb sich eine Krankheit in mir manifestiert hat?

Es benötigt mitunter viel Kraft, Mut und Anstrengung, eine Krankheit und die damit verbundenen Beschwerden zu heilen. Aber es ist möglich!

Es gilt, Verantwortung für die eigene Gesundheit zu übernehmen. Leute des eigenen Umfelds und auch Ärzte können einem nur Anregungen geben, die, neben der **eigenen Einstellung gesund sein zu wollen und der Bereitschafft das Möglichste dafür zu tun**, dazu beitragen, dass man ein möglichst langes und gesundes Leben führen kann.

Es ist ratsam dir anzuhören, was sie dir sagen und vorschlagen, dir aber die Möglichkeit der freien Entscheidung vorzubehalten.

Wichtige Glaubenssätze dabei können sein:
Ich konzentriere mich auf Heilung!
Ich habe die Kraft, mich zu heilen!

Es geht bei Krankheiten nicht um Schuldzuweisungen. Ich bin zwar für das, was mir geschieht, verantwortlich, aber in den meisten Fällen ist es nicht meine „Schuld". Beschwerden und Krankheiten erlebe ich aus Unwissenheit hinsichtlich der Gesetze, die die Wirkung meiner Gedanken, Gemütsbewegungen sowie meines Verhaltens auf meinen Körper bestimmen.

„What if every patient had a plan for health, not just for disease. How would that transform the journey."
Dr. Nalini Chilkov

Mein Wunsch ist es, meinen Mitmenschen beim Erlangen von größerem körperlichen, seelischen und geistigen Wohlbefinden in gegenseitiger bedingungsloser Liebe zu helfen.

Ich möchte ihnen beibringen, Krankheit statt als negative Last als (positive) Erfahrung zu sehen, die einem die Möglichkeit gibt, zu erkunden, was gerade im eigenen Leben geschieht und was man ab JETZT zur Erhaltung der eigenen Gesundheit bereit ist zu verändern bzw. bewusster zu gestalten.

Im Rahmen unseres Gesundheitssystems haben wir die Möglichkeit, Heilmöglichkeiten ärztlicherseits in Anspruch zu nehmen. Parallel hat man die Option, sich darüber bewusst zu werden, welche Verhaltensmuster und Erfahrungen eine Krankheit mitverursacht haben können.

Es gilt im Fall von Erkrankung, einen Weg zu finden, um sich zu ändern und mögliche innere Verletzungen zu heilen. Des Weiteren kann man sich selbst in den Fokus des eigenen Lebens stellen, sich einem selbst und anderen gegenüber öffnen, und sich einfach liebend annehmen, so wie Man(n) ist.

Auf jeden neuen mir geschenkten Tag richte ich immer bewusster einen **alleinig positiv**en Blick, auch wenn es manchmal noch so schwer scheint, im festen Glauben und Urvertrauen, dass alles so geschieht, wie es für mich vorgesehen ist.

Jeder von uns ist ein Unikat. Wir alle sind unterschiedlich und müssen in unserer persönlichen Entwicklung unterschiedliche Prozesse der Bewusstwerdung durchmachen.

Wenn seelischer Stress zu groß ist, wird er in biologischen Stress in Form einer Krankheit umgewandelt.

Verwirkliche dich selbst und schaffe dadurch Wohlbefinden mit dem Ziel der Aufrechterhaltung oder Wiederherstellung deiner optimalen Gesundheit.

Kommt jemand mit einer angeborenen Erkrankung auf die Welt, die nicht heilbar ist, so ist eine Sichtweise, dass diese Krankheit möglicherweise aufgetreten ist, weil sie der Person (bzw. Seele) vorherbestimmt war, um aufgrund dementsprechender Einschränkungen in diesem Bereich Erfahrungen zu erlangen.

Solltest du eine schwere Krankheit haben, dann nutze sie zu deiner Erleuchtung. Beschäftige dich mit ihr und hinterfrage, warum gerade du gerade diese Krankheit in diesem Leben erfahren sollst. Widme der Erkrankung aber grundsätzlich keine Zeit, sondern konzentriere dich auf den gegenwärtigen Augenblick und auf einen gesunden Zustand. Beziehst du dein Selbstgefühl aus deiner Krankheit, dann sei dir bewusst, dass der Zustand „Krankheit" nichts mit dem zu tun hat, was du in Wahrheit bist.

Es ist niemals zu spät, das zu tun, was du immer schon tun wolltest, egal wie alt du bist oder wie ernst deine Erkrankung ist. Am Ende deines Lebens werden die Entschuldigungen, wegen denen du es nicht getan hast, keine Bedeutung mehr haben. Erkenne nicht erst zu spät, dass dich bloß deine Ängste zurückgehalten haben, und erlaube dem Kind in dir, das immer da war und jetzt gehört werden will, dich durch den Rest deines Lebens zu führen.

Besieg deine Angst und verwandle deinen Schmerz in Gelassenheit, in dem Glauben an den Frieden Gottes, der mehr wiegt als alle Vernunft. Die äußere Hülle, unseren Körper, legen wir alle irgendwann wie ein Gewand ab. Das, was uns wirklich ausmacht, währt ewig.

Man(n) wächst nicht, wenn man den Kopf hängen lässt, ja sich als Opfer fühlt, sondern wenn man die Krankheit, sein Schicksal und den Schmerz annimmt und diese zu begreifen ver-/ sucht. Statt sie als Fluch oder Bestrafung zu sehen, gilt es, weiter **das Beste aus dem Leben** zu **machen,** ja es als Geschenk für jeden Einzelnen von uns zu begreifen, um einen bestimmten Zweck zu erfüllen.

Ich bin fest davon überzeugt, dass nichts im Leben dem bloßen Zufall unterliegt.

Lass dich selbst folgendes wissen, ja sag es dir am besten bei jedem Blick in den Spiegel:
„Ich liebe mich."
„Ich liebe mich, so wie ich bin!"
Was macht das mit dir, wenn du dir das wiederholt sagst?

Alles ist möglich! Auch vollkommene Heilung durch den eigenen Glauben an Gesundheit.
Lerne auf deine innere Stimme zu hören und räume deinem inneren Arzt die Chance und Zeit ein, dir bei deiner Heilung zu helfen.

Energie folgt bekanntlich der Aufmerksamkeit. Wenn ich meine Aufmerksamkeit auf Heilung oder die heilende Wirkung einer

Behandlung richte, wird Energie zum Fokus meiner Aufmerksamkeit fließen und insofern meine Heilung fördern.

Wenn ein Mensch wirklich Heilung erreichen will, vorausgesetzt, dies ist mit seinem Lebensplan vereinbar, erkennt er, was er grundlegend in seinem Leben ändern muss, um gesund zu werden bzw. zu bleiben.

Meine heilsame Empfehlung:

Der überwiegende Teil, der heute relevanten „Volkskrankheiten", wird von einem ungünstigen Gesundheitsverhalten verursacht.

Während die Schulmedizin unseren Organismus weitgehend als eine biochemische Stoffwechsel-Maschine betrachtet, lege bei der Gesunderhaltung unseres Organismus den Fokus auf Körper, Geist und Seele.

In der Behandlung von Erkrankungen gilt mehr **Eigenverantwortung** des Einzelnen **für seine Gesundheit** zu übernehmen und diese durch Ärzte und weitere im Gesundheitswesen Tätige zu fördern.

Sei neugierig und lerne, Körper, Geist und Seele als Einheit sowie Heilung als einen diesbezüglichen Bewusstseinsprozess zu verstehen.

Meiner Meinung nach sollte sich jeder Betroffene bestmöglich über seine Erkrankung informieren und dabei auch über den schulmedizinischen Tellerrand hinausschauen. Heutzutage stehen aufgrund des Internets auch Laien Informationen zur Verfügung, die es einem ermöglichen, ein Experte der eigenen Erkrankung zu werden. Wichtig ist dabei, deine innere Stimme zu hören und ihr zu vertrauen zu lernen. Sie entscheidet, welcher Heilansatz der richtige für dich ist.

Egal ob klassische Schulmedizin, alternative Heilmethoden, Naturheilkunde, TCM, Ayurveda usw., letztlich zählt nicht die Wissenschaftlichkeit, sondern im Sinne einem meiner Lieblingssprichwörter, „Wer heilt, gewinnt!".

„Sterben ist nur Übergang, ist nur Brücke,
ist nur Portal in die unendliche Ewigkeit."

Carl Sonnenschein

„Glücklich zu sein und wahre Sinnhaftigkeit
erlebt man nicht am Ende der Reise,
sondern auf dem Weg dorthin."

„Das einzig Sichere im Leben"

Ein Leben entspricht der Lebensdauer des Körpers, den wir derzeit bewohnen, ein kleiner Ausschnitt aus unserem wahrscheinlich ewigen Sein. Am Ende unseres irdischen Lebens lösen wir uns und unser Bewusstsein von dem meist gealterten Körper und kehren zu unserem Ursprung zurück.

Wenn man von Inkarnation ausgeht, bin ich nicht mein Körper, sondern er stellt meine stoffliche Existenz hier auf der Erde dar. Diesen gilt es, bestmöglich zu umsorgen, zu (er-)nähren, zu reinigen und zu entschlacken, um Krankheiten vorzubeugen, zu beseitigen und letztlich lange gesund zu leben.

Ich bin hier, um Erfahrungen zu sammeln und durch einen bewussten Umgang mit meinem Körper ermögliche ich mir selbst ein möglichst langes Leben hier auf der Erde.

Aber warum altern wir überhaupt?

Altern ist ein fortschreitender, biologischer Prozess der meisten mehrzelligen Organismen, der graduell zum Verlust der gesunden Körper- und Organfunktionen führt und letztendlich im biologischen Tod endet. Unterschieden wird zwischen den als „positiv" wahrgenommenen Reifungsprozessen in der Kindheit und den negativ gesehenen degenerativen Erscheinungen im Laufe des Lebens.

Zum gesunden Altern gehören der Erhalt der geistigen und körperlichen Leistungsfähigkeit, eine normale Funktion des Herz-Kreislauf-Systems (⇔ Schlaganfall, koronare Herzerkrankung) und der Atemwege sowie das Ausbleiben chronischer Erkrankungen wie Diabetes oder Krebs.

Wer Angst hat zu sterben, kann auch nicht richtig leben. Jeder Tag ist ein kleines Stückchen sterben, jeder neue Morgen ein weiterer geschenkter Tag. Sich dieser Tatsache zu verschließen oder sie zu leugnen, ist nicht dienlich, sich dessen im Klaren zu sein und jeden Tag bewusst zu leben, ist hingegen ein Segen.

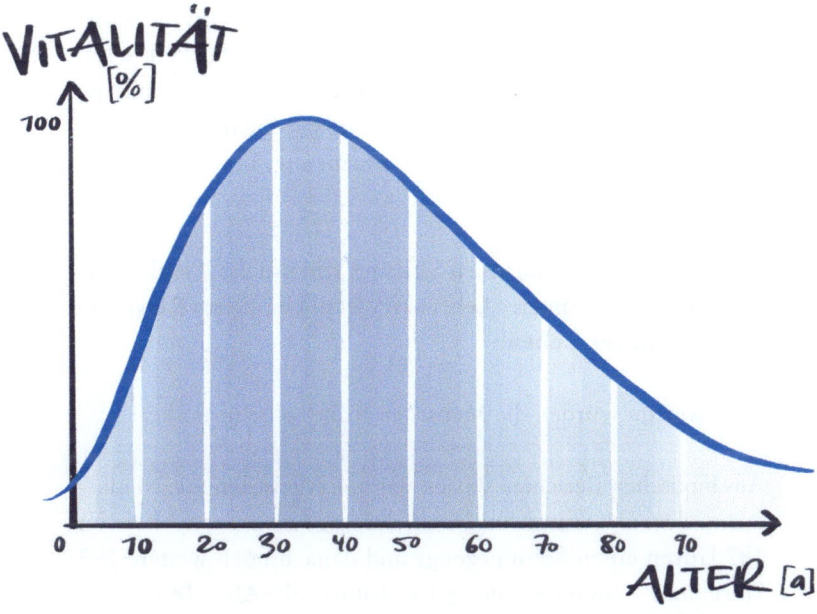

Abb. 11: Das biologische Alter eines Organismus (hier des Menschen) wird anhand dessen Vitalität bestimmt. Nach der Geburt steigt dieser Wert in der Entwicklungsphase bis etwa Mitte 30 auf ein Maximum an. In der Seneszenz (dem degenerativen körperlichen Altern) fällt er daraufhin kontinuierlich ab.

Die genetische Veranlagung und die biologischen Veränderungen sind das zentrale Element der komplexen Wechselwirkung zwischen uns Menschen und unserer Umwelt.

Das physiologische Altern wird durch zelluläre Altersprozesse bestimmt, die unabhängig von sonstigen Erkrankungen unseres Körpers ablaufen und letztlich unsere maximal erreichbare

Lebenszeit, in unserer heutigen Zeit etwa 120 Jahre, bestimmen. Es wird durch Anhäufungen zellulärer Schäden als Resultat einer begrenzten Reparaturmöglichkeit, insbesondere der DNA-Reparatur, und als Folge des oxidativen Stresses hervorgerufen.

Die Telomer-Hypothese des Alterns beschreibt die Verkürzung der Telomere an den Chromosomenenden. Je mehr Zellteilungen eine Zelle durchlaufen hat, um so kürzer werden diese Enden, bis die Wartung und Reparatur der Zellen eingestellt wird.

Hinzu kommen die im Laufe des Lebens erfahrenen äußeren Einwirkungen wie Erkrankungen sowie die ebenfalls in Vorkapiteln thematisierten Aspekte, Fehlernährung, Bewegungsmangel und Suchtverhalten.

Heruntergebrochen auf einen Satz sind wir also das Resultat unserer Gene sowie unseres Lebensstils, letztlich unseres **Bewusstseins für unser Leben**.

Aber warum wurden die Menschen früher scheinbar älter?

Aus biblischen Berichten wissen wir von Menschen wie Methusalem, dem Großvater von Noah, der noch im stolzen Alter von 187 Jahren einen Sohn gezeugt und danach noch weitere 782 Jahre samt weiterer Kinder gelebt haben soll (Altes Testament, Genesis 5, 21-27).

Nach wissenschaftlich anerkannter Dokumentation ist der älteste Mann 117 Jahre und 260 Tage geworden. Der am 21.10.2019 verstorbene Gustav Gerneth wird mit 114 Jahren und 6 Tagen als ältester deutscher Mann angeführt.

Seit 1900 hat sich unsere Lebenserwartung um etwa 30 Jahre verlängert. Ursachen hierfür sind vornehmlich verbesserte Hygienebedingungen, die reduzierte Säuglingssterblichkeit, effektivere medizinische Therapien und die Prävention von akuten

Erkrankungen, womit wir wieder bei meinem Arbeitsfokus Gesundheitsförderung und Prävention angelangt sind.

Die durchschnittliche Lebenserwartung bei einer in Deutschland geborenen Person beläuft sich heute für Männer auf etwa 78,9 und für Frauen auf etwa 83,6 Jahre. Bis 2050 wird für uns Männer ein weiterer Anstieg auf 83 und für Frauen auf 87 Jahre erwartet (statista.com). Laut dieser Erwartung bleibt auch die Lebenszeitdifferenz von etwa 5 Jahren zwischen Mann und Frau weiterhin bestehen!

Das Gesetz von Werden und Vergehen ist nicht zwangsläufig auch ein Gesetz, das zu Krankheit führt. Auch andere organische Zellen im Pflanzenreich welken nicht aufgrund von Erkrankungen, sondern einfach, weil ihre Zeit abgelaufen ist. Eine Entwicklung hat schlichtweg ihr Ende gefunden.

Bist du jung geblieben oder bist du schneller gealtert als andere deines Jahrgangs?

Bei aktuell nicht mal 30.000 Lebenstagen lautet daher mein Rat an dich, mein Leser, sowie an alle Männer da draußen:

Lebe dein (gesundheitliches) Potenzial und nutze deine Lebenszeit!

Auf die Haupttodesursachen und wann Man(n) in der Regel stirbt, wurde bereits eingegangen. Für den Rest des Kapitels möchte ich den Fokus auf die grundsätzliche Einstellung zum Tod und die damit verbundenen Unsicherheiten richten.

Geprägt durch den bei uns überwiegend vorliegenden christlichen Glauben scheint der Tod einem Tabuthema zu gleichen, dass bei den meisten (verständlicherweise) Ängste schürt. Die Tatsache, dass die meisten Menschen nicht an die Wiedergeburt glauben und unser Leben sich somit auf das irdische Dasein begrenzt, insofern endlich scheint, ist der Ursprung dieser Angst.

Die Angst vor dem Tod lässt sie unfrei leben, anstatt wirklich jeden Tag ihres Lebens im Hier und Jetzt zu genießen.

Die (letzte) Angst vor dem Tod ist für die meisten eine Angst vor dem Unbekannten, denn niemand weiß wirklich, was uns nach dem Tod erwartet.

> *„Der Tod kommt, egal was man von ihm halten mag. Nimm es als Notwendigkeit an, verscheuche den Gedanken an ihn aus deinem Gehirn! Er ist eine Notwendigkeit, sonst würde er gar nicht erst kommen."*
> Napoleon Hill

Um ein freieres Leben im Hier und Jetzt zu führen, lohnt es sich, sich beizeiten mit dem Thema Tod auseinanderzusetzen.

Aber warum haben wir Angst davor, wieder zu gehen, nachdem unsere individuelle Lebenszeit abgelaufen ist? Ist es für uns ein Machtverlust, nicht zu wissen, wohin es geht, oder diese letzte Entscheidung nicht in unseren (starken) Händen zu haben?

Haben wir verlernt zu vertrauen und uns zuversichtlich wieder in die Hände Gottes, aus dessen Quelle wir doch entstanden sind, zu begeben?

Gespräche mit Personen mit Nahtoderfahrungen haben gezeigt, dass diese meist von einem friedlichen Dasein im Jenseits berichteten und am liebsten dort geblieben wären, sie jedoch meist ein individueller Auftrag wieder in das irdische Leben zurückgeführt hat.

Sie beginnen dann häufig, den wahren Schätzen des Lebens, der Familie, den Freunden und der Natur mehr Bedeutung beizumessen und die einfachen Dinge des Lebens bewusster als zuvor zu genießen.

Es ist aus meiner Sicht unstrittig – wenn ihr nicht gerade wissenschaftlicher Verfechter der Urknallthese seid – dass jeder einen göttlichen Teil, der unsterblich ist, in sich trägt. Der Glaube daran, dass es etwas weitaus Größeres als uns gibt, das dieses Universum und das Leben erschaffen hat, verschafft mir und meinem Vorstellungsvermögen merkbar mehr Leichtigkeit im Leben. Somit machen wir in dieser Schöpfung einen wichtigen und individuellen Teil aus, der zur Entwicklung des Ganzen seinen Anteil beizutragen vermag.

Selbst wenn es keine Wiederkehr, keine neuen Erfahrungen und kein neues Leben geben sollte, so erleichtert uns der Glaube daran zumindest die Sorge der Vergänglichkeit ein wenig und lässt uns bewusster die verbleibende Zeit nutzen.

Ich selbst habe wissentlich noch keine Nahtoderfahrung gemacht. Jedoch habe ich während meiner ärztlichen Tätigkeit auf onkologischen Stationen Patienten auf ihrem letzten Weg hier auf der Erde begleitet und mit ihnen Abschied genommen. Ich durfte beiwohnen, wie sie ihren physischen Körper verließen. Ähnlich wie viele Pfleger und Mitarbeiter in Hospizen, durfte ich ebenfalls, mit Sterbenden, die auf ihr Leben zurückblickten, ins Gespräch kommen und für mich teils wesentliche Weisheiten von ihnen erfahren, wenn nicht die Angst vor dem Ungewissen, vor dem „Was danach?" diese Phase überschattet hat.

Sterbende lehren uns die Phasen des Sterbens, z. B.: Wut, Verzweiflung und das „Warum gerade ich?". Viele hadern mit Gott und verhandeln mit ihm. Steht ihnen in diesen Phasen ein sie liebender Mensch zur Seite, können sie meist besser den Zustand des Akzeptierens erreichen.

Alle Schicksalsschläge und Leidenserfahrungen, ja selbst die größten Verluste sind, so befremdlich es sich auch anhören mag, letztlich Geschenke. Ich bin mir sicher, dass viele beim Lesen erzürnt, ja bis hin zu hasserfüllt sagen „Was bildet der sich ein, so etwas in meiner schlimmen Situation zu behaupten!?". Nichtsdestotrotz sind all diese Erfahrungen letztlich Gelegenheiten, um Lebenslektionen zu lernen und seelisch zu wachsen.

Rückblickend ist nichts, was uns begegnet, negativ zu sehen. Es war und ist schlichteinfach unser individueller (Lebens-)Weg.

Selbst bis zuletzt schwierige Patienten entspannen sich im unmittelbaren Übergang.

In dem Moment, in dem wir unseren eigenen Todesmoment erleben, nehmen wir alles um uns herum, Gespräche Angehöriger oder zur Hilfe geeilter, ihr Aussehen und ihre Gedanken, wahr, ohne durch das Geschehen negativ beeinflusst zu werden. In unseren letzten Lebensmomenten werden wir, im Gegensatz zu den Verbliebenen, von keinerlei Panik, Angst oder Sorge mehr erfasst.

Die Schweizer Ärztin Elisabeth Kübler-Ross hat sich, wie kaum jemand, mit den Verhaltensweisen von Sterbenden und den Phasen des Sterbens auseinandergesetzt und zum Thema Sterben und einem Leben nach dem Tod geforscht. Sie verbildlicht das Sterben als das Heraustreten eines Schmetterlings aus einem Kokon, in diesem Fall unserer Seele aus unserem Körper, gefolgt von einem Umzug in ein schöneres Haus. Wir lassen die irdisch-körperliche Form zurück, weil wir diese, dort wo wir hingehen, nicht mehr brauchen.

Ein Leben nach dem Tod zweifeln immer noch viele Menschen an. Dabei scheint der Tod nur der Übergang in eine andere Form des Lebens auf einer anderen Frequenz, in einem anderen Energiezustand zu sein. Es fällt vielen schwer, unser Leben in unserem irdischen Körper bloß als kleinen Teil unserer Existenz, einen Bruchteil unser individuellen Gesamtexistenz zu begreifen. Das Einzige, was wir bei der Umwandlung verlieren, ist das, was wir nicht mehr brauchen – nämlich unsere physische, gealterte Hülle.

Eine Auseinandersetzung mit dem Thema Tod sollte nicht als Flucht vor dem Leben verstanden werden, sondern soll einfach dazu beitragen, **unsere** verständliche **Angst** davor (als materielle Wesen) zu **reduzieren**. Um freier zu leben, sind wir angehalten, die Themen Tod und Sterben zu enttabuisieren. Die Einbeziehung des Todes in unsere Gedankenwelt lässt uns bewusster und konzentrierter leben und **die Ablenkungen in unserem Leben** manchmal deutlicher **erkennen.** Wir dürfen **unser Erdendasein** als **eine lebenslange Schule des Lernens und Erfahrens** in stofflicher Form begreifen, um gewisse Prüfungen zu bestehen und für uns bestimmte Dinge zu lernen.

Hör auf, den Tod als Feind zu sehen. Wer Angst vor dem Tod hat, hat (auch) Angst davor, wirklich zu leben.

Statt den Tod als Lebensfeind zu sehen, erinnert er uns täglich an eine bewusste Lebensführung im Hier und Jetzt. Begrüße alles, was dir von Geburt bis zum Tode geschieht. Es ist dein einzigartiges Leben mit deinen individuellen Erfahrungen und einmaligen Lektionen. Nimm sie dankend an und mach jeden Tag aufs Neue das Beste aus deiner Lebenszeit, tagein, tagaus bis zum letzten Tag.

Es gilt die Zeit, die uns zur Verfügung steht, in unserem Sinn zu nutzen, anstatt sie für unwichtige Dinge zu vergeuden und unwiderruflich verrinnen zu lassen.

Es gab eine Zeit, da glaubten die Menschen an den Himmel und an ein Leben nach dem Tod. Warum haben wir uns davon entfernt?

Religion beschreibt die Rückverbindung zum Ursprung, zum All-Einen, zu Gott. Scheinbare äußerliche „Vielheit", die uns von der Einheit, dem Einssein mit allem und allen trennt, ist nur eine Illusion.

In fast allen Religionen – vom Hinduismus bis zum Buddhismus – wird der Tod als Grund genutzt, um das Leben des Verstorbenen zu feiern, und der Tod wird nur als ein Übergang von der materiellen in die geistige Welt dargestellt.

Es ist, wie bereits gesagt, häufig die Angst vor dem Tod, die nicht zulässt, dass wir das Leben voll auskosten.

Es gilt jedoch zu verstehen, dass unsere Ängste den Tod nicht verhindern werden.

Vergiss niemals, dass deine Zeit und deine Träume die einzigen Dinge sind, die dir wirklich gehören. Alles andere im Leben ist nur geliehen!

Das Leben ist nur so ernst, wie wir es nehmen.

Ab dem Zeitpunkt unserer Geburt steht auch unumstößlich fest, dass wir wieder gehen werden. Wie viele Momente, Tage, Monate oder Jahre dazwischen liegen, liegt nur bedingt in unseren Händen.

Rückblickend (erst) erkennen wir, dass nur wir es waren, die uns im Weg gestanden sind. Gerade nach offensichtlichen Schicksalsschlägen wie dem Verlust von Angehörigen, materiellen Verlusten oder eigenen Erkrankungen sind Verbitterung, Wut und Negativität naheliegend. Anstelle dessen rate ich, in Dankbarkeit für das Zurückliegende, **bewusst in der Gegenwart, im Hier und Jetzt** zu **leben** und die Herausforderungen und Aufgaben der zukünftigen Jahre anzunehmen. Niemand hat gesagt, dass wir hier sind, damit es immer leicht ist, wir in Saus und Braus leben und in Überfluss schwelgen.

Laut Bronnie Ware gibt es fünf Dinge, die Sterbende am meisten bereuen:
- nicht den Mut gehabt zu haben, sich selbst treu zu bleiben, statt so zu leben, wie andere es von ihnen erwartet haben
- so viel gearbeitet zu haben
- nicht den Mut gehabt zu haben, ihren Gefühlen Ausdruck zu verleihen
- den Kontakt zu Freunden nicht gehalten zu haben und
- sich nicht mehr Freude gegönnt zu haben

Es scheint mir ratsam, bereits zu gewissen Zeiten während unseres Lebens unser bisheriges irdisches Wirken Revue passieren zu lassen, um nicht erst im letzten Rückblick zu erkennen, wie viele Gelegenheiten zum Wachsen wir ungenützt gelassen haben, insbesondere das Wachsen des Verständnisses und der **bedingungslosen Liebe**.

Statt sich vor einer Hölle zu fürchten, nur weil man scheinbar „schlecht" gelebt und die Gebote möglicherweise missachtet hat, bin ich fest davon überzeugt, dass jeder den Himmel bekommt, den er sich vorstellt. Dort können wir verweilen im zeitlosen All-eins-sein im reinen Licht.

Unsere vergängliche, seelenlose materielle Hülle, die unser unsterbliches Ich umkleidet hat, kommt aus dem materiellen Ursprung und wird wieder zu Erde. Um den Übergang zu erleichtern, dürfen wir darauf vertrauen, dass die Menschen, die vor uns gestorben sind und die wir gernhatten, bereits auf uns warten.

Niemand scheint außerkörperlich allein zu sein, auch wenn er zu Lebzeiten allein war oder abgeschieden gestorben ist. Die Kirchen bezeichnen die uns umgebenden Wesen in dieser Phase als Schutzengel, andere wiederum sprechen von Geistführern oder bereits verstorbenen nahestehenden Personen. Sie sind es, die den Sterbenden beim Übergang vom Leben in das Jenseits nach dem Tod, in das Sein jenseits von Raum und Zeit, behilflich sind.

Nachdem wir von unseren jenseitigen Verwandten, unseren Geistführern oder Schutzengeln empfangen wurden, erfahren wir eine Verwandlung, die als Gang durch ein Tor oder einen Tunnel beschrieben wird, und in der unser Leben im Zeitraffer vor unserem geistigen Auge revuepassiert. Dort nehmen wir wieder die Gestalt an, die wir hatten, bevor wir auf Erden geboren wurden. In der Gegenwart des dortigen göttlichen Lichtes sind wir von totaler und absoluter Liebe umgeben.

„Wie du beim Sterben gelebt zu haben wünschest, so solltest du jetzt schon leben."
Marc Aurel

Ich bin mir sicher, dass uns etwas Wunderbares bevorsteht. Lasst uns nicht nur auf ein Paradies nach dem Leben hoffen, sondern aktiv unseren Beitrag dazu leisten, dass bereits unser Leben auf der Erde paradiesisch wird.

Mein Wunsch für meinen letzten Tag hier auf Erden ist, eines Morgens nicht mehr aufzuwachen in dem Wissen, alles erreicht zu haben, was ich erreichen wollte bzw. wozu ich in diesem irdischen Leben bestimmt war.

Der urologisch-ärztliche Kollege Dr. Christoph Pies hat in seinem Buch *Männer-TÜV* diesbezüglich treffend geschrieben: „Die Länge der Lebensroute hängt entscheidend von der Fahrweise ab. Es gilt zu reisen statt zu rasen. Und doch hat jede Strecke irgendwann ein Ende. Es ertönt der finale Satz: „Sie haben das Ziel erreicht."

Hast du das Leben gelebt, das du wirklich wolltest?
Am Ende geht es immer darum, wer du wirklich warst, ob du wirklich dich oder bloß das Gedankenkonstrukt deiner Prägungen gelebt hast.

Unsere Stofflichkeit und deren letztliche Auflösung im Tod ist für viele Männer eine unerträgliche Vorstellung, die sie während ihres Lebens so lange wie möglich auszublenden versuchen.

Wenn ihr schon mal einen Menschen habt sterben sehen, dann habt ihr in dem Moment wahrnehmen können, wie Körper und Seele sich voneinander trennen. Das, was uns beseelt hat, ist plötzlich weg und das was bleibt, was aus der Natur gekommen ist, wird wieder zu Erde.

Es geht mir nicht darum, euch von meiner Sichtweise zu überzeugen, sondern darum, dass ihr einfach bereit dazu seid, euch solchen Aspekte gegenüber unvoreingenommen zu öffnen und in euch hineinzuspüren, um eure diesbezügliche eigene Wahrheit zu erfahren.

Ich glaube an ein Leben nach dem Tod. Egal ob Agnostiker, gläubig oder Atheist, früher oder später werden wir alle sterben und die (persönliche) Wahrheit herausfinden.

Das letzte Hemd hat keine Taschen. Also lasst uns geben und miteinander teilen, anstatt nur zu nehmen in dieser Zeit des Überkonsums. Meins, meins, meins macht uns einsam und isoliert. Wir scheinen uns von den anderen zu trennen, aus Angst etwas verlieren zu können. Wer hingegen teilt und gibt, empfängt zugleich. Je mehr wir geben, desto mehr bekommen wir auch zurück. Diese Taten bleiben der Nachwelt in Erinnerung und dadurch erhalten.

„Es gibt nichts, wovor wir uns fürchten müssen. Der Tod ist bloß eine Schwelle, die wir alle überschreiten müssen, hinein in die Stille nach dem letzten Herzschlag, und wir entschwinden mit unserem letzten Atemzug in den ewigen Frieden." *Der Medicus*

Der allgemeine Sinn des Lebens scheint zu sein, die Vollkommenheit **mein**es **wahren Selbst immer mehr zum Ausdruck** zu **bringen**, die Fülle des Lebens durch mich geschehen zu lassen und wirklich jeden Augenblick zu genießen. Bereits zu Lebzeiten in den Zustand der absoluten und bedingungslosen Liebe zu gelangen. Das ist Evolution, Entwicklung, Erfahrungen zu machen und Entfaltung, die zu Erfüllung führt. (Diese) Erkenntnisse sind das Einzige, was jeder von uns aus (s)einem Leben mitnehmen wird.

Wir sind nackt gekommen und werden nackt diesen wunderbaren Planeten wieder verlassen.

Auf diesem letzten Weg können wir nicht tiefer fallen als in Gottes Hände …

Finales Fazit/Zu guter Letzt:

Lasst uns durch eine bewusste Lebensführung unserer eigenen Alterung vorbeugen.

Für Viele ist die Vorstellung des Auf-den-Tod-hin-Lebens schwer zu ertragen und es ist hart und tut weh, die eigene Ersetzbarkeit zu spüren. Männlichkeit selbstbewusst zu leben, umfasst aber auch, sich mit der Tatsache des Sterbens auseinanderzusetzen.

Verdränge den Tod nicht als gedanklichen Lebensfeind. Wenn wir unser irdisches Dasein richtig leben, haben wir uns (auch) keinerlei Sorgen über das Sterben zu machen.

Wir können nichts mitnehmen.
Es stellt sich also jedem Menschen in seiner Einzigartigkeit die Frage, was wir mit unserer Erdenexistenz bis zu unserer Rückkehr zu Gott anfangen wollen.

Elisabeth Kübler-Ross hat uns mit ihren Forschungen die Hoffnung gegeben, dass mit dem Tod, entgegen sonstigen wissenschaftlichen Meinungen, ein neues, strahlenderes Leben für jeden von uns beginnt, auf das wir uns freuen können.

„Ich habe gelebt.
Ich habe geliebt.
Ich habe verloren.
Ich habe verletzt.
Ich habe meine Fehler gemacht.
Doch vor allen Dingen habe ich gelernt.
Jetzt weiß ich endlich, wer ich bin!"

Sergio Bambaren

„Besser spät als nie"

Die Vorstellungen und Wünsche, die wir hinsichtlich unseres Lebens haben, und die Realität unterscheiden sich nur allzu oft gravierend, scheinbar dem Alltag geschuldet.

Aber wer bestimmt unseren Alltag, wenn nicht wir?

Sind wir fremdbestimmt oder übernehmen wir, weil es ja irgendwie so läuft, derzeit noch nicht die volle Verantwortung für unser (einmaliges) Leben?

Im Anschluss an die Schule, in der wir die behandelten Themen aus meiner Sicht nicht wesentlich vermittelt bekommen, beginnt die individuelle Lebensschule für jeden Mann.

Die zurückliegenden Zeilen sehe ich als Anregung, als informative Lehrstunde, um sich frühzeitig mit den wesentlichen Themen des Lebens mit einer positiven Ausrichtung auseinanderzusetzen und sich so möglicherweise die ein oder andere schmerzhafte oder „unnötige" Lehrerfahrung zu ersparen.

Mein Ansporn, das vorliegende Buch zu schreiben, war die Vorstellung, wieviel cooler und gerader mein Leben verlaufen wäre, wenn ich mein heutiges Wissen schon früher gehabt hätte. Wäre es nicht grandios, bereits mit 20 das (Lebens-)Wissen eines 40-Jährigen zu haben oder als 40-Jähriger die Weisheit eines 60-Jährigen oder eines noch älteren Mannes?

Ich habe dir, liebem Leser, Mitmensch und Freund gezeigt, dass **unser Leben** zu kurz ist, um es zu vergeuden oder nicht **positiv** zu **leben**.

Lerne, deine gegenwärtigen Umstände, deine individuelle familiäre Konstellation und dein persönliches „Schicksal" so hinzunehmen, wie sie sind, und dich so bedingungslos anzunehmen und zu lieben, wie du bist! Nur dann kannst du aus deinem vollen (gesundheitlichen) Potenzial schöpfen und stehst dir nicht selbst, bei der Realisierung deiner Ziele hier auf der Erde, im Weg.

Wach morgens mit einem Lächeln auf den Lippen auf, weil dein Körper so gesund ist, wie er ist, oder du dich freust, die Zusammenhänge, wie du selbst zu der Gesundung deines individuellen und einzigartigen Körpers beitragen kannst, immer mehr zu verstehen.

Visualisiere noch in der Aufwachphase für einige Momente deinen Tag, so wie du ihn gerne hättest mit allen Nuancen und Facetten. Es gilt das Gesetz der Anziehung. Wenn du dir etwas intensiv und häufig genug wünschst, wird es auch in Erfüllung gehen. Dem Universum und damit auch dir sind keine Grenzen gesetzt.

Falls du alleinlebend bist, mal dir z. B. deine Traumfrau bis in die Haarspitzen und den kleinsten Charakterzug aus, so wie du sie gerne hättest. Wenn du morgens neben dir deine Partnerin oder Frau liegen hast, wertschätze sie. Stell dir auch vor, wie sie glücklich ist. Sieh das Schöne in deiner Frau, dir selbst und deinen Mitmenschen unabhängig jedes Alterungsprozesses.

Pflege und genieße gute Beziehungen zu deiner Familie und deinen Freunden.

Mehr **Achtsamkeit für sich und die eigene Gesundheit** (self-care) ist ein wichtiger Bestandteil eines gesunden Lebensstils. Dazu gehören Wissen um die Gesundheit und Gesundheitskompetenz, seelisches Wohlbefinden, körperliche Bewegung, gesunde Ernährung, Vermeidung/Verminderung von Risikoverhalten insbesondere von Stress, und, wenn nötig, die rechtzeitige Inanspruchnahme von medizinischen Dienstleistungen. Es gilt, bereits in deinem gesunden Körper **präventiv etwas für dich** zu **tun** und nicht erst krank zu werden und dann zum Arzt rennen zu müssen. Wichtig ist **eigenverantwortlich** zu

handeln und das Leben selbst in die Hand zu nehmen, anstatt die Eigenverantwortung mitsamt der Krankenkassenkarte beim Arztempfang abzugeben.

Alle Kapitel dieses Buches stehen für sich. Gemeinsam geben sie mein Verständnis von Gesundheit wieder und tragen alle aus meiner Sicht zu einem gesunden Leben, ja auch Heilung, bei. Wer nicht seine Berufung lebt oder zu hart arbeitet, arbeitet gegen bzw. schindet seinen Körper als unsere materielle Existenz auf diesem Planeten und fördert so Erkrankungen oder körperliche Einschränkungen.

Wer die finanziellen Mittel dazu hat, hat auch die Möglichkeit zu einer besseren gesundheitlichen Versorgung, Ernährung und sich über Entsprechendes zu bilden.

Häufig nicht im Sinne der Gesundheit berücksichtigte partnerschaftliche Aspekte samt Sexualität stehen schon allein aufgrund der Tatsache, dass Männer mit Frauen länger leben, für sich, auch wenn Partnerschaft nicht immer der leichteste Lebensweg zu sein scheint.

Gesundheit und Krankheit sind aus meiner Sicht immer ganzheitlich zu betrachten, als Zusammenspiel von Körper, Geist und Seele. So sollte nie nur ein Symptom eines Patienten berücksichtigt und behandelt werden.

Wer auch im Prozess des Alterns bewusst lebt, schafft die Grundlage für ein langes und erfülltes Leben in Gesundheit, sodass wir die Möglichkeit haben, unser irdisches Potential uneingeschränkt zu entfalten.

Das wünsche ich mir für jeden von euch, dass ihr als Mann ein glückliches und gesundes Leben führt und eure Männlichkeit möglichst lange erhaltet.

Wenn wir uns selbst und das Leben lieben, können wir unser wahres Potential entfalten und das realisieren, was für uns möglich ist, und dazu zählt auch unsere Gesundheit.

Ich möchte euch dazu anhalten, eure Heilungschancen in allen genannten Bereichen selbst zu entdecken und aktiv zu leben, statt passiv treibend in eurem Leben zu verweilen und auf Heilung von außen durch Ärzte zu bauen.

Werdet wieder wie die/eure Kinder. Jeder, der Kinder hat, weiß, wie erfüllend das ist. Man wird durch sie angehalten, einen Teil in sich wiederzuentdecken und zu leben, den man im Erwachsenwerden verloren geglaubt hat. Sie lachen 400x am Tag, Erwachsene dagegen nur 15x. Also lasst uns dadurch aufgefordert sein, mehr zu lachen und selbst zu mehr Spaß und Freude in unserem Leben beizutragen.

Wir können **jeden Tag** aufs Neue entscheiden, wie wir uns fühlen!

Also lasst uns uns **für Spaß und Freude, Liebe, Harmonie und Leichtigkeit** entscheiden!

Mögliche tägliche Visualisierungen könnten lauten:

Ich arbeite in einem Beruf, der mich erfüllt und stehe morgens auf und freue mich, mein Geld damit verdienen zu können.

Durch bewusste Lebensführung mehre ich meinen Reichtum.

Ich lerne auf die Zeichen meines Körpers zu hören, anstatt ihm (wissentlich) zu schaden.

Ich ernähre mich bewusst und gesund.

Des Weiteren halte ich mich körperlich fit und atme bewusst.

Wenn ich daran Spaß habe, meditiere ich regelmäßig oder trage anderweitig dazu bei, dass mein Körper entspannt ist und bleibt.

Ich führe eine glückliche Beziehung in gegenseitiger Wertschätzung und Achtsamkeit. Wenn ich glücklich allein lebe, genieße ich es, die Hauptperson in meinem Leben zu sein.

Manchmal ist es auch in einer Beziehung schön, allein zu sein, dann hat man den Raum nachzudenken und sich selbst wahrzunehmen.

Das Maß der selbstempfundenen inneren Schönheit entscheidet über unsere äußere Schönheit.

Ich lebe jeden Tag bewusst in Dankbarkeit und mache das Beste aus meinem (Erden-)Dasein.

Wir dürfen die in den vorangegangenen Kapiteln thematisierten Inhalte selbst reflektieren, uns selbst als Mann mit unseren individuellen statt nur gesellschaftlich vorgegebenen Werten, definieren und Verantwortung für unsere Gesundheit und damit für unser Leben übernehmen.

Lasst uns tradierte Verhaltensschablonen nicht weiter bedienen.

Jeder der genannten Aspekte trägt wie ein Baustein zum großen Ganzen unserer Gesundheit bei. Ich bin davon überzeugt, dass die angeführten Maßnahmen und Lebensgewohnheiten dazu verhelfen können, dass auch wir Männer nicht nur durchschnittlich 6 Jahre älter werden.

Tragt, soviel es euch möglich ist und euch ähnlich wie mir wichtig erscheint, zu eurer Selbstverwirklichung, eurem Glück und eurer inneren Zufriedenheit bei.

Ich bin davon erfüllt, Leben anderer zu bereichern und mich auch damit selbst immer weiter voranzubringen.

Viel unserer Einstellung zum Thema Gesundheit hängt mit dem Thema Selbstliebe zusammen. Wie fühlt es sich an, wenn ihr euch das Wort Selbst-Liebe selbst vorsagt? Arbeitet es in dir oder hast du zu dieser Aussage keinen Bezug? Hast du gelernt, **dich selbst zu lieben** und dich gut um dich zu kümmern?

Im Hinblick auf die häufigsten Männererkrankungen lautet mein präventiver Rat in zwei Sätzen: Ernähre dich gesund, bewege dich regelmäßig körperlich, rauche nicht und halte deinen Alkoholkonsum in Grenzen. Schütze dich vor schädlichen Einflüssen der UV-Strahlung durch Meiden der Mittagssonne, Bedecken der stets sonnenexponierten Haut und Eincremen mit Lichtschutzprodukten.

Ich erhebe keinen Anspruch auf Vollständigkeit meiner zurückliegenden Ausführungen und der Inhalte der einzelnen Kapitel bezüglich Männergesundheit und bin mir der fehlenden Wissenschaftlichkeit vieler Aussagen bewusst.

Mein Anliegen als Arzt und Coach ist es, im vorliegenden Buch gesundheitliche Zusammenhänge sowie ein Bewusstsein für diese zu vermitteln und Anregungen, ja auch Gedankenimpulse, für ein erfülltes und möglichst langes gesundes Leben zu geben.

Es geht mir nicht darum, jemanden von meinen Sichtweisen zum Thema Männergesundheit zu überzeugen. Ich möchte mit meinem Buch vielmehr eine Diskussionsgrundlage schaffen, und im Optimalfall möglichst viele (nicht nur) Männer anregen, sich selbst Gedanken über das Gelesene und ihre Einstellung zu ihrer Gesundheit zu machen.

Ich halte es für wichtig und richtig, viele Dinge auch konfrontierend und augenöffnend angesprochen zu haben.

Es war und ist zu keinem Zeitpunkt mein Ziel gewesen, irgendjemanden, insbesondere Kranke, vor den Kopf zu stoßen, jemanden zu beleidigen oder in seiner Weltanschauung zu verletzen.

Das für uns wesentliche Wissen existiert bereits in uns. Es ist in uns verborgen gespeichert. Häufig bedarf es nur eines Aha-Moments, hervorgerufen durch das Lesen bestimmter Textzeilen in einem Buch, das Hören eines Liedes oder anderweitige Anregungen, um sich dessen wieder bewusst zu werden.

Für die unter euch, die Interesse haben, sich in einzelne Themen vertiefend einzulesen, habe ich im Literaturanhang lesenswerte Bücher angeführt.

Lebe, statt ein Bild davon zu haben, wie Man(n) zu sein hat, einfach deine eigene Männlichkeit in **Bewusstheit und Dankbarkeit für deine Gesundheit**. Es lohnt sich, eine gute, bewusste und liebevolle Verbindung zu deinem Körper herzustellen, dir deine Träume (aus Kindheitstagen wieder) vor Augen zu führen und deine (dich möglicherweise einschränkenden) Konditionierungen kritisch zu durchleuchten.

Sei lebenshungrig, verlier zugleich deine Furcht und genieße das, wofür du dir bisher noch nicht genug Zeit genommen hast.

Sei dankbar und demütig für das, was dein Leben im Hier und Jetzt ausmacht.

Ziehe das Positive aus deiner Vergangenheit und sieh das, was du lernen durftest, auch wenn es von außen betrachtet hart und ungerecht scheint. Ich bin fest davon überzeugt, dass alles im Leben einen Sinn ergibt, nur dass er sich manchmal in der Gegenwart unserem Verständnis entzieht. Lebe den gegenwärtigen Augenblick bewusst, nur er ist sicher, und **liebe, soviel du kannst.** Blicke positiv in deine Zukunft, du selbst kannst sie bestimmen!

Lebe deine Vision, deine Träume! Das Leben ist zu kurz, um uns um Negatives zu drehen.

Was wir denken, werden wir unfehlbar ernten!

Es ist dein Geist, der deine Welt erschafft.

Alles ist möglich für den, der glaubt!

Versöhne dich mit den Erfahrungen der Vergangenheit!
Lebe selbstbestimmt im Hier und Jetzt und Heute!
Trage die Verantwortung für dein gesundes Morgen!

Fang jetzt damit an, egal an welchem Punkt, der dir am meisten eingeleuchtet hat. Jede lange Reise beginnt mit einem ersten Schritt.

Bereits Seneca wusste:

„Niemand wird dir die Jahre wiedererstatten, niemand wird dich dir noch einmal wiedergeben; das Leben wird gehen, wie es begann, und seinen Lauf weder zurückrufen noch anhalten."

Mach, in diesem Sinne, jeden Tag zum geilsten deines bisherigen Lebens!

Schön, dass es DICH gibt!

Platz für Notizen:

_____

_____

_____

_____

_____

_____

_____

_____

_____

_____

_____

_____

_____

_____

_____

_____

_____

_____

„Mein Leben ist ein Fluss, dem ich folgen muss,
ich geb mich hin, weiß um meine Kraft.
Wie oft nehm' ich mich an in Selbstannahme,
wie oft nehm' ich mich an in Liebe?"

Liedtext von Michael Hoffmann

Anhang

120.000 Generationen als Jäger und Sammler (99,5 %)

500 Generationen Ackerbau und Tierzucht (0,5 %)

10 Generationen nach industrieller Revolution

1 Generation im digitalen Zeitalter

Abb. 12: Das traditionelle Bild des Mannes als Jäger, Ernährer und Beschützer, Kämpfer und Eroberer ist historisch obsolet geworden. Heutzutage müssen wir aufpassen, unsere männlichen Attribute, auch durch die Technisierung und zunehmende Computerisierung, nicht ganz zu verlieren. In welche Richtung sich unsere weitere Evolution entwickelt, kann jeder von uns mitbeeinflussen ...

Interessante Projekte/Veranstaltungen:

Männergesundheitskonferenz der Bundeszentrale für gesundheitliche Aufklärung (BZgA) und des Bundesministeriums für Gesundheit (BMG) zuletzt am 21.01.2020 in Berlin.

Movember Foundation ist eine weltweit tätige Organisation, die sich dafür einsetzt, dass Männer glücklicher, gesünder und länger leben. Seit 2003 haben sich Millionen von Menschen dem Movember-Gedanken angeschlossen und je zum Spätherbst insgesamt mehr als 600 Millionen Euro an Spenden gesammelt, wodurch bereits über 1.250 Projekte in den Bereichen Prostata- und Hodenkrebs, seelischem Wohlbefinden und Bewegungsmangel finanziert werden konnten.

Der November steht daher ganz im Zeichen des Schnurrbartes. Männer lassen sich einen Schnurrbart für den gesamten November wachsen. So machen sie auf das wichtige Thema Männergesundheit aufmerksam und sammeln Spenden für eine gute Sache.

Der **Weltmännertag** ist ein Aktionstag zur Männergesundheit. Ins Leben gerufen wurde der erste Weltmännertag im Jahr 2000 von Andrologen der Universität Wien. Seitdem findet er jährlich jeweils am 03.November statt. Ziel ist es, das Bewusstsein der Männer im gesundheitlichen Bereich zu erweitern. Des Weiteren stehen rechtzeitige Vorsorge und eine realistische gesundheitliche Selbsteinschätzung im Vordergrund.

Die „**Internationale Männergesundheitswoche**" wurde 1994 ins Leben gerufen und findet jährlich im Juni statt. Ziel der Männergesundheitswoche ist es, das Bewusstsein für Gesundheitsprobleme bei Männern, die zu einer überhöhten vorzeitigen Sterblichkeit führen, zu schärfen und die Früherkennung und Behandlung von chronischen Krankheiten bei Männern zu fördern.

Des Weiteren gibt es vielseitige regionale Weiterbildungen zum Thema Männergesundheit.

Vorsorgekalender für Männer:

Männer sind leider häufig Vorsorgemuffel. Bei vielen gilt noch das Motto: Wenn es mir kein Leid zufügt, muss ich mich auch nicht darum kümmern. Viele halten ein wenig Sport und individuell interpretierte gesunde Ernährung für ausreichend Vorsorge. So schieben nicht wenige Vorsorgeuntersuchungen vor sich her, ganz im Sinne: „Mach ich heut nicht, mach ich morgen", da kann es aber bereits sehr spät sein. Hierbei ist es wichtig zu wissen, dass jeder Krebs, früh erkannt, heilbar ist.

Nach den kinderärztlichen U- und J-Untersuchungen samt Standard- und Auffrischungsimpfungen stehen euch ab der Volljährigkeit daher folgende Vorsorgeleistungen zu: (s. S. 247)

Als Hautarzt rate ich des Weiteren, die Haut nach dem Duschen regelmäßig auf Veränderungen zu inspizieren und auch viele Krankenkassen ermöglichen mittlerweile bereits vor dem 35. Lebensjahr zweijährliche Hautkrebsvorsorgeuntersuchungen.

1x monatlich ist es außerdem ratsam, seine Hoden auf Druckschmerz und Größenunterschiede abzutasten. Bei risikoreichem Sexualverhalten ist es zum Selbstschutz und dem Schutz in Frage kommender Partnerinnen, bei etwa jedem 50. Mann Partner, gewissenhaft, sich auf sexuell übertragbare Erkrankungen testen zu lassen.

		MÄNNER		
ALTER	UNTERSUCHUNG	WAS WIRD GEMACHT?		
Ab 18 Jahren	Check-up: Früherkennung u.a. von Herz-Kreislauf-Erkrankungen und Diabetes	einmalig im Alter von 18 bis 35 Jahren: ▸ Anamnese (Erhebung der medizinischen Vorgeschichte des Patienten) ▸ körperliche Untersuchung ▸ Beratung zum Untersuchungsergebnis		
Ab 20 Jahren				
Zusätzlich ab 30 Jahren				
Ab 35 Jahren	Check-up: Früherkennung u.a. von Herz-Kreislauf-Erkrankungen und Diabetes	alle drei Jahre: ▸ Anamnese (Erhebung der medizinischen Vorgeschichte des Patienten) ▸ körperliche Untersuchung ▸ Kontrolle der Blutfettwerte und des Blutzuckers ▸ Kontrolle des Urins ▸ Beratung zum Untersuchungsergebnis einmalig: ▸ Blutuntersuchung auf die Leberentzündungen Hepatitis B und C		
Ab 35 Jahren	Früherkennung Hautkrebs	alle zwei Jahre: ▸ Anamnese (Erhebung der medizinischen Vorgeschichte des Patienten) ▸ Untersuchung der gesamten Haut ▸ Beratung zum Untersuchungsergebnis		
Ab 45 Jahren	Früherkennung Krebserkrankungen der Prostata und des äußeren Genitales	jährlich: ▸ Anamnese (Erhebung der medizinischen Vorgeschichte des Patienten) ▸ Inspektion und Abtasten der äußeren Geschlechtsorgane ▸ Enddarmaustastung zur Untersuchung der Prostata ▸ Untersuchung örtlicher Lymphknoten ▸ Beratung zum Untersuchungsergebnis		
Ab 50 Jahren				
	Früherkennung Darmkrebs – Darmkrebs-Screening	▸ Beratung zum Darmkrebs-Früherkennungsprogramm ▸ 50 bis 54 Jahre: wahlweise jährlicher Test auf nicht sichtbares (okkultes) Blut im Stuhl oder ab 50 Jahre: zwei Darmspiegelungen im Mindestabstand von zehn Jahren		
Ab 55 Jahren	Früherkennung Darmkrebs – Darmkrebs-Screening	▸ wahlweise alle zwei Jahre Test auf nicht sichtbares (okkultes) Blut im Stuhl oder zwei Darmspiegelungen im Mindestabstand von zehn Jahren		
Ab 65 Jahren	Früherkennung Bauchaortenaneurysmen	einmalig: ▸ Patientenaufklärung zur Früherkennungsuntersuchung auf Bauchaortenaneurysmen ▸ Ultraschalluntersuchung der Bauchschlagader		

Abb. 13: Früherkennungsuntersuchungen der gesetzlichen Krankenkassen auf einen Blick

Internetseiten für weiterführende Informationen:

Bundeszentrale für gesundheitliche Aufklärung zum Thema Männergesundheit: www.bzga.de/was-wir-tun/maennergesundheit

Deutsche Gesellschaft für Mann und Gesundheit e.V.: www.mann-und-gesundheit.com

Deutsche Gesellschaft für Ernährung: www.dge.de

Fitness, Fashion & Lifestyle für aktive Männer: www.menshealth.de/com

Movember Foundation: www.movember.com

Robert Koch Institut – Beiträge zur Gesundheitsberichterstattung des Bundes: www.rki.de/DE/Content/Gesundheitsmonitoring/Gesundheitsberichterstattung/Beitraege/beitraege_node.html

Speckbrettverein Sentruper Höhe e.V. in Münster: www.svsh-speckbrett.de

Stiftung Männergesundheit: www.stiftung-maennergesundheit.de

Übersicht Früherkennungsuntersuchungen der Kassenärztlichen Bundesvereinigung: www.kbv.de/html/3503.php

Literatur- und Quellenverzeichnis

Bambaren, Sergio. „Lebe Deine Träume". Giger 2016

Vorwort – „Bewusst etwas vorlaut"
https://www.maennergesundheit.info, 2020
https://www.stiftung-maennergesundheit.de/start.html, 2020
Pies, Dr. Christoph. „Männer-TÜV: Das Praxis-Handbuch zur Männergesundheit". Herbig 2019
Margreiter, Dr. Markus. „Mann 2020". Edition a 2019
https://www.aphorismen.de/zitat/27424, 2020

1 – Arbeit – „Fluch und/oder Segen"
https://de.wikipedia.org/wiki/Arbeit_(Sozialwissenschaften), 2020
Marx, Karl: *Das Kapital* Bd. 1, Dietz Verlag, Berlin 1972, S. 192.
Arendt, Hannah. *„Vita activa oder Vom tätigen Leben"*. Kohlhammer, Stuttgart 1960
Braun, Anneliese. „Zwischen Produktion und Reproduktion des Lebens" Utopie kreativ, 1999, S. 114–124
https://de.wikipedia.org/wiki/Liste_geflügelter_Worte/A#Arbeit_macht_das_Leben_süß
Schäfer, Bodo. „Der Weg zur finanziellen Freiheit". Dtv 2020, S.26

2 – Geld/Reichtum – „Make money"
The Guardian. Oxfam: 85 richest people as wealthy as poorest half of the world. 20.01.2014
Richard A. Easterlin. *"Does Economic Growth Improve the Human Lot? Some Empirical Evidence"*, in: Nations and households in economic growth. Essays in honor of Moses Abramovitz, 1974, S. 89–125

https://www.bundesbank.de/de/statistiken/die-deutsche-wirt-schaft-auf-einen-blick/verschuldung-der-privaten-haushalte-in-deutschland-615284

T.C. McLuhan. „Wie der Hauch eines Büffels im Winter". Hoffman und Campe, Hamburg 1984, S. 96.

Fromm, Erich. *„Haben oder Sein. Die seelischen Grundlagen einer neuen Gesellschaft".* dtv 2010

https://de.wikipedia.org/wiki/Reichtum#cite_ref-67

https://www.bunte.de/stars/steve-jobs-56-seine-letzten-worte-ruehren-zu-traenen-197961.html

https://www.mimikama.at/aktuelles/die-letzten-worte-von-steve-jobs/

Anderson Stanley, Bessie. „Was ist Erfolg?". Gedicht anlässlich eines Wettbewerbs im Brown Book Magazine in Boston, Massachusetts, 1904

Chopra, Deepak. „Die sieben geistigen Gesetze des Erfolgs". Alleegria Hörbuch 2006

Müller, Philipp J. „GELDrichtig. Einkommen erhöhen, moralisch handeln, persönliche Freiheit leben". GABAL 2020

Müller, Ulrich. „Herr Müller zahlt in bar". Gmeiner 2021

https://www.aphorismen.de/zitat/10727

3 – Gesundheit – „Wahrlich nicht selbstverständlich"

https://fedlex.data.admin.ch/filestore/fedlex.data.admin.ch/eli/cc/1948/1015_1002_976/20200706/de/pdf-a/fedlex-data-admin-ch-eli-cc-1948-1015_1002_976-20200706-de-pdf-a.pdf, Stand 2020

Benner, Prof. Dr. Klaus-Ulrich. „Der Körper des Menschen. Das Wunderwerk des menschlichen Körpers, Aufbau, Funktionen, Zusammenwirken, Abläufe und Vorgänge". Weltbild 1995

https://www.bundesaerztekammer.de/fileadmin/user_upload/downloads/MBO_08_20112.pdf

Heinrich, Peter. „Mensch und freier Wille bei Luther und Erasmus. Ein Brennpunkt reformatorischer Auseinandersetzung unter besonderer Berücksichtigung der Anthropologie". Verlag Traugott Bautz, 2003

Pflüger, Peter Michael (u.w.). „Der Mann im Umbruch". Walter-Verlag, 1992

4 – Ernährung – „Not only an apple a day keeps the doctor away

https://www.spektrum.de/news/evolution-oder-rollenklischee-maenner-ernaehren-sich-anders-als-frauen/1440286

https://www.dge.de/wissenschaft/faqs/energie/

https://www.peta.de/themen/fleisch/

http://anstaendigessen.de

https://gutezitate.com/zitat/252705

https://www.5amtag.de/index.php?id=14

Kast, Bas. „Der Ernährungskompass. Das Fazit aller wissenschaftlichen Studien zum Thema Ernährung". C. Bertelsmann, 2018

Dahlke, Rüdiger. „Peace Food: Wie der Verzicht auf Fleisch Körper und Seele heilt". Gräfe und Unzer, 2019

William, Anthony. „Medical Food". Arkana, 2017

Schmitz-Dräger, Prof. Dr. Bernd J.; Ebert, Prof. Dr. Thomas; Höfer, Rebekka; Zaun, Sabine. „Männerküche: Köstliche Anti-Aging-Rezepte für IHN". Verlag im Kilian, 2009

Chopra, Deepak. „Heilung: Körper und Seele in neuer Ganzheit erfahren". Goldmann, 2012

5 – Sport & Bewegung – „Nicht immer = Mord

https://de.statista.com/themen/233/fitness/

https://www.dfb.de/verbandsstruktur/mitglieder/aktuelle-statistik/

https://edoc.rki.de/bitstream/handle/176904/1485/29NRTMbhpO-AI.pdf?sequence=1&isAllowed=y

Cooper, Dr. Kenneth H. „Bewegungstraining: Praktische Anleitung zur Steigerung der Leistungsfähigkeit". Fischer 2001

Gollner, Erwin; Kreuzriegler, Friedrich; Thuile, Christian. „Health Coaching: Gesundheit, Fitness, Lebensenergie". Urban&Fischer 2001

https://www.gkv-spitzenverband.de/krankenversicherung/praevention_selbsthilfe_beratung/praevention_und_bgf/leitfaden_praevention/leitfaden_praevention.jsp

Oesch, Emil. „Die Kunst, Zeit zu haben: Ratschläge für den Umgang mit dem kostbaren Gut". Oesch 2004

6 – Erholung & Entspannug – „Übe dich im Nichtstun"

https://www.aphorismen.de/zitat/217010

https://breimannswelt.wordpress.com/2019/01/10/worte-der-weisheit611/

https://www.dahlke-heilkundezentrum.de/index.php/aktuelles

Sedlmeier, Peter. „Die Kraft der Meditation: Was die Wissenschaft darüber weiß". Rowohlt 2016

Schultz, Johannes H. „Das autogene Training: Konzentrative Selbstentspannung". Thieme 1970

https://de.wikipedia.org/wiki/

7 – Partnerschaft – „Vom Partner geschafft?"

https://www.bpb.de/nachschlagen/zahlen-und-fakten/soziale-situation-in-deutschland/61578/ehe

Gray, John. „Männer sind anders. Frauen auch". Mosaik 2009

https://www.aphorismen.de/zitat/176

Pflüger, Peter Michael (u.w.). „Der Mann im Umbruch". Walter 1992

https://www.aerzteblatt.de/nachrichten/105290/Maenner-in-Deutschland-leben-laenger-wenn-Frauen-ihnen-gleichgestellt-sind

https://gutezitate.com/zitat/195948

8 – Sexualität – „Geil up your life"

Margreiter, Dr. Markus. „Mann 2020". Edition a 2019

9 – Stress – „Es sind immer die anderen schuld"

https://de.wikipedia.org/wiki/Stress

https://www.spektrum.de/lexikon/biologie/kampf-oder-flucht-reaktion/35305

Gollner, Erwin; Kreuzriegler, Friedrich; Thuile, Christian. „Health Coaching: Gesundheit, Fitness, Lebensenergie". Urban&Fischer 2001

https://www.deutschepsychotherapeutenvereinigung.de/index.
php?eID=dumpFile&t=f&f=11069&token=a90390e76f0e00e-
7f914aef6a5b47f06e3cd5329

https://www.welt.de/geschichte/kopf-des-tages/article227939759/
Giovanni-Trapattoni-Wie-eine-Flasche-leer-Was-erlauben-
Strunz.html

https://www.maennergesundheitsportal.de/themen/psychische-
erkrankungen/maenner-leiden-unbemerkt/

https://www.euro.who.int/__data/assets/pdf_file/0006/404853/
MNH_FactSheet_DE.pdf

https://de.wikipedia.org/wiki/Eisenhower-Prinzip

https://www.weka.ch/themen/fuehrung-kompetenzen/mitar-
beiterfuehrung/qualifikation-und-ziele/article/ziele-formu-
lieren-mit-der-smart-formel-klare-ziele-formulieren/

10 - Süchte - „Sucht kommt von suchen"

https://www.bundesgesundheitsministerium.de/themen/prae-
vention/gesundheitsgefahren/sucht-und-drogen.html

https://www.planet-wissen.de/gesellschaft/rauschmittel/alko-
hol/index.html

https://de.statista.com/statistik/daten/studie/4628/umfrage/
entwicklung-des-bierverbrauchs-pro-kopf-in-deutschland-
seit-2000/

https://de.statista.com/statistik/daten/studie/150008/umfrage/
weinkonsum-pro-kopf-in-deutschland-seit-2003/

Grönemeyer, Herbert. „Bochum". Schallplatte LP 1984. Re-
mastered 2016

https://www.aphorismen.de/zitat/191477

https://www.dkfz.de/de/tabakkontrolle/download/Publikationen/
sonstVeroeffentlichungen/Tabakatlas-Deutschland-2020.pdf

https://gutezitate.com/zitat/110501

https://www.aphorismen.de/zitat/66988

https://www.aphorismen.de/zitat/17563

11 - Krankheit - „Krankheit als Zeichen"

Harth, W.; Brähler, E; Schuppe, H.-C. „Praxishandbuch Männergesundheit". MWV 2012, S.3-10

Goldberg R, Goff D, Cooper L et al. (2000) „Age and sex differences in presentation of symptoms among patients with acute coronary disease: The REACT trial". Coronary Artery Disease 11 (5): 399–407

https://de.wikipedia.org/wiki/Neugeist-Bewegung

Dethlefsen, Thorwald; Rüdiger Dahlke. „Krankheit als Weg: Deutung und Be-Deutung der Krankheitsbilder". Goldmann 1998

Dahlke, Rüdiger. „Krebs – Wachstum auf Abwegen". Arkana 2019

Probst, Dr. med. habil Dr. Karl J. „Warum nur die Natur uns heilen kann: Wissenschaftliche Fakten zur Entstehung von Krankheit und Gesundheit". Telomit GmbH 2016

https://www.pharmazeutische-zeitung.de/deutsche-ignorieren-den-beipackzettel/

Kuby, Clemens. „Heilung – Das Wunder in uns: Selbstheilungsprozesse entdecken". Kösel 2006

Moorjani, Anita. „Heilung im Licht: Wie ich durch eine Nahtoderfahrung den Krebs besiegte und neu geboren wurde". Goldmann 2015

https://textbookofnaturopathiconcology.com/2020/06/foundations-of-integrative-oncology-course/

https://www.magdalenen-verlag.de/trauer-doppelkarte-24482-5283-5574-5666.html

12 - Altern & Tod - „Das einzig Sichere im Leben"

https://de.wikipedia.org/wiki/Altern

https://de.statista.com/statistik/daten/studie/273406/umfrage/entwicklung-der-lebenserwartung-bei-geburt-in-deutschland-nach-geschlecht/

https://www.focus.de/finanzen/altersvorsorge/denke-nach-und-werde-reich-diese-sechs-aengste-muessen-sie-ueberwinden-um-reich-zu-werden_id_4612456.html

Kübler-Ross, Elisabeth. „Über den Tod und das Leben danach". Silberschnur 2019

Ware, Bronnie. „5 Dinge, die Sterbende am meisten bereuen: Einsichten, die Ihr Leben verändern werden". Goldmann 2015 https://gutezitate.com/zitat/119554

Pies, Dr. Christoph. „Männer-TÜV: Das Praxis-Handbuch zur Männergesundheit". Herbig Verlag 2019

Nachwort – „Besser spät als nie"

https://www.aerztezeitung.de/Panorama/Kinder-lachen-400-Mal-am-Tag-319994.html

Seneca. „De brevitate vitae/Von der Kürze des Lebens". Reclam 2014

Hoffmann, Michael. „Lieder aus Asurien" (CD). Heilhaus Kassel

Was ich noch loswerden möchte

Ich durfte in meinem bisherigen Leben viele Menschen behandeln, ihnen medizinisches Wissen vermitteln und sie dazu anhalten, die **Verantwortung für** ihre **Gesundheit selbst in die Hand** zu **nehmen.** Erst wenn uns etwas bewusst ist, können wir es verändern und unser wahres Potential erkennen.

Meine Zusammenarbeit mit Menschen und einen Mehrwert für sie darzustellen, sehe ich als meinen Lebensauftrag, als meine Berufung, weshalb ich mich jeden Tag freue, erneut aufstehen zu dürfen.

Vielen Dank, dass du dieses Buch gelesen hast. Ich hoffe, dass du für dein Leben wichtige Anregungen erhalten hast. Ich habe versucht, dir mein Verständnis von (Männer-)Gesundheit hinsichtlich der für mich wesentlichen Aspekte zu vermitteln.

Auf Youtube findest du weitere Gedankenanregungen und Meditationsanleitungen unter **Dr. Marc Hoefeld-Fegeler**

Für einen persönlichen Kontakt kannst du mich über meine Homepage erreichen:
www.dr-marc.de
oder lass uns via LinkedIn, Facebook oder Instagram vernetzen.

Ich wünsche dir ein möglichst langes und gesundes Leben und würde mich freuen, dich bei einem meiner Vorträge oder Seminare mal persönlich kennenzulernen.

Dr. Marc (Hoefeld-Fegeler)

Der Autor

Dr. Marc Hoefeld-Fegeler wurde 1977 in Münster geboren, wo er nach zwischenzeitlichen Studien- und beruflichen Lebensabschnitten in Köln, Budapest und Magdeburg auch heute wieder lebt. Nach seinem Schulabschluss studierte er Medizin und wurde 2012 Facharzt für Dermatologie neben stets heilkundlichen Weiterbildungen jenseits der Schulmedizin. 2018 begann er auch als Dozent für Meditation an der Westfälischen Wilhelms-Universität und der Volkshochschule Münster tätig zu sein. 2020 schloss er eine ergänzende Ausbildung als Personal Coach und psychologischer Berater an der Europäischen Fernhochschule Hamburg ab. Seitdem ist Marc Hoefeld-Fegeler neben seiner ärztlichen Tätigkeit auch als Coach und Redner tätig und beschäftigt sich intensiv mit Gesundheit, Gesunderhaltung und -förderung sowie Prävention. Um diese Themen geht es auch in seinem ersten Buch „Männergesundheit – aus Sicht eines Arztes und Coaches".
Privat liest Marc Hoefeld-Fegeler gerne, treibt Sport, meditiert und genießt Unternehmungen mit seiner Frau und seiner Tochter.

Der Verlag

*Wer aufhört
besser zu werden,
hat aufgehört
gut zu sein!*

Basierend auf diesem Motto ist es dem novum Verlag ein Anliegen, neue Manuskripte aufzuspüren, zu veröffentlichen und deren Autoren langfristig zu fördern. Mittlerweile gilt der 1997 gegründete und mehrfach prämierte Verlag als Spezialist für Neuautoren in Deutschland, Österreich und der Schweiz.

Für jedes neue Manuskript wird innerhalb weniger Wochen eine kostenfreie, unverbindliche Lektorats-Prüfung erstellt.

Weitere Informationen zum Verlag und seinen Büchern finden Sie im Internet unter:

www.novumverlag.com